# SOLDAT ET PRÊTRE

OU

## LE MODÈLE DE LA VIE SACERDOTALE

ET MILITAIRE

DANS LE RÉCIT ET L'EXPOSÉ DES ACTIONS ET DES SENTIMENTS

DE

## L'ABBÉ TIMOTHÉE MARPREZ

ANCIEN SECRÉTAIRE D'ÉTAT-MAJOR A L'ARMÉE D'ITALIE
CURÉ ARCHIDIACRE DE CHATEAU-THIERRY
CHANOINE GRAND-CHANTRE
DOYEN DU CHAPITRE DE LA BASILIQUE ET ÉGLISE CATHÉDRALE DE SOISSONS
DIRECTEUR TRÉSORIER DIOCÉSAIN DE L'ŒUVRE DE LA PROPAGATION DE LA FOI
CHEVALIER DE LA LÉGION D'HONNEUR

### PAR HENRI CONGNET

Chanoine titulaire de Soissons, Chanoine honoraire de Mende, Missionnaire Apostolique
Membre de la Société Asiatique de Paris

OUVRAGE DÉDIÉ A M^GR L'ÉVÊQUE DE SOISSONS

APPROUVÉ

Par Son Ém. M^gr le CARDINAL MATHIEU, Archevêque de Besançon
Et par Son Ém. M^gr le CARDINAL GOUSSET, Archevêque de Reims

RECOMMANDÉ

Aux Curés, aux Supérieurs, aux Doyens ruraux
AUX TRÉSORIERS DIOCÉSAINS DE L'ŒUVRE DE LA PROPAGATION DE LA FOI
AUX CHANOINES ET AUX DOYENS DES CHAPITRES DE CATHÉDRALE

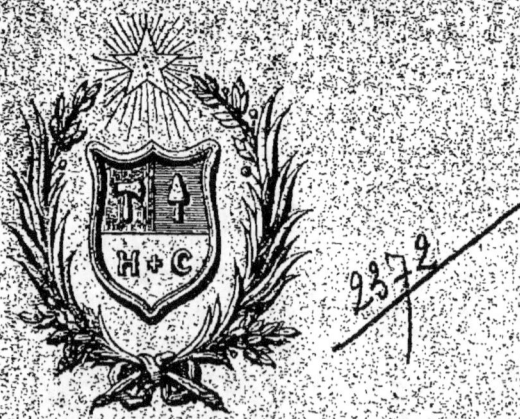

## PARIS

| PARMANTIER | PÉRISSE FRÈRES |
|---|---|
| ÉDITEUR, RUE CASSETTE, 34. | RUE S^T-SULPICE, 38. |

A LYON, Périsse frères, GRANDE RUE MERCIÈRE, 49.

*Droits de réimpression réservés.*

# SOLDAT ET PRÊTRE

## APPROBATION DE SON ÉMINENCE MONSEIGNEUR LE CARDINAL MATHIEU,
### ARCHEVÊQUE DE BESANÇON (DOUBS).

Monsieur et très-cher ami,

J'ai reçu avec reconnaissance l'envoi que vous m'avez fait de la VIE du digne abbé Timothée MARPREZ. *Elle montre partout l'homme de bien, attentif à ses devoirs, et convaincu que notre grande perfection consiste à les accomplir.* C'est là une doctrine simple et féconde qui enfante le seul bien durable. Mais elle est malheureusement peu du goût de ce siècle, où on aime ce qui paraît, même dans la vertu, et où, dès qu'il s'agit d'assujettissement, la bonne volonté disparaît. *Les nobles, solides et touchants exemples d'une application constante au devoir* que vous montrez dans l'abbé Marprez *sont une forte, puissante et suave exhortation à y entrer pleinememt,* comme dans la voie la plus sûre pour le salut. J'ai la confiance que *tous les ecclésiastiques qui liront ces pages, se sentiront animés à devenir meilleurs,* et je compte pour moi-même en faire mon profit : car si je suis débiteur à tous, je suis encore plus débiteur que tous.

Recevez l'assurance de mon ancien, toujours très-affectueux et très-sincère attachement.

† CÉSAIRE, *Cardinal Archevêque de Besançon.*

Besançon, 15 avril 1860.

---

## APPROBATION DE SON ÉMINENCE MONSEIGNEUR LE CARDINAL GOUSSET,
### ARCHEVÊQUE DE REIMS (Marne).

### RAPPORT.

Éminence,

J'ai lu avec attention la VIE DE L'ABBÉ TIMOTHÉE MARPREZ, doyen du Chapitre de Soissons. Ce prêtre respectable que nous avons eu l'avantage de voir à Reims, et qui nous y a toujours édifiés, a donné pendant sa longue carrière sacerdotale l'exemple de toutes les vertus ; et l'ouvrage de M. Henri Congnet le présente avec vérité comme pouvant servir de guide aux ecclésiastiques de toutes les positions. — L'abbé Marprez, d'un sens droit, d'une expérience rare, fut pour ses jeunes confrères un sage conseiller ; et si lui-même, dans les jours malheureux de sa jeunesse, eut à regretter l'irrégularité de sa promotion au diaconat, il ne tarda pas à se montrer un modèle de repentir et de sérieuse réparation. Les anciens du sanctuaire trouveront dans la vie édifiante de Timothée Marprez l'exposé franc et véritable de leurs devoirs, et ils s'affermiront dans la volonté de remplir leurs obligations avec une exactitude religieuse, en voyant ce digne ecclésiastique toujours docile aux enseignements des conciles, toujours fidèle aux prescriptions synodales.

Le nouvel ouvrage que fait paraître M. Henri Congnet n'est pas d'un intérêt simplement local, comme on pourrait être porté à le croire, si l'on se contentait d'en lire les premières pages ; c'est une bonne œuvre, c'est un service de plus rendu à notre sainte religion. La *Vie de Timothée Marprez* sera utile au clergé de tous les diocèses, et contribuera à entretenir, à augmenter l'esprit de foi, avec l'amour pratique de tous les devoirs du sacerdoce.

J'ose supplier Votre Éminence de donner son approbation à l'ouvrage consciencieux dont je viens de lui rendre compte.

Je suis avec le plus profond respect, Monseigneur, de Votre Éminence le très-humble et obéissant serviteur

LAMBERT, *vicaire général, supérieur du petit séminaire.*

Reims, le 12 mai 1860.

### APPROBATION.

Sur le rapport de M. l'abbé Lambert, mon vicaire général, que j'avais chargé d'examiner la vie de M. Timothée Marprez, j'engage M. l'abbé Congnet, chanoine de Soissons, à la publier : la lecture de cet ouvrage ne pouvant qu'édifier les ecclésiastiques.

Donné à Reims, le 15 mai 1860.

† THOMAS, Cardinal GOUSSET,
*Archevêque de Reims.*

---

Paris. — Imp. ADRIEN LE CLERE, rue Cassette, 29.

# SOLDAT ET PRÊTRE

OU

## LE MODÈLE DE LA VIE SACERDOTALE
ET MILITAIRE

DANS LE RÉCIT ET L'EXPOSÉ DES ACTIONS ET DES SENTIMENTS

DE

# L'ABBÉ TIMOTHÉE MARPREZ

ANCIEN SECRÉTAIRE D'ÉTAT-MAJOR A L'ARMÉE D'ITALIE
CURÉ-ARCHIDIACRE DE CHATEAU-THIERRY
CHANOINE GRAND-CHANTRE
DOYEN DU CHAPITRE DE LA BASILIQUE ET ÉGLISE CATHÉDRALE DE SOISSONS
DIRECTEUR-TRÉSORIER DIOCÉSAIN DE L'ŒUVRE DE LA PROPAGATION DE LA FOI
CHEVALIER DE LA LÉGION D'HONNEUR

## PAR HENRI CONGNET

Chanoine titulaire de Soissons, Chanoine honoraire de Mende, Missionnaire Apostolique
Membre de la Société Asiatique de Paris

### OUVRAGE DÉDIÉ A M<sup>GR</sup> L'EVÊQUE DE SOISSONS

APPROUVÉ

Par Son Em. M<sup>gr</sup> le CARDINAL MATHIEU, Archevêque de Besançon
Et par Son Em. M<sup>gr</sup> le CARDINAL GOUSSET, Archevêque de Reims

RECOMMANDÉ

Aux Curés, aux Supérieurs, aux Doyens ruraux
AUX TRÉSORIERS DIOCÉSAINS DE L'ŒUVRE DE LA PROPAGATION DE LA FOI
AUX CHANOINES ET AUX DOYENS DES CHAPITRES DE CATHÉDRALE

PARIS

**PARMANTIER** | **PÉRISSE** FRÈRES
ÉDITEUR, RUE CASSETTE, 34. | RUE S<sup>t</sup>.-SULPICE, 38.

A LYON, Périsse frères, GRANDE RUE MERCIÈRE, 49.

*Droits de réimpression réservés.*

1860

# DÉDICACE

A SA GRANDEUR

## MONSEIGNEUR DE GARSIGNIES

ÉVÊQUE DE SOISSONS ET LAON,
DOYEN ET PREMIER SUFFRAGANT DE LA PROVINCE DE REIMS,
ASSISTANT AU TRONE PONTIFICAL,
PRÉLAT DE LA MAISON DE SA SAINTETÉ.

---

Monseigneur,

Votre Grandeur a bien voulu me permettre d'écrire la biographie d'un respectable vieillard qui, pendant sa longue carrière, fut constamment honoré de votre confiance et de votre amitié, comme il avait déjà été l'objet de grands égards et d'une véritable affection de la part des trois illustres Pontifes vos prédécesseurs immédiats sur le siége de Soissons.

Daignez aujourd'hui agréer la dédicace de mon modeste travail. J'ai voulu présenter aux membres du clergé, Monseigneur, un modèle facile et sûr dont ils pourront tous, avec la grâce de Dieu, rétracer les qualités dans leur propre conduite et dans la direction de leurs paroisses. — C'est que, en effet, la vie entière de ce vétéran du sacerdoce n'offre, Monseigneur, aucune de ces vertus surhumaines qui, en même temps qu'elles commandent notre admiration, nous laissent tristement convaincus de notre impuissance à les pratiquer. L'abbé Marprez, au contraire, n'a rien fait que ne puisse et ne doive faire tout bon prêtre qui a le désir sincère de sauver son âme, en travaillant au salut de ses semblables.

Vous êtes heureux, Monseigneur, de compter depuis longtemps, dans votre diocèse, tant d'ecclésiastiques vertueux et zélés, dignes émules du vénéré Doyen du Chapitre de Soissons. La lecture de ce livre, publié sous les auspices de Votre Grandeur, ne pourra qu'en augmenter le nombre, et par là même accroître les consolations du premier pasteur.

Dans toute la suite de la vie de Timothée Marprez, les ecclésiastiques, quelle que soit la position qu'ils occupent, qu'ils soient simples vicaires, ou desservants, curés en titre, professeurs, précepteurs, chanoines, doyens de chapitre, directeurs-trésoriers diocésains de l'OEuvre de la Propagation de la Foi, etc., etc., découvriront les vrais et solides principes qui doivent les diriger dans les charges auxquelles la divine Providence jugera convenable de les appeler. En lisant l'histoire si accidentée d'un homme qui a passé par tous les degrés de la hiérarchie sacerdotale, les supérieurs des maisons cléricales auront une occasion toute naturelle pour signaler à leurs élèves les nombreux écueils où vont se briser l'inexpérience, l'irréflexion et la présomption de ceux qui, entrés fort jeunes dans le sacerdoce, sont, au sortir du séminaire, livrés à eux-mêmes et préposés sans guide à l'administration des paroisses.

Mais en faisant connaître les exemples édifiants que l'abbé Marprez nous a donnés, j'ai dû nécessairement, Monseigneur, ne pas passer sous silence une grave erreur de sa jeunesse qu'il a pleurée jusqu'à son dernier soupir, ainsi que quelques légères imperfections qui tenaient à sa nature. Tel est le devoir de l'histoire : elle parle des défauts, afin qu'on les évite; elle peint les vertus, afin qu'on s'efforce de les imiter.

Daignez, Monseigneur, bénir, d'une bénédiction toute spéciale, cet ouvrage, où ceux que vous aimez à appeler vos chers coopérateurs trouveront, soit dans les faits qui y sont rapportés, soit dans les textes qui les corroborent, *une sorte de résumé et comme un mémorial de la vie vraiment sacerdotale.*

Je dépose humblement ce livre à vos pieds, Monseigneur, et je vous prie de vouloir bien agréer l'hommage du profond respect avec lequel je suis,

Monseigneur,

de Votre Grandeur,

le très-humble<br>et très-obéissant serviteur,

Henri Congnet.

Soissons, le 1ᵉʳ mai 1860.

# TABLE ANALYTIQUE

CHAPITRE Ier (p. 1-13). Timothée Marprez ÉTUDIANT ET SÉMINARISTE. — Premières études à La Fère ; puis à Soissons (1787) dans la pension Cahier ; au petit séminaire et chez les Pères de l'Oratoire. — Commencement de la Révolution ; Mgr de Bourdeilles publie de solides instructions pastorales contre la constitution civile du clergé. — Célèbre protestation des chanoines de Soissons. — Marolle, évêque constitutionnel de l'Aisne. — Les quatre serments. — Grave erreur de l'abbé Marprez. — Son repentir.

CHAPITRE II (p. 14-23). Marprez SOLDAT DE LA RÉPUBLIQUE FRANÇAISE ; — dans l'armée de Sambre et Meuse (1793). — Une faction dans un trou. — Embrasement de Landrecies. — Le pont de Jeumont. — Le malade dans un chariot. — Ambulance de Marle.

CHAPITRE III (p. 24-35). — Marprez PRÉCEPTEUR au château de Blesmes. — Madame d'Aigremont. — Qualités d'un précepteur ; plan d'éducation. — Principes pour réussir dans l'enseignement. — Manière de faire la classe. — Explication des auteurs. — Former le caractère. — Fermeté, douceur, encouragements.

CHAPITRE IV (p. 36-48). Marprez REDEVENU SOLDAT (1798). — A Épernay, il est arrêté comme un brigand. — A Vignory, on le prend pour un faux monnayeur. — Il cherche longtemps sa demi-brigade ; il la rejoint enfin à Bellinzona. — Fréquente les sacrements. — Tombe dans une rivière ; lustre ambulant. — A rang dans l'état-major. — Visite le monument de Virgile à Andes.

CHAPITRE V (p. 49-51). Marprez RENFERMÉ DANS MANTOUE assiégé par le général Kray. Il est fait prisonnier et reconduit sur la route de France.

CHAPITRE VI (p. 52-60) SIÈGE DE GÊNES. — Détresse des assiégés. — Les boucles d'oreilles. — Le mont des Deux-Frères.

CHAPITRE VII (p. 61-67). Marprez BLESSÉ, FAIT PRISON-

NIER. — Évacuation de Gênes. — Échange des prisonniers. — Rejoint son dépôt à Mende.

CHAPITRE VIII (p. 68-76). Marprez et le général Charpentier à Crémone. — Marprez SECRÉTAIRE EN CHEF du général. — Il tombe au milieu des Autrichiens; s'en retire par adresse. — Retrouve à Trévise le P. Pruneau. — La paix est conclue avec l'Autriche par le traité de Lunéville. — Marprez obtient son congé.

CHAPITRE IX (p. 77-82). Conduite morale et religieuse de Marprez dans les camps.

CHAPITRE X (p. 83-87). Il ne faut jamais renvoyer au lendemain l'accomplissement d'un devoir que l'on a la facilité de remplir le jour même. — Marprez et le supérieur d'un monastère. — Marprez de retour à Soissons en 1801.

CHAPITRE XI (p. 88-93). Marprez est pris pour un déserteur.

CHAPITRE XII (p. 94-100). Marprez âgé de vingt-neuf ans redevient SÉMINARISTE. — Ses études théologiques. — Il reprend son bréviaire. — De l'étude des livres liturgiques dans les petits et grands séminaires. — *Psalmos omnes legunt, pauci intelligunt.*

CHAPITRE XIII (p. 101-113). — Sa retraite d'ordination. — Textes recueillis sur le sacerdoce. — Terreur à la veille de l'ordination : *Non arbitror inter sacerdotes multos esse qui salvi fiant; sed longe plures qui pereant.* — Marprez ordonné prêtre à trente et un ans (1803); — nommé aumônier de Monseigneur; — puis cinquième vicaire à Soissons.

CHAPITRE XIV (p. 114-117). L'abbé Marprez VICAIRE à Neuilly-Saint-Front. — *Qualités d'un vicaire.*

CHAPITRE XV (p. 118-128). Portrait d'un curé de campagne.

CHAPITRE XVI (p. 129-142). L'abbé Marprez CURÉ-DESSERVANT de Vendières. — Ameublement d'un curé de campagne. — Le traitement des curés. — La domestique du curé; ses qualités et ses défauts : *Non sit junior, cultu elegantior, garrula, dominatrix, curiosa,* etc. — Institut à fonder : *les Frères serviteurs des Prêtres.* — Canon du concile de Nicée sur les servantes. — Règlements diocésains. — Règles sévères que l'abbé Maprez impose à sa servante. — Il lui *paye exactement ses gages.* — Inconvénient des gages retardés. — Humanité du curé. — Comptes hebdomadaires. — Pas d'accointances. — Ordonnances synodales de Soissons, et textes des Pères de l'Église. Prudence et réserve.

CHAPITRE XVII (p. 143-151). — Paroisse de 7 lieues de

tour. — Gracieux rapports avec les paroissiens. — Moyens spirituels : humilité, mortification, prière. — Ne se décourage pas. — Ne se plaint pas. — Le casuel. — Désintéressement.

CHAPITRE XVIII (p. 152-160). Les VOCATIONS ECCLÉSIASTIQUES. — Le chanoine Charles Labrusse. — Noms des curés formés dans le premier séminaire de Menneville, — et dans le deuxième séminaire, sous MM. Billaudel. — Principes pour découvrir les vocations. — Le jeune Théodore. — Il commence ses études (il sera curé de Soissons pendant trente ans).

CHAPITRE XIX (p. 161-168). Les RELATIONS AVEC UN CHATEAU. — Montmirail et le duc de Doudeauville. — (Les Dames de Nazareth.) — Règles pour les rapports avec les châteaux. — Les repas au château. — La politesse au séminaire. — L'abbé Legris-Duval. — Sa custode.

CHAPITRE XX (p. 169-175). L'abbé Marprez SECRÉTAIRE DE L'ÉVÊCHÉ. — Registre spécial des nominations. — Manières polies et affables du secrétaire. — Refuse le doyenné de Flavy-le-Martel.

CHAPITRE XXI (p. 176-181). — L'abbé Marprez CURÉ DE VILLE. — La Ferté-Milon. Rivalité entre les deux paroisses. — L'invasion de 1814. — Le presbytère pillé. — La cravate dénouée. — Le coup de fusil. — Le curé qui ne tourmente jamais personne est-il le meilleur des pasteurs? — Visite de Mgr de Villèle.

CHAPITRE XXII (p. 182-187). — L'abbé Marprez DOYEN RURAL ou curé de canton. — Ne rien demander, ne rien refuser. — Triste déménagement. — Zèle pour la décoration de l'église de Vermand. — Conversions. — Grave maladie.

CHAPITRE XXIII (p. 188-198). L'abbé Marprez, CURÉ ARCHIDIACRE de Château-Thierry. — Sonnerie de Saint-Crépin. — Ponctualité pour l'heure des offices. — Soin des CATÉCHISMES. — Répétitions fréquentes. — Explication des mots. — Age où les enfants doivent être catéchisés : *omnes pueri in quibus jam apparet usus rationis... a teneris annis.* — Former à la piété les jeunes enfants. — Les confesser. — Absolution avant l'époque de la première communion. — (Les catéchismes en Savoie). — Catéchisme de persévérance. — A Soissons, l'abbé Étienne Lefèvre catéchise pendant une année entière un seul persévérant.

CHAPITRE XXIV (p. 199-205). — Les PRÉDICATIONS. — Le curé peut-il vouloir prêcher tout seul? — L'éloquence filandreuse. — Vicaires à former; les faire prêcher tour à tour. — Sermons communiqués. — Un curé est-il obligé de prêcher ou de faire prêcher? — Le curé qui ne prêche pas pèche-t-il mortellement? — Peut-on l'absoudre? — A quoi sont obligés les doyens lorsque dans leur canton un curé ne prêche pas? — Le curé qui est 3 mois ou 13 dimanches sans prêcher est-il suspens, dans le diocèse de Paris? — Que doit faire le curé qui n'a pas de mémoire ou qui est trop timide?

CHAPITRE XXV (p. 206-213). — EMPLOI DES REVENUS de la cure. — Biens ecclésiastiques; quasi-ecclésiastiques; biens patrimoniaux. — Usage qu'on peut faire des uns et des autres; emploi du superflu. — Le prêtre peut-il chercher à enrichir sa famille? — Les successions scandaleuses de certains ecclésiastiques. — Bonnes œuvres à faire ou à seconder. — Les missions. — Œuvre de l'adoption des orphelins. — L'abbé Marprez n'a jamais rien amassé. — Hospitalité. — Les ladres. — Les hommes d'argent. — Les présents.

CHAPITRE XXVI (p. 214-218.) — La VISITE DES MALADES. — Le choléra de 1832. — Conduite de l'abbé Marprez dans l'épidémie. — Pourquoi il est reçu facilement chez les malades. — Ses relations avec les personnes du monde. — Règles canoniques pour les repas en ville.

CHAPITRE XXVII (p. 219-229). — Il FORME LES JEUNES PRÊTRES. — Les repas des premières messes. — Ce qu'il exige de ses vicaires. — Costume ecclésiastique : soutane, tonsure. — Blâmable affectation dans l'arrangement de la chevelure. — La résidence et l'amour du presbytère. — Les repas des calendes. — La gaieté, les bons mots, les jovialités. — Les esprits goguenards, les gros rieurs. Ce que pensaient des moqueurs et des moqueries Bossuet et saint François de Sales. — Le bon ton. — La médisance bannie de la table. — Égards pour les magistrats. — Curé visiteur ou curé reclus, lequel est préférable? — Les misanthropes et les cœurs vraiment apostoliques. — Vicaires et chapelains sous l'abbé Marprez. — Son activité à remplir sa charge d'archidiacre.

CHAPITRE XXVIII (p. 230-242). — Les devoirs d'un DOYEN RURAL. — Le doyen est l'interprète obligé des volontés de l'évêque et le soutien de son administration. — L'abbé Marprez reste en même temps l'ami et le défenseur des desservants ses confrères. — *Non dominantes in cleris* : influence par l'aménité et la franchise. — Sa sollicitude pour le bien-être de ses curés. — Le doyen doit inspecter. — S'assurer que les curés remplissent leurs devoirs essentiels. — Avertissements charitables et discrets donnés en temps opportun. — Ne veut pas qu'on puisse le comparer à *canes muti et non valentes latrare.* — Les enquêtes. — *Si peccaverit frater tuus, corripe eum inter te et ipsum solum.* — *Si te non audierit, dic ecclesiæ.* — Prescriptions des statuts synodaux de Soissons et de Reims concernant les doyens. — Conseils de l'abbé Marprez. — Le tarif dépassé. — *Non ancillas cum eis ad convivia.* — Quelles qualités doivent avoir ou de quels défauts doivent être exempts les parents ou parentes pour pouvoir sans inconvénient habiter le presbytère? — La mère du curé? — Son père? — Ses sœurs? Ses nièces? — Convient-il d'appeler au presbytère toute sa famille?

CHAPITRE XXIX (p. 243-247). — La mission dans une paroisse ou un prédicateur extraordinaire. — La piété et le talent n'empêchent pas les mauvais effets des défauts du caractère. — Dieu seul touche les cœurs. — Patience de l'archidiacre. — Emeute contre le presbytère (1830). — Champ de Mars. — Les libéralités du curé rétablissent sa popularité.

CHAPITRE XXX (p. 248-252). — Louis-Philippe et le maréchal Soult à Château-Thierry. — Compliment exagéré du curé. — La croix de la Légion-d'honneur, récompense des services militaires de l'archidiacre. — Prudence dans les affaires politiques.

CHAPITRE XXXI (p. 253-258). — Frères des Écoles chrétiennes à Château-Thierry ; fondatrice, la vicomtesse Dumoulin. — École des filles dirigée par les sœurs de Charly ou de Notre-Dame du Bon-Secours. — Sage direction de cette école. — Science et vertus des jeunes filles. — Solide enseignement religieux. — Surveiller la sortie des classes.

CHAPITRE XXXII (p. 259-267). — L'abbé Marprez CHANOINE TITULAIRE de Soissons (1834), à l'âge de 62 ans. — Les grands-chantres de la cathédrale. — Qualités essentielles d'un grand-chantre. — Voix juste et mélodieuse de l'abbé Marprez. — Il commande qu'on le redresse s'il se trompe. — Celui qui entonne mal subit une pénitence. — Exercices fréquents sur la psalmodie. — L'abbé Marprez modèle des grands-chantres par sa capacité, sa vigilance, sa fermeté et son initiative.

CHAPITRE XXXIII (p. 268-274). — Le CHANT ECCLÉSIASTIQUE, que de prêtres l'ignorent, *quod turpe est*, dit le cardinal Bona. — Y a-t-il pour les chanoines obligation d'apprendre le chant? — Que prescrivent sur ce point la congrégation du concile, Benoît XIV, les conciles de Cambrai, d'Embrun, de Bâle, de Bordeaux, de Narbonne, les conférences d'Angers et les canonistes? — (Les chanoines d'un âge mûr peuvent-ils encore parvenir à apprendre le chant?) Examen prescrit par le concile de Bordeaux, lors de la réception d'un chanoine. — (Anecdote d'un savant chanoine, peu amateur du chant. — Inintelligente éducation cléricale à une certaine époque. — Séminaristes au chœur, faisant... *tapisserie*. — Nécessité d'inspirer aux clercs le goût des offices et la manière de les rendre intéressants.)

CHAPITRE XXXIV (p. 275-285). — Déplorable apathie pour le chant. — Zèle de M. Olier. — Le remède au mal. — Manière de faire arriver une communauté à bien chanter. — Etude de l'orgue. — L'abbé Martin, curé de Landouzzy-la-Ville. — Zèle de l'abbé Marprez pour les cérémonies. — Exemple remarquable d'abnégation.

CHAPITRE XXXV (p. 286-294). L'apostolat de la prière.—Ce que peuvent les prières des chanoines.—Ponctualité de l'abbé Marprez pour les offices canoniaux. — Sa dévotion au très-saint Sacrement. — Le tableau du saint sacrifice de M. Olier.

CHAPITRE XXXVI (p. 295-302). — Ses pieux exercices journaliers. — Sa fidélité à la méditation. — L'examen de prévoyance. — La lecture spirituelle. — Le chapelet. — La lecture de l'Ecriture Sainte. — Plan du P. Lamy et de l'abbé Carron. — Dans quel esprit il lisait la Bible. — Edification qu'il donne pendant les retraites pastorales annuelles. — Se confesse tous les 15 jours.

CHAPITRE XXXVII (p. 303-308). — Sa charité; sa cordialité. — Audition des confessions. — Son penchant à la générosité. — Réception de ses confrères.

CHAPITRE XXXVIII (p. 309-313). — Sa soumission aux puissances civiles et ecclésiastiques. — Sa profonde vénération pour son évêque. — Son obéissance stricte aux lois de l'Église.

CHAPITRE XXXIX (p. 314-319). — L'abbé Marprez avare de son temps. — Avec quelle simplicité il éloigne les importuns et les bavards. — Parole paradoxale : *Je n'aime pas les saints.* — Les vrais saints.

CHAPITRE XL (p. 320-331). — L'abbé Marprez DIRECTEUR-TRÉSORIER DIOCÉSAIN de l'œuvre de la Propagation de la Foi. — Ses circulaires. — Ses comptes rendus. — Rentrée difficile des offrandes. — Ses perplexités. — Les curés qui refusent leur offrande personnelle! — Les correspondants qui oublient les convenances!

CHAPITRE XLI (p. 332-337). — L'abbé Marprez conserve des goûts militaires.

CHAPITRE XLII (p. 338-346). Concile de Soissons (1849); — Un de ses décrets prescrit le retour à la liturgie romaine. Exposé de la question. — Sous la présidence de l'abbé Marprez, le chapitre est chargé de rédiger le *Propre diocésain.*

CHAPITRE XLIII (p. 347-359). La constitution du chapitre de Soissons est réformée et rendue plus conforme aux principes du droit canonique. Les vicaires généraux titulaires ne font plus partie du chapitre. — Sous la présidence de l'abbé Marprez, le chapitre fait lui-même sa propre constitution et ses statuts. — L'abbé Marprez doyen du chapitre (1851). Son glorieux décanat. — Sa fermeté. — Il s'identifie avec tous les intérêts spirituels et temporels du chapitre. — Tenue des assemblées capitulaires. — Vigilance de l'abbé Marprez sur les enfants de chœur, la maîtrise et tous les employés de l'église. — Utiles études que peuvent faire les chapitres pour être véritablement le *sénat de l'église,* le *conseil de l'évêque,* et pour fournir de doctes députés aux conciles provinciaux.

CHAPITRE XLIV (p. 360-367). L'abbé Marprez se prépare à la mort; redoublement de ferveur. — Les morts subites. — La crainte des jugements de Dieu. — Examen du prêtre qui prévoit sa mort prochaine.

CHAPITRE XLV et dernier (p. 308-382). Altération de la santé de l'abbé Marprez. — Il reçoit la visite de Mgr Marilley, évêque de Lausanne et de Genève. — Le 5 avril 1853, il s'endort dans le Seigneur. — Son testament, modèle de simplicité, d'ordre et de prévoyance. — Résumé de sa vie.

## APPENDICES ET ÉCLAIRCISSEMENTS.

§ I<sup>er</sup>. Des serments exigés du clergé, de 1790 à 1797, et des événements qui y ont rapport. — Constitution civile du clergé. — Premier serment (27 novembre 1790). — Le 13 avril 1791, bref *Caritas* qui condamne la constitution civile du clergé comme *hérétique, sacrilége, schismatique,* etc. — Serment de *liberté et d'égalité,* du 15 août 1792. — Serment de *haine à la royauté* du 21 janvier 1796.

§ II. Mgr de Bourdeilles.

§ III. Protestation du chapitre de la cathédrale de Soissons.

§ IV. Méthode pour lire chaque année, l'Écriture Sainte en entier, d'après le P. Lamy et l'abbé Carron.

# OUVRAGES DE M. HENRI CONGNET.

**Le Livre des Jeunes professeurs**, contenant : 1. la Méthode de Tannegui le Fèvre pour commencer les humanités ; 2. des Extraits de Montaigne, sur le pédantisme et l'instruction des enfants ; 3. l'instruction du P. Judde aux professeurs ; 4. une instruction sur l'obéissance des maîtres à leur supérieur ; 5. les Huit vertus d'un bon maître, etc. *Troisième* édition, augmentée, 1859, 1 vol. in-32, de 500 pages, à Paris, chez Lecoffre, rue du Vieux-Colombier, 29. — 1 fr. 40.

**Le Maître d'étude** instruit de ses devoirs et de ses droits ; in-32, chez Lecoffre. Prix : 1 fr.

**Annales** des Missionnaires soissonnais et laonnois employés dans les missions étrangères. In-8. (*Plusieurs livraisons.*) 50 c. chacune.

**Simples éléments** de Grammaire grecque, à l'usage des 7$^e$, 6$^e$, 5$^e$, 4$^e$, par Henri CONGNET ; *Sixième* édition. *Ouvrage admis par l'Université pour l'enseignement des lycées et des colléges*, 1 vol. in-12, chez Lecoffre, 1 fr. 40.

**Enchiridion** de ceux qui commencent le grec, pour servir de *premier texte d'explication* pendant et à mesure que les élèves apprennent les SIMPLES ÉLÉMENTS DE GRAMMAIRE GRECQUE, par le même. *Septième* édition, 1859. In-12, 2 fr. 25.

**Joseph, Ruth, Tobie**, et Extraits bibliques, suivis de 46 FABLES D'ÉSOPE, de MORCEAUX D'ÉLIEN et d'autres auteurs, et de FABLES CHOISIES de BABRIUS, avec des Exercices grammaticaux ; par le même. *Septième* édition. *Ouvrage admis par l'Université pour les lycées et colléges*. In-12, 1858, chez Lecoffre, 1 fr. 60.

*Traduction française* de **Joseph, Ruth**, etc., par le même, 2 fr. 50.

**Cours de thèmes grecs** élémentaires, par le même. *Troisième* édition. 2 vol. in-12. — Le corrigé du même ouvrage, 2 vol. in-12, Lecoffre, 8 fr.

**Lexique élémentaire grec-français**, à l'usage des classes de 7$^e$, 6$^e$, 5$^e$, 4$^e$ ; par le même. *Septième* édition, 1 vol. in-12, Lecoffre, 2 fr.

**Grammaire de la langue grecque**, comparée perpétuellement avec la langue latine, *et disposée à la fois en vue du thème et de la version. Troisième* édition ; par Henri CONGNET. 1 vol. in-8. de 300 pages, chez Lecoffre, 3 fr. 25.

**Manuel des verbes irréguliers**, défectifs et difficiles de la langue grecque, 4$^e$ édition. 1 vol. in-18, chez Lecoffre, 2 fr.

**Prosodie grecque**, d'après les tableaux prosodiques de François Passow, publiés par MM. LONGUEVILLE et Henri CONGNET. *Ouvrage adopté par l'Université.* In-8., chez Lecoffre, 2 fr. 75.

**Le pieux Helléniste**, sanctifiant la journée par la prière, *grec-latin* ; par Henri CONGNET. *Troisième* édition, grand in-32 de 400 pages, chez Lecoffre, 2 fr.

**Marie honorée dans les classes**, ou mois de Marie, *grec-latin*, extrait des Pères de l'Église grecque ; par le même, chez Lecoffre, 1 fr. 75.

**Auteurs chrétiens en latin classique**, recueil propre à former les jeunes gens à la piété et à leur inspirer le goût d'une pure et élégante latinité ; par Henri CONGNET. 1 vol. in-12 (*prose*), chez Parmantier et Périsse, prix : 2 fr. 60.

**Grand Manuel** ou Manuel pratique pour la première Communion et la Confirmation. In-18. *Septième* édition. Broché, 1 fr., chez Parmantier et Périsse.

**Petit Manuel pour la première Communion**. In-18. *Septième* édition. Broché, 50 c., chez Parmantier et Périsse.

**Préparation à la Confirmation** et sainte réception de ce sacrement. *Huitième* édition. Prix net : 10 centimes, chez les mêmes.

# VIE

DE

# L'ABBÉ TIMOTHÉE MARPREZ

## CHAPITRE PREMIER.

Il entre dans les desseins miséricordieux du Seigneur de faire constamment apparaître, dans toutes les conditions et tous les rangs de la société, quelques hommes modèles qui comprennent ce que c'est que le devoir, et qui s'appliquent à ne manquer jamais à ce que leur prescrit la conscience. Tel fut celui dont nous avons entrepris d'écrire la Vie ; il fut éminemment l'*homme du devoir*. Si un jour il lui arriva de faillir, c'est qu'il n'était pas suffisamment éclairé ; aussi, quand il eut le bonheur de connaître la vérité, il détesta l'erreur, vint s'humilier devant l'autorité légitime, et sollicita son pardon. Depuis lors, dans quelque situation qu'il se soit trouvé, quelque poste qu'il ait occupé, le mot de *devoir* a été pour lui une chose sacrée, et comme la voix de Dieu à laquelle il se hâtait d'obéir. Dans ce siècle où l'on cherche à connaître ses droits plutôt que ses obligations, il ne sera pas sans utilité de suivre pas à pas cet homme de bien dans sa longue carrière.

La vue d'un si noble caractère est une leçon perpétuelle d'abnégation personnelle, et une protestation incessante contre l'égoïsme, ce vice si opposé au principe fondamental de la morale évangélique, et qui n'est devenu si commun, dans les temps modernes, que parce qu'on a travaillé, le plus que l'on a pu, à bannir Jésus-Christ de la société.

Edme-Timothée-Montain MARPREZ naquit à la Fère (Aisne), le 18 novembre 1772. Dès le bas âge il fréquenta les écoles des Frères de la Doctrine chrétienne, ces pieux et habiles instituteurs pour lesquels il conserva jusqu'à ses derniers jours une tendre affection. Après sa première communion, qui eut lieu en 1784, ses parents, qui avaient remarqué dans leur cher Timothée de la mémoire et une certaine vivacité d'esprit, espérèrent qu'il pourrait suivre avec succès le cours régulier des études classiques.

La ville de la Fère possédait à cette époque un collége dont l'existence remontait à une centaine d'années. Son fondateur était un chanoine de la collégiale de Saint-Montain, de la même ville. Ce pieux ecclésiastique avait eu la généreuse pensée de céder sa prébende canoniale pour en doter à perpétuité le prêtre qui dirigerait un petit établissement d'instruction publique destiné à faire faire les premières études latines. Ce fut dans cette maison que le jeune Timothée fut placé par ses parents.

Le principal était l'abbé Lavice, lequel, par son aptitude toute particulière pour l'enseignement, avait acquis la confiance d'un grand nombre de familles.

En 1787, M. Marprez père vint avec sa famille se fixer à Soissons, où il habita une maison de la rue des Francs-Boisiers. Timothée fut placé d'abord au pensionnat de la rue Neuve, dirigé par M. Louis Cahier, puis au petit séminaire; les élèves de ces deux maisons se rendaient matin et soir au collége Saint-Nicolas, pour assister aux classes des Pères de l'Oratoire. Le P. Demolier en était supérieur, le P. Pruneau, grand préfet; le P. Silvy professait la rhétorique. Timothée se fit surtout remarquer par son application, ainsi que par la franchise et la bonhomie de son caractère.

Mais déjà une grande fermentation régnait dans les esprits (1789) : on aspirait après une ère nouvelle; les professeurs, pleins d'enthousiasme pour les grandes réformes que promettait l'Assemblée nationale, enflammaient à leur tour leurs élèves.

Cependant l'autorité épiscopale ne se manquait pas à elle-même : de sages et solides instructions pastorales étaient adressées aux prêtres et aux fidèles. Mgr de Bourdeilles, évêque de Soissons, y combattait les principes anticatholiques exposés dans la Constitution civile du clergé.

Les curés de Soissons suivirent l'exemple de leur digne évêque, et refusèrent le serment. Parmi les signatures on remarque celles de M. Pocquillon Caret, curé de Saint-Martin; de

M. Grevin, curé de Saint-Quentin ; MM. Petit Dereimpré, l'un curé de Notre-Dame-des-Vignes, l'autre vicaire de la même paroisse, etc.

Mais la protestation la plus remarquable fut celle du chapitre de l'église cathédrale, composé alors de cinquante-sept chanoines. Elle fut dénoncée comme séditieuse par l'abbé Nusse, curé et maire de Chavignon, et excita l'indignation du comité du département de l'Aisne. (*Voir les Appendices.*)

Ces divers écrits auraient dû porter la lumière dans tous les esprits, et détourner du schisme ceux qui tenaient encore à leur qualité de chrétiens et de catholiques. Il n'en fut pas ainsi : le zèle de M. de Bourdeilles n'eut pas tout le résultat qu'on aurait pu en attendre. Beaucoup de prêtres, il est vrai, restèrent fidèles ; mais aussi un grand nombre d'autres se laissèrent séduire insensiblement et faillirent à leur devoir (1). L'exaspération contre l'autorité légitime en vint même à ce point, que

---

(1) A la fin du volume, on trouvera, sous forme de notes, des éclaircissements sur différents faits, et quelques notices sur les personnes les plus intéressantes dont nous faisons mention dans cette biographie.

le vénérable prélat, qui avait déjà quitté le palais épiscopal, pour se réfugier dans une maison de la ville (le n° 11 de la rue de l'Échelle du Temple), fut bientôt contraint, quoique infirme et impotent, à s'exiler de son diocèse. Mais en s'éloignant il ne laissa pas son troupeau chéri sans conseillers et sans guides. MM. François Mayaudon, doyen du chapitre; Geoffroy, Couchot et Savart, chanoines; et le curé de Saint-Gengoulph, l'abbé Moyrou, reçurent les pouvoirs de grands-vicaires, et furent reconnus en cette qualité dans tout le diocèse.

Cependant, le département s'agitait pour remplacer au plus tôt, par les suffrages des électeurs, l'évêque récalcitrant. Plusieurs candidats s'étant présentés et n'ayant pas été agréés, on jeta les yeux sur un homme qui ne songeait nullement à l'épiscopat : le prémontré Dom Flamain, abbé de Cuissy. Mais ce vénérable vieillard ne répondra pas à leur attente, et donnera au contraire un bel exemple de fidélité et de désintéressement. Les députés entrent dans sa cellule et lui remettent la pancarte de sa nomination à l'évêché de l'Aisne.

Dom Flamain n'hésite pas un instant : il refuse, et reste soumis à son évêque légitime.

Il n'en fut pas de même de l'abbé Marolles, curé de Saint-Jean de Saint-Quentin, et député par le bailliage de Vermandois à l'Assemblée nationale, dont il était devenu secrétaire. Les électeurs du département s'étaient de nouveau réunis (4 février 1791) dans la cathédrale de Laon, sous la présidence du représentant Quinette, et le nom de Marolles était sorti de l'urne un peu plus de fois que celui de ses concurrents. L'ambitieux abbé accepta avec transport ; mais il eut un premier mécompte, les évêques circonvoisins refusèrent de lui donner la consécration épiscopale. Talleyrand, évêque d'Autun, fut plus complaisant : il sacra l'abbé Marolles dans l'église de l'Oratoire de Paris (25 février 1791). La cérémonie de son installation se fit à Soissons avec beaucoup de pompe (1), dans les premiers jours de mars.

Pour former son conseil et administrer la

---

(1) On peut en lire les détails dans un ouvrage fort intéressant: *Le Clergé du département de l'Aisne pendant la Révolution*, par M. EDOUARD FLEURY, 2 vol. in-8°, 1853.

cure de la cathédrale, désormais seule église paroissiale de la ville, Marolles s'adjoignit, conformément à la loi récemment proclamée, douze vicaires épiscopaux, parmi lesquels étaient le cordelier Mezurolles (1) et les abbés Boullefroy (2), curé des Fonts, Garigout, Romagny. Tous se marièrent peu de temps après.

La perturbation se mit alors dans le séminaire diocésain; beaucoup quittèrent d'eux-mêmes un asile où ils ne pouvaient demeurer sans être schismatiques. D'autres furent le jouet des circonstances fâcheuses dans lesquelles ils se trouvaient; et, soit par défaut de lumières, soit par pusillanimité ou par quelque autre motif humain, ils se soumirent à l'évêque intrus, qui se proposait, en abrégeant le temps des études, de leur imposer bientôt les mains (3). Son but était d'en faire, dans tout le département, d'ardents propagateurs des doctrines nouvelles.

(1) Mezurolles devint bibliothécaire de la ville de Soissons.
(2) Boullefroy fut commissaire de police.
(3) L'évêque Marolles, pour justifier ses ordinations précipitées, disait qu'il valait mieux faire labourer ses terres par des ânes que de les laisser en friche.

Au moment de l'installation de Marolles, Timothée Marprez n'était âgé que de vingt et un à vingt-deux ans, et avait à peine commencé ses études théologiques. A-t-il été alors suffisamment éclairé pour se garantir contre la séduction ? Dans son inexpérience, a-t-il eu le malheur de prêter les serments révolutionnaires ? Voilà les questions que l'on se fait naturellement, et dont on demande la solution avec une sorte d'inquiétude.

En ce qui concerne les serments, nous sommes parfaitement rassuré, et voici pourquoi. Les assemblées Constituante et Législative, la Convention et le Directoire ont successivement exigé du clergé quatre serments différents, parmi lesquels le premier et le quatrième furent formellement déclarés illicites par le pape Pie VI, savoir : le serment hérétique et schismatique *à la Constitution civile du clergé* (27 novembre 1790), et celui de *haine à la royauté* (5 septembre 1797).

Le premier ne regardait que les ecclésiastiques *en fonctions,* et non les simples séminaristes, comme était alors l'abbé Marprez. Plus tard, à l'époque où celui de *haine à la royauté* fut prescrit, Marprez faisait encore partie de l'armée, et n'était pas connu comme ecclésiastique.

Les deux autres serments (le deuxième et le troisième) étaient sans doute moins répréhensibles, puisque l'Église n'en a jamais demandé la rétractation à ceux qui s'y étaient soumis après avoir consulté leur conscience : c'étaient le serment *civique* (29 novembre 1791), et celui de *liberté* et d'*égalité* (3 septembre 1792). On exigea qu'ils fussent prêtés par tous les ecclésiastiques engagés dans les ordres sacrés. Or, à cette date, Marprez n'avait pas encore reçu le sous-diaconat.

Mais s'il eut le bonheur de n'avoir pas été soumis à la loi du serment, il ne parvint pas néanmoins à se préserver entièrement de la contagion. Ce qui est étonnant, c'est que les motifs qui l'ont entraîné au schisme sont précisément ceux qui auraient dû l'en préserver.

L'évêque de l'Aisne n'avait pas la confiance de notre jeune séminariste : la conduite de cet intrus était trop empreinte de légèreté, et on lui voyait chaque jour compromettre sa dignité épiscopale. L'abbé Marprez, qui se croyait irrésistiblement appelé à servir le Seigneur dans l'état ecclésiastique, malgré les périls qui menaçaient le clergé, ne voulait pas se laisser ordonner par un indigne. Que n'a-t-il pris, comme les abbés Lefin et Trouvelot, le parti de s'exiler, et de recevoir les ordres d'un prélat étranger mais catholique? Dans son ignorance, il se rassure sur ce que l'évêque constitutionnel du Nord, le citoyen Primat, mène une vie assez régulière. Aussitôt, sans examiner la question de fond, sans consulter un habile théologien, il se rend à Cambrai, et, le 25 mai 1793, la deuxième année de la République française, il reçoit du prélat schismatique, en une seule et même séance, les ordres sacrés du sous-diaconat et du diaconat. Évidemment cette ordination était anticanonique et sacrilége; mais l'abbé Marprez a pu être trompé par le langage (1) et les actes offi-

(1) M. Le Blanc de Beaulieu, évêque de Soissons, après sa conversion si sincère et son repentir si souvent manifesté, a toujours assuré que c'était avec la plus entière bonne foi qu'il avait embrassé et soutenu le parti constitutionnel. M. Marprez fut tout à fait dans la même situation. M. de Beaulieu croyait les Brefs supposés.

ciels de l'évêque du Nord, qui avait (bien à tort sans doute) la prétention d'être en communion avec le Saint-Siége, *in unitate fidei et Sanctæ Sedis Apostolicæ communione* (1), comme le disent les Lettres qui furent remises au nouvel ordonné.

Étendons le voile de la charité sur cette grave erreur de la jeunesse et de l'inexpérience..... Quelques personnes peut-être, dans la crainte de voir flétrir une mémoire si vénérée, auraient préféré que nous gardassions le silence sur ce fait peu connu. Mais l'abbé Marprez lui-même ayant toujours conservé dans ses papiers les preuves authentiques de son ordination illicite, et les ayant, en toute humilité, transmises à sa famille, qui nous les

---

(1) Claudius Franciscus Maria PRIMAT, misericordia divina et electione populi, *in unitate fidei et Sanctæ Sedis Apostolicæ communione*, Episcopus Partitionis septentrionalis. Universis præsentes litteras inspecturis salutem in Domino. Notum facimus quod nos in ecclesia nostra cathedrali missam in Pontificalibus et generalem ordinationem celebrantes, dilecto nobis in Christo Edmundo Timotheo Montano Marprés, idoneo et capaci reperto *subdiaconatus ordinem* in Domino contulimus. Datum Cameraci sub signo, etc., die 25 mensis Maii anno 1793. † C. F. M. PRIMAT, Ps. sept. Episcopus. — (Même formule et même date pour les lettres d'ordination du diaconat.)

a elle-même communiquées, nous ne voyons pas pourquoi nous aurions cherché sur ce point à déguiser la vérité (1). Et puis, quel tort réel peut faire à la réputation de ce confrère si aimé et si respecté, une illusion passagère, commune alors à tant d'autres, et qui a été rachetée par cinquante années d'une vie régulière, pénitente et toute sacerdotale? D'ailleurs, ne ressort-il pas de cette chute d'un homme de bien une leçon utile : celle de la nécessité de se défier toujours de soi-même, et de prendre conseil, dans les cas douteux, de personnes sages et éclairées? Ah! si des temps difficiles revenaient encore, nous aurions tous besoin de songer à la fragilité de notre nature.

(1) Quis nescit primam esse historiæ legem, ne quid falsi dicere audeat; deinde ne quid veri non audeat? (Cic., de Orat., lib. II, cap. 15.)

## CHAPITRE II.

Cependant, un décret conçu en ces termes : « Tous les Français sont en réquisition permanente pour le service des armées, » appela subitement sous les drapeaux les citoyens au-dessous de quarante ans. L'évêque Marolles, qui n'avait point encore atteint cet âge, se fit exempter de la loi en offrant un don patriotique de 600 francs ; mais il ne répugnait pas au prélat de figurer dans la garde nationale, où il fut promu au grade de capitaine. Plus tard, Marolles adressa au département ses Lettres de prêtrise, avec une renonciation pure et simple à toute fonction du ministère ecclésiastique. Heureusement nous pouvons ajouter qu'il est mort repentant, et en exerçant la charité dans un hôpital en qualité d'infirmier.

L'abbé Marprez, qui était revenu chez son

père après la réception des deux premiers ordres sacrés, fut contraint, comme toute la jeunesse soissonnaise, de subir la loi de la réquisition, et d'entrer dans les cadres des armées de la République.

On était alors sous le régime de la Convention et à l'époque de la première coalition. La Prusse, l'Autriche, l'Angleterre, la Hollande, l'Espagne s'étaient liguées ensemble, et avaient l'espoir de démembrer la France. Dumouriez, qui avait aidé Kellermann à Valmy, et avait gagné lui-même la bataille de Jemmapes, s'était emparé de la Belgique. Mais, depuis, la victoire lui avait fait défaut, et il venait d'être battu à Nerwinde. Craignant une disgrâce, il s'entend avec le prince Cobourg, et tente de délivrer la France des jacobins.

La Convention ne s'endort pas sur ces nouveaux dangers. Voyant les armées ennemies envahir sur tous les points le territoire français, elle comprend la nécessité de leur opposer des forces imposantes, et met sur pied quatorze armées à la fois.

Celle de Sambre-et-Meuse était sous le commandement du général Jourdan. C'est ce dernier corps que doivent rejoindre les contingents de l'Aisne, parmi lesquels étaient de nombreux Soissonnais qui avaient élu caporal, à titre provisoire, le citoyen Marprez (1). Leur destination était Boheries, un des cantonnements du camp de Guise, et ils eurent l'ordre de s'y rendre dans le plus bref délai.

Les Autrichiens, après s'être rendus maîtres de Condé, de Valenciennes et du Quesnoy, passent bientôt la Sambre et cernent complétement Maubeuge et son camp retranché. Les communications sont coupées entre Avesnes et Landrecies. Toute la division de Boheries, dont Marprez faisait partie, accourt pour protéger Avesnes.

Carnot et Jourdan battent bientôt les Autrichiens à Wattigny. Les fatigues de la guerre et la mauvaise qualité des aliments font périr maints soldats des nouvelles recrues. Le caporal Marprez est atteint d'une dyssenterie, et obtient de se faire soigner à Soissons chez ses

---

(1) Nous avertissons une fois pour toutes que nous avons sous les yeux les *Mémoires militaires de M. Marprez*, et que, aussi souvent que nous le pouvons, nous en reproduisons les phrases et les expressions.

parents. Il était tellement affaibli, que, presque arrivé à destination, il mit trois heures entières à franchir la distance entre Crouy et Soissons, c'est-à-dire l'espace d'une lieue. La crainte de la contagion fit livrer aux flammes ses vêtements militaires dans la cour même de la maison paternelle.

Durant cette longue maladie, son bataillon fut incorporé au 3ᵉ de la Meurthe ; de sorte que, quand il rejoignit son corps, au village de Prisches, à trois lieues de Landrecies, il se trouva remplacé comme caporal. La perte de ce premier grade, à l'entrée de sa carrière militaire, lui causa une peine dont il ne se consola pas facilement.

Toutefois, mêlé désormais aux troupes exercées et disciplinées, il prit de plus en plus goût à son nouvel état, auquel il ne lui était pas libre de renoncer alors sans courir les plus grands dangers. Il partagea donc avec ses camarades, nous ne disons pas la gloire, mais du moins les travaux et les périls de la guerre : car dans la campagne de Flandre de 1794, bien que les Autrichiens ne fussent séparés des Français que par la haute Sambre, son corps eut plus souvent la mission d'observer l'ennemi que celle de le combattre.

Voici comment il raconte lui-même une de ses factions pendant une nuit obscure :

« Comme il fallait garder le plus rigoureux silence, on me donna ma consigne en route ; puis le caporal ayant à peu près rencontré l'endroit où était comme enterré celui que j'allais relever, il me dit à voix basse d'aller prendre sa place et de le lui renvoyer. Je trouvai mon homme accroupi dans un trou d'environ deux pieds de profondeur, qu'il me céda sans mot dire et où je me blottis aussitôt. Mais je n'y tenais pas. Après donc quelques instants d'immobilité, je me mis à regarder ; et, à la faveur d'un petit feu du bivouac ennemi, je reconnus que de l'autre côté de la rivière un trou semblable au mien renfermait un Autrichien. Il s'établit alors une véritable pantomime entre cet Autrichien et moi. Tout accroupis que nous étions, nos têtes planaient au-dessus du niveau. Quand j'entendais du bruit, je me relevais pour tâcher de découvrir ce qui remuait, et j'apercevais l'Autrichien se repliant dans son trou. Puis, au bout de quelques minutes, il remontrait la tête, et à mon tour je me renfonçais dans le mien. »

A la fin d'avril, Marprez fut témoin du bombardement de Landrecies. « Nous vîmes les flammes, écrit-il à sa famille, s'étendre pendant cinq jours entiers successivement d'un bout de la ville à l'autre, et finir par n'en faire qu'un vaste incendie. C'était un spectacle affreux, rendu encore plus déchirant par les cris de la population que nous entendions distinctement de nos bivouacs. » On avait tenté de porter du secours à cette malheureuse ville ; mais tout s'était borné à des escarmouches qui furent sans résultat. — Le rôle particulier de notre jeune militaire se borna à faire partie de quelques détachements, tantôt au Sart, à Saint-Rémi-Chaussée, tantôt à Maroelles, tantôt au camp du Grand-Reïng, etc.

En mai 1794, les Autrichiens mirent en déroute l'armée de Sambre-et-Meuse, et Marprez faillit périr, au pont de Jeumont.

« Personnellement, retardé par un malheureux camarade que je voulais sauver, écrit-il, mais qui avait peine à me suivre, je me trouvai poursuivi par deux hulans que j'eus le bonheur de tenir à distance par de simples amorces, le fusil que j'avais saisi au faisceau, au moment de l'attaque, ne pouvant faire feu, tant il avait été mal soigné par son maître, puis endommagé par la pluie!... La plaine étant couverte de tirailleurs, les hulans, au milieu du bruit et de la fumée, ne s'aperçurent pas de la nullité de mes moyens de défense. Je pus enfin rejoindre mon corps avant qu'il eût atteint le pont de *Jeumont*.

» C'était là que nous attendait l'épisode le plus triste de notre défaite. Car mourir en combattant, c'est remplir sa tâche : mais finir, misérablement étouffé autour d'un pont, ou entraîné par les flots, c'est bien sûrement le comble de l'infortune. Tel était pourtant le sort réservé à beaucoup d'entre nous.

» La poursuite de l'ennemi avait été si vive, qu'infanterie, artillerie, cavalerie se poussaient et s'entre-choquaient sur ce malheureux pont étroit et sans parapets. J'entrai un instant dans la foule, j'étouffais. Je reculai. J'eus alors la pensée de me jeter à la rivière. La vue du grand nombre qui s'y noyaient, et mon inexpérience dans la pratique de la natation me firent encore reculer. Je voulus enfin, du bord de l'eau, escalader une des piles. Deux cavaliers, violemment poussés par la foule avec leurs chevaux, manquèrent de m'écraser en tombant près de moi. Je me résolus alors à regagner la tête du pont à mes risques et périls, et je parvins à le traverser heureusement. Notre bataillon avait perdu près d'un quart; notre compagnie un tiers, presque tous tués ou blessés mortellement pendant l'action, qui n'avait pas duré une heure. »

Ces revers étaient dus en partie à la mauvaise organisation de l'armée. On travailla donc à la recomposer sur d'autres bases. On mit deux bataillons de volontaires avec un bataillon de ligne. Ce mélange eut pour résultat d'habituer ces nouveaux venus à une sévère discipline. A partir de cette fusion, les Français reprirent le dessus, et un peu plus tard, les 16 et 26 juin, ils gagnèrent la double bataille de Fleurus (1). C'était à ce triomphe que

---

(1) Fleurus est à cinq lieues de Namur. L'armée de *Sambre-et-Meuse* était forte de quatre-vingt mille combattants; Jourdan, général en chef; *Marceau, Lefebvre, Championnet, Kléber*, généraux de division. — L'armée austro-hollandaise était de cent mille hommes. Le 16 juin, l'action resta indécise. Le 26,

devait forcément se terminer la première partie de la vie militaire de M. Marprez. Il avait passé dix-huit mois au service (du 20 septembre 1793 au 15 avril 1795).

Les fatigues d'une vie à laquelle il n'était pas encore accoutumé, les privations de tout genre, la difficulté de se procurer des aliments dans un pays entièrement dévasté, l'intempérie de la saison, les pluies continuelles et surtout l'air pestilentiel de la Boussière (près de Thuis) où de nombreux cadavres étaient à peine couverts de terre, tout contribua à altérer profondément son tempérament, naturellement robuste et vigoureux : une seconde fois il tomba dangereusement malade.

Divers incidents fâcheux retardèrent l'emploi des remèdes qui auraient pu le guérir plus promptement.

Envoyé d'abord à l'hôpital de Maubeuge, il n'y est pas admis faute de place. Dirigé ensuite sur Marle, dans un chariot, il est oublié dans

---

elle dura quinze heures. La perte des Français fut de sept mille morts ou blessés. Un aérostat élevé à une grande hauteur avait facilité la connaissance des positions de l'ennemi. Cette victoire ouvrit une deuxième fois la Belgique aux armées françaises.

la paille qui le couvre. Ce n'est que par ses cris redoublés qu'il parvient à rappeler à ses conducteurs insouciants qu'ils ont encore un malade à conduire à l'ambulance. Tant de contre-temps et un si grand dénûment ne font qu'aggraver sa triste situation. Enfin, à Marle, on l'installe avec ses compagnons dans l'église paroissiale. Comme c'était un jour de grand *Decadi*, les malades eurent beaucoup à souffrir du bruit des tambours, de la musique, etc… et encore plus des vociférations de tous ceux qui prenaient part à la cérémonie. Heureusement Marprez n'était pas fort loin de la résidence de sa famille; il obtient qu'on l'y transporte au plus tôt. Là, une fièvre putride et maligne se déclare et le conduit aux portes du tombeau. Il guérit néanmoins; mais, pendant trois mois entiers, il a peine à recouvrer ses forces premières.

## CHAPITRE III.

Dans l'état de faiblesse où il se trouvait, Marprez, ne voyant pas de possibilité d'être employé utilement dans l'armée, sollicite du conseil d'administration de sa demi-brigade un congé provisoire, qu'on a d'abord quelque peine à accorder à un soldat aussi courageux qu'intelligent.

Mais peu après, les plans de la première coalition ayant été déjoués, et la Hollande conquise par Pichegru, la paix fut conclue entre la France et la Prusse, par le traité de Bâle (5 avril 1795). On put donc se montrer plus facile sur les congés, et celui de Marprez fut accordé. Il en profita pour accepter à Blesmes, près de Château-Thierry, dans la famille Lesguisé d'Aigrémont, une place qui le mettait à même de s'acquitter plus facilement des obligations quotidiennes qu'il avait contractées à Cambrai par le seul fait de son ordination, tout irrégulière qu'elle a pu être. Madame d'Aigrémont était restée veuve avec six enfants : trois garçons et trois filles.

Une piété sincère et éclairée, une grande réserve, une modestie parfaite, un caractère plein de douceur relevaient en madame d'Aigrémont les qualités brillantes de son esprit et la noblesse de ses manières. Elle rendait heureuses toutes les personnes qui habitaient ou fréquentaient sa maison. M. Marprez y resta trois années entières (de vingt-trois à vingt-six ans), partageant les journées entre les pratiques de piété, ses études particulières, ses devoirs de précepteur et les agréables relations de l'intérieur du château et du voisinage. Ce séjour à Blesmes contribua singulièrement à perfectionner dans notre jeune abbé cette délicatesse de sentiments et cette politesse dans les formes qui ont été toute sa vie si remarquables en sa personne.

La noble fonction de précepteur exige bien des qualités, et surtout une patience et un dévouement sans bornes. Dieu ne confie un enfant à un maître que pour qu'il développe sa jeune intelligence, élève son âme, l'initie aux mystères de la religion, forme son cœur à la vertu et à la piété, fortifie sa raison et son bon sens, réforme son caractère, lui fasse contracter l'habitude de l'ordre et du travail, et lui donne sur les principes de la morale des idées justes, nettes, et conformes aux maximes évangéliques.

Tel fut le plan d'éducation que se traça l'abbé Marprez ; et, pendant son préceptorat, il s'efforça de remplir toutes les obligations de son mandat.

Les détails dans lesquels nous croyons devoir entrer pourront ne pas être inutiles à ceux de nos lecteurs qui ont à diriger ou à surveiller de près ou de loin l'éducation (1) des enfants. Les pères et les mères y trouveront

---

(1) On lira avec fruit les ouvrages suivants : *De l'Education*, par Mgr DUPANLOUP, 4 vol. in-8°. — *De l'Education*, discours par M. l'abbé DAUPHIN, in-12, chez Victor Poullet. — *Le Livre des jeunes Professeurs*, par HENRI CONGNET, 3ᵉ édit., in-32, chez Lecoffre. — *Le Surveillant dans un collége catholique*, par le R. P. DE DAMAS, in-12, chez Adrien Le Clerc. — *Les Auteurs chrétiens en latin classique*, publiés par HENRI CONGNET, in-12, chez Parmantier.

même quelques renseignements qui leur serviront dans le gouvernement de leur famille.

Par rapport à l'enseignement, l'abbé Marprez tenait fortement à quelques principes avec lesquels il était assuré de réussir :

Rendre l'étude agréable, en répandant sur les leçons une certaine teinte de gaieté.

Ne pas surcharger de trop de choses à la fois les facultés encore inexercées de l'enfant.

Ne pas lui présenter un travail supérieur à son intelligence, par la crainte fondée d'amener chez lui le découragement : le simple bon sens indiquant qu'il ne faut demander à un enfant que ce dont il est capable.

Exciter l'émulation entre ses trois élèves sur les points qui leur étaient communs.

User à propos de la louange ou du blâme, pour ranimer leur ardeur ou triompher de leur paresse.

Montrer à ses élèves qu'on les estime et qu'on les aime ; qu'on veut leur avancement ; leur persuader qu'ils sont capables de faire des progrès. *Possunt quia posse videntur.*

Enfin, pour dernier moyen et le plus efficace de tous, les habituer à travailler sous les yeux de Dieu, avec l'intention de lui plaire et de lui témoigner de la reconnaissance pour les bienfaits dont il les comble.

Voyons maintenant le précepteur à l'œuvre et dans l'intérieur de sa classe.

Avant de donner à apprendre une leçon quelconque : catéchisme, évangile, rudiment, fables, etc., Marprez avait soin d'en faire comprendre à ses élèves tous les mots et toutes les phrases ; non pas en leur débitant de longs et ennuyeux commentaires, mais en les forçant à s'expliquer eux-mêmes sur la signification des mots et sur l'ensemble de la leçon du jour.

Quand le moment de lire ou de réciter était venu, il exigeait une lecture ou une récitation très-distincte, en faisant parfaitement articuler toutes les syllabes, accentuant celles qui devaient l'être, et donnant à chacune leur véritable prononciation, d'après les règles générales de la quantité, qu'il faisait connaître à mesure que cela devenait nécessaire, indiquant au besoin une syllabe longue ou une syllabe brève, un è ouvert ou un é fermé, etc.

Pour la grammaire, il se borna d'abord aux

noms et aux verbes, et à une dizaine de règles de la syntaxe. Ce fut l'affaire de quelques semaines ; mais pendant la première et la seconde année, chaque classe commençait par la récitation d'un verbe tout entier, tantôt le latin seul, tantôt le latin avec le français, tantôt en commençant le verbe par la fin et remontant jusqu'au commencement, tantôt en demandant à ses élèves sur-le-champ la traduction latine de temps ou de personnes prises au hasard dans la conjugaison : tant il avait à cœur que cette partie fondamentale de la grammaire fût possédée à fond.

Ayant compris de bonne heure toute la portée de cet adage : *Timeo hominem unius libri*, il ne se servit, pour commencer à enseigner le latin, que d'un seul auteur, d'une pure et élégante latinité : le *Cornelius Nepos*. A mesure qu'un chapitre avait été expliqué, il le faisait répéter plusieurs fois, jusqu'à ce que l'explication se fît couramment et sans la moindre hésitation. Ensuite, sur ce même chapitre, il faisait faire cinq sortes d'exercices différents : 1° analyser grammaticalement tous les mots, et surtout dire les temps primitifs des verbes ; 2° retrouver dans la grammaire toutes les règles de syntaxe qui avaient leur application dans ce chapitre ; 3° traduire d'abord *littéralement* la phrase, puis la rendre en meilleur français, ayant soin de serrer le texte de près, et de ne passer aucune expression sans qu'elle eût été rendue convenablement ; 4° remarquer toutes les alliances de mots et les tournures latines qui s'éloignaient du français, et celles qui étaient absolument semblables dans les deux langues ; 5° sur le français, revu et corrigé, exercer à redire de vive voix le texte latin sans commettre ni de solécismes, ni de barbarismes.

On expliquait ensuite le deuxième chapitre, que l'on travaillait de la même manière, et on repassait encore le premier chapitre. On étudiait ainsi tous les chapitres d'une même *vie*, et quand on l'avait terminée, on la revoyait tout entière avant d'aller plus loin.

Il va sans dire que, concurremment avec ces exercices sur l'auteur, on continuait d'apprendre à la suite, dans les deux grammaires latine et française, les règles de la syntaxe, et à en faire l'application sur des phrases composées surtout de mots déjà vus dans le *Cornelius*.

Par cette série d'exercices bien conçus et très-rationnels, que l'abbé Marprez avait vu pratiquer à son ancien maître, M. Lavice, si l'on ne parcourait pas en une semaine un grand nombre de pages de l'auteur, on n'en avançait pas moins très-réellement et très-solidement dans la connaissance de la langue latine.

La seconde année, il fit expliquer de la même manière Phèdre, et les Lettres choisies de Cicéron, sans oublier de lire et de relire *Cornelius Nepos*. Les Catilinaires et Virgile occupèrent une partie de la troisième année.

Mais l'habile précepteur ne bornait pas sa sollicitude à un enseignement raisonné et pratique des langues; il mettait surtout une grande importance à former le caractère de ses jeunes élèves. Il savait allier en perfection la sévérité avec la bonté, et se faisait à la fois craindre et aimer. Jamais il ne souffrait un caprice, une négligence, un accès de paresse, un trait de mauvaise humeur ou de bouderie, une dispute entre frères et sœurs. Mais dans les réprimandes ou les punitions, il observait les règles de la plus stricte justice. Malgré l'impétuosité naturelle de son caractère, il faisait tous ses efforts pour ne pas infliger de punition dans un moment de vivacité. Il ne reprenait pas non plus l'élève lorsqu'il le voyait aigri ou irrité, dans la crainte de rendre sa réprimande inutile, ou même de s'exposer à se faire manquer de respect. Quelquefois, en effet, il faut différer plusieurs jours pour placer à propos une observation et en attendre du fruit. Pousser à bout un enfant dans le moment où il n'est pas maître de lui-même, c'est le mettre dans le cas de commettre de nouvelles fautes, plus graves peut-être que la première.

Il se gardait bien de revenir sans cesse sur les mêmes reproches, rien n'étant plus fatigant pour l'élève, ni plus propre à l'endurcir.

Avant de punir, il tâchait aussi de distinguer les différents genres de manquements. La faute était-elle tout à fait volontaire et commise avec préméditation, il n'y avait pas de rémission. Était-elle au contraire le résultat du caractère, de l'habitude, de la légèreté, de l'irréflexion ou de l'ignorance, il était plus indulgent; faisait sentir les suites de la faute, imposait une légère privation, et pardonnait.

Quand il avait donné un ordre, il fallait qu'il fût exécuté. Du reste, il avait soin de ne commander rien de trop difficile, et encore moins, rien de presque impossible à observer.

Persuadé qu'il n'y a pas grand'chose à espérer d'un enfant, tant qu'il ne s'est pas déshabitué de mentir, il tâchait d'inspirer à ses élèves l'horreur du mensonge. Aussi ne grondait-il pas celui qui avouait naïvement une faute : il l'exhortait seulement avec douceur à mieux faire à l'avenir.

Il ne contraignait pas, par des moyens violents, ses élèves à se bien conduire et à corriger leurs défauts ; mais il tâchait de les y amener peu à peu, en leur inspirant la bonne volonté d'y travailler d'eux-mêmes et par persuasion.

Ce qui paraissait plus essentiel encore à l'abbé Marprez, c'étaient l'initiation à la foi et la direction du cœur vers la piété. Dans ces temps surtout de troubles et de révolutions, où toutes les idées saines étaient bouleversées, et où l'on pouvait à chaque instant venir vous arracher à vos foyers pour vous faire apostasier ou vous conduire à l'échafaud, il sentait la nécessité d'éclairer l'esprit de ses élèves par de solides instructions, de leur inspirer du goût pour la religion en la rendant aimable, de fortifier leur foi, de les enhardir contre les périls qui les menaçaient, et particulièrement de les préserver du schisme!... La grave erreur dans laquelle le précepteur lui-même était tombé, quelques années auparavant, le rendait plus zélé pour écarter ce danger de ses chers élèves.

En remplissant ainsi sa mission, l'abbé Marprez voyait un moyen de réparer un passé qu'il déplorait. C'était pour lui comme un commencement de réhabilitation.

Le château de Blesmes n'assista donc jamais aux cérémonies religieuses des curés intrus. Semblable aux Israélites éloignés de Jérusalem et captifs à Babylone, la famille Leguisé d'Aigremont rendait de son mieux, dans un oratoire privé, ses hommages au Seigneur, et appelait de tous ses vœux le rétablissement du culte catholique et la réconciliation de la France avec le Siége apostolique.

L'abbé Marprez se plaisait beaucoup au château de madame d'Aigremont. Une bibliothèque nombreuse et bien choisie lui fournissait tous les moyens possibles d'étudier. Pour ses promenades, il avait les bords charmants de la Marne, où de tous côtés l'œil était satisfait par des points de vue on ne peut plus variés. Ses trois élèves, sans avoir des moyens transcendants, étaient dociles à ses leçons ; et, avec l'excellente méthode qu'employait leur maître, ils avançaient d'une manière solide dans la connaissance de la langue française et de la langue latine, en même temps que dans la piété. Tous les habitants du château étaient charmés du bon ton et de l'air franc et ouvert de l'abbé Marprez.

Mais la famille d'Aigremont ne devait pas jouir longtemps des avantages précieux que lui procurait le séjour d'un si digne précepteur.

## CHAPITRE IV.

Un nouveau pouvoir exécutif, le Directoire, avait remplacé la Convention (26 octobre 1795).

Bonaparte, nommé à vingt-sept ans général en chef de l'armée d'Italie, y remporta les plus brillantes victoires. Par le traité de Tolentino (19 février 1795), Pie VI céda à la République française une partie de ses États, les Légations, et tous les chefs-d'œuvre qui ornaient la ville de Rome. Par celui de Campo-Formio avec l'empereur d'Allemagne (17 octobre 1797), Bonaparte obtint la cession de la Belgique à la France. On révolutionna l'Italie, la Hollande et la Suisse. Berthier s'empara de Rome (10 février 1798), enleva le Pape, et le fit traîner en exil jusqu'à Valence, où il ne tarda pas à mourir. Le Gouvernement républicain fut établi dans tous les pays conquis, et l'on eut les Républiques cisalpine, transpadane, batave, helvétique, lémanique, parthénopéenne, et enfin la République romaine. Une expédition en Égypte fut confiée à Bonaparte.

Pour soutenir de si vastes entreprises, le Directoire eut besoin de nombreux soldats; il décréta de nouvelles levées. Informé que, par l'infidélité d'agents peu scrupuleux, beaucoup de soldats avaient été, à prix d'argent, libérés du service sans motifs valables (1), il ordonna une vérification générale de tous les congés précédemment obtenus.

C'est pour cette raison que la police vint troubler l'abbé Marprez dans sa paisible retraite, et l'arracha à l'honorable emploi dont on a vu qu'il s'acquittait à la satisfaction de tous. Au mois d'août 1798, il reçut l'ordre de se présenter à Laon, puis à Saint-Denis, pour y justifier de ses titres à ne plus faire partie des armées de la République.

Persuadé que ses premiers juges ne lui avaient pas rendu bonne justice, l'abbé Mar-

---

(1) A Soissons, les citoyens Osselin et Dauvergne étaient renommés pour ces sortes d'opérations frauduleuses.

prez en avait résolûment appelé au Conseil médical de Paris. Mais là, son congé n'ayant pas été trouvé suffisamment motivé, force lui fut d'aller au commissariat général prendre sa feuille de route pour rejoindre la 125° demi-brigade (ancienne 35°), qui était à Berne, en Suisse. On voulut lui épargner la peine d'une si longue route en lui offrant d'entrer dans un autre corps ; mais son excellent cœur le portait à aller retrouver ses anciens camarades, qu'il aimait et dont il était aimé. Il obtint comme une faveur de traverser le département de l'Aisne. A Soissons, le commissaire des guerres, le citoyen Meurizet l'accueillit avec beaucoup de bienveillance en sa qualité de compatriote et de concitoyen, et lui donna une lettre qui lui fut très-utile : c'était une recommandation pour le lieutenant général Charpentier, ancien élève du collége de la ville, et qui commandait alors un corps de l'armée d'Italie. Marprez, accompagné de son père, passa par Blesmes pour faire ses adieux à Madame d'Aigremont et à ses trois élèves qui lui étaient tendrement attachés. Après une journée passée à la fois dans la joie et dans la tristesse, l'abbé

Marprez, redevenu soldat (26 septembre 1798, 5 vendémiaire an VII), quitta cette intéressante famille, et, le sac sur le dos, se rendit à Dormans, de là à Tréloup, dans la famille d'un ancien camarade de collége qu'il allait rejoindre en Suisse. Le lendemain, il se dirigea vers Épernay. Là une réception fort désagréable lui était réservée. A peine est-il arrivé, qu'il a un interrogatoire à subir devant le maire; on le prend pour un des militaires qui ont voulu arrêter une diligence; et quand il est parvenu à convaincre le magistrat qu'il n'est pas un brigand, on s'obstine à le garder aux arrêts, tout trempé de pluie qu'il était et mourant de faim. On ne lui rendit sa liberté que lorsqu'on eut arrêté les coupables. Marprez passa successivement à Châlons, Vitry-le-Français, Saint-Dizier, Joinville, Vignory. Nouvelle aventure. A peine à un quart de lieue de cette dernière petite ville, il entend crier derrière lui : Arrête... arrête! C'étaient deux gendarmes à pied qui couraient pour le rejoindre (3 octobre). Marprez, fort de sa conscience, les attend tranquillement et veut leur montrer sa feuille de route. « C'est bien de feuille de route qu'il s'agit!

Suivez-nous. » Alors Marprez apprend qu'on cherchait un militaire de la 21ᵉ qui avait répandu de la fausse monnaie à Saint-Dizier. Dans le trajet on fait la rencontre d'un détachement; soldats et capitaine à l'envi accablent d'injures le pauvre prisonnier. On arrive à Vignory. Marprez au milieu de ses deux gendarmes est accueilli par les huées de la populace. On le conduit en prison. Il comparaît devant une espèce de conseil. On lui fait montrer sa feuille de route, sa bourse, son sac. Les gendarmes ont ordre de le fouiller... Le conseil est stupéfait : le prisonnier est en règle, et d'ailleurs le signalement du coupable ne lui convient nullement. « —Reprenez vos effets, lui dit le président, et continuez votre route. — Et c'est là toute la réparation, reprit Marprez. — Que voulez-vous? Le capitaine s'est trompé ; c'est très-fâcheux, mais nous ne pouvons que proclamer votre innocence. » — Et il fallut se contenter de cette déclaration. Marprez partit alors pour Chaumont, puis traversa Langres, Fay, Combeaufontaine, Vesoul, Hure, Belfort, franchit le Jura, et arriva à Porentruy, première ville de Suisse.

Elle est petite, mais d'un aspect fort agréable. Quelques jours après il était à Berne, terme de ses fatigues, pensait-il. Mais nouvelle déception. Le 1ᵉʳ et le 2ᵉ bataillon de sa demi-brigade, objet de ses pénibles recherches, était à Lucerne. Il part donc (15 octobre) pour cette dernière ville, plus désireux que jamais de retrouver ses anciens camarades. Il arrive à Lucerne (18 octobre)... Encore une déconvenue... Sa demi-brigade s'est dirigée vers le Saint-Gothard. Il utilise les quelques heures qu'il a à passer à Lucerne, et visite le général Psiffer, qui lui fait bon accueil et l'introduit dans son salon, où se trouve horizontalement fixé un travail étonnant de science et de patience. C'est, dans un cadre de 22 pieds de long sur 12 de large et 11 pouces de hauteur, la représentation exacte des huit cantons. On y remarque facilement les versants, les monts, les glaciers, les vallées, les eaux agglomérées et courantes, les villes avec leurs principaux édifices, les villages avec leurs clochers, etc. : le tout revêtu des teintes qui conviennent à chaque objet. Ce fut un moment de délassement pour le pauvre voyageur.

Le 19 octobre 1798, Marprez se met de nouveau en route et cotoye le lac de Lucerne ou des quatre cantons : il s'égare et tombe à Zug; il se rend ensuite à Schwitz, de là à Altorf, où il éprouve une impression profonde en entendant des chants pieux parfaitement exécutés, et en voyant une population recueillie qui participait à une fête religieuse et à une procession solennelle. Il traverse la vallée de la Reuss; « jamais je n'avais vu, écrit-il, un pays aussi sombre, une solitude aussi effrayante : une vallée étroite, sinueuse et s'élevant successivement, dans laquelle on trouve çà et là de pauvres villages qui, à la première vue, apparaissent comme des agglomérations de ruines ; quelques chapelles, quelques maisons isolées jetées entre d'affreux rochers; le mugissement lointain de torrents qui se précipitent avec fracas de cascades en cascades jusque dans les eaux de la Reuss. Ce tableau s'est déroulé devant moi, pendant sept à huit heures de marche qui m'ont amené au pied d'un pont d'une largeur et d'une hauteur prodigieuse, et qu'on appelle, à cause de cela, le Pont-du-Diable. Il est jeté entre deux immenses rochers bordés par de profonds ravins. Marprez le traverse, et chemine ensuite sous une roche percée et obscure dans une longueur de 4 à 500 mètres ; il suit la pente du Saint-Gothard, s'arrête à l'hospice des voyageurs chez les bons religieux ; puis, au versant, descend dans la vallée du Tessin. Enfin, à la petite ville de Bellinzona, près du lac Majeur, il retrouve sa demi-brigade, après l'avoir cherchée en vain pendant un mois de marche pénible.

Il fut reçu par ses camarades avec les démonstrations de la plus franche amitié. Là, ne perdant pas de vue ses engagements sacrés, il fit encore des démarches pour faire ratifier son congé ; mais n'ayant rien obtenu, il prit son parti en brave, et réclama son rang d'ancienneté, qui lui fut accordé.

Bientôt après, sa compagnie alla occuper Dongio, dans la vallée de la Brenna. Au milieu de toutes ces marches et contremarches, Marprez n'oubliait pas qu'il avait une âme à sauver. Ayant eu soin de ne pas laisser égarer son *Novum Testamentum* (1), il se retirait souvent

---

(1) C'est ce que M. Marprez dit d'une manière mystérieuse

à l'écart pour en lire et méditer quelques versets. Il s'approchait aussi du tribunal de la pénitence. C'est même en revenant un jour de Faido, où il avait été remplir ce pieux devoir, qu'il tomba jusqu'au cou dans la rivière, la glace s'étant brisée sous ses pieds. Il manqua d'y périr. Des femmes, entendant ses cris, accoururent, et avec des perches lui facilitèrent le moyen de sortir de l'eau. Quand il arriva à la caserne, il apparut à ses camarades, écrit-il lui-même, comme un lustre ambulant, tout recouvert de lames brillantes et cristallisées, que les lumières de la chambre rendaient encore plus éclatantes.

Le 10 janvier 1799, sa demi-brigade quitta Dongio, et alla à Como, puis à Milan, à Coccaglio, à Brescia, à Monte-Chiaro. Dans tous ces cantonnements, Marprez se plaint des mauvais procédés de notre dévouée alliée, la République cisalpine, qui laissait mourir de faim et de froid les soldats français, *ses libérateurs*. A Carpenedolo, Marprez reçut de ses

---

dans ses Mémoires. « J'essaye quelques tours de promenade ; je lis un peu, car *j'ai un livre.* » Et plus loin : « J'ai obtenu la permission d'aller à Faido, où je voulais voir *quelqu'un.* »

camarades un nouveau témoignage d'estime et d'amitié (février 1799) : toutes les compagnies de son corps le désignèrent à l'unanimité pour faire partie du conseil d'administration : ce qui lui donnait rang, quoiqu'il fût sans grade, dans l'état-major, et lui en faisait partager les droits et les honneurs. A partir de ce jour, il eut à Monte-Chiaro une résidence fort agréable, un beau logement et des loisirs. Ayant à sa disposition une bibliothèque où se trouvaient les auteurs classiques et beaucoup d'excellents livres, il employa fort utilement son temps, pendant le mois qu'il séjourna dans cette petite ville.

Mais bientôt l'ordre arriva de partir pour Castiglione (17 mars 1799), puis pour Brescia, puis pour Vestone, non loin du lac de Garde ; de là à Peschiera.

On touchait au moment où allait être rompu le traité de paix signé deux ans auparavant à Campo-Formio (17 octobre 1797) entre la France et l'Autriche. Toutes les puissances européennes, la Russie, la Prusse, l'Autriche, l'Angleterre, les Deux-Siciles, le Portugal et la Turquie avaient formé contre la République française une seconde et formidable coalition (1799-1801). Moreau, Macdonald, Championet, s'étaient laissé battre par l'ennemi. Mais Masséna et Soult relevèrent bientôt la gloire de nos armes. Ce fut sous ces deux généraux principalement que Marprez eut l'honneur de servir dans cette nouvelle campagne d'Italie. Sans avoir jamais eu l'occasion de faire ce qu'on appelle des actions d'éclat, Marprez néanmoins était aux yeux de tous d'une bravoure reconnue. Son habileté égalait son courage : s'il y avait parfois une mission difficile à remplir, un poste dangereux à garder, une retraite à protéger, ses chefs n'hésitaient pas à les lui confier, et leur attente ne fut jamais trompée. Il se trouva à l'affaire de Pastringo, où, après une vive résistance, les Français enlevèrent une position défendue par vingt-deux redoutes, disposées en amphithéâtre et sur trois lignes. Les Autrichiens y firent une perte de 10,000 hommes.

Au commencement d'avril 1799, se trouvant cantonné sur la route de Villafranca à Mantoue, et pouvant disposer de quelques moments, l'humaniste distingué du collége de Soissons, qui avait toujours fait ses délices de la lecture de Virgile, désira vivement visiter à Andes (aujourd'hui Pietola), lieu même de la naissance du prince des poëtes latins, le monument (1) élevé par le général Bonaparte, lors de sa première campagne d'Italie. Andes est à 2 lieues de Mantoue. Ses habitants, pendant la guerre d'Italie, furent exempts de la contribution de guerre. La petite excursion de Marprez, tout indifférente qu'elle paraisse en elle-même, fut cependant ce qui l'arrêta tout à coup au milieu de sa carrière militaire.

On ne lui avait accordé qu'une permission de 24 heures pour accomplir son pieux pèlerinage.

---

(1) Ce monument est une pyramide de 25 pieds de haut, élevée au centre d'une rotonde, et environnée de charmilles, d'arbustes et de plantes de toute espèce, surtout de celles qui sont souvent rappelées dans les *Églogues* de Virgile. Sur la face principale on lit : *Natali Virgilii Sacrum, anno* VI *Reip. franc.* Sur les trois autres faces on a gravé six vers : deux pour chacune, et qui sont tirés du 3e livre des *Géorgiques*.

1re  Primus ego in patriam mecum (modo vita supersit)
     Aonio rediens deducam vertice Musas.

2e   Primus Idumæas referam tibi, Mantua, palmas;
     Et viridi in campo templum de marmore ponam.

3e   Propter aquam, tardis ingens ubi flexibus errat
     Mincius, et tenera prætexit arundine ripas (10-15).

Après avoir visité le monument et en avoir relevé les inscriptions, notre militaire avait quitté Mantoue et regagné sa station, lorsqu'il apprend que presque tout son détachement a rejoint le corps. Le lendemain il veut en faire autant; mais il est harcelé et poursuivi sur la route par les Autrichiens. Obligé de rétrograder jusqu'à Mantoue, il y voit bientôt arriver les débris de notre armée, défaite à l'affaire de Magnano.

# CHAPITRE V.

Suwarow ayant réuni ses 40,000 Russes aux 60,000 Autrichiens qui, depuis quelques mois, tenaient en échec les 30,000 soldats français, prit lui-même le commandement général des Austro-Russes, partagea son armée en quatre parties, et envoya une de ses divisions pour assiéger Mantoue, ville située dans une île au milieu du fleuve Mincio. C'est une des plus fortes places de l'Europe.

Marprez se trouva donc par hasard enfermé dans la ville ; il prit part, avec la garnison, à la défense de la place, et eut à subir comme elle toutes sortes de privations et de souffrances. La garnison était composée de 11,000 hommes, commandés par le général Latour-Foissac. Les maladies en enlevèrent un cinquième. Le pain manqua, la grande crue des eaux empêchant les moulins de tourner. On y substitua le biscuit, encore fut-il réduit à un sixième de ration. On n'avait que des viandes salées qui faisaient une soupe fort mauvaise et de couleur verdâtre. Les caisses militaires étant peu fournies, on ne reçut qu'un tiers de solde pendant toute la durée du siége. Malgré ces conditions défavorables, malgré les forces bien supérieures des ennemis, qui s'emparèrent successivement de tous les forts, le général Latour-Foissac ne consentit à capituler qu'après soixante-douze jours de siége, vingt de blocus, quatorze de tranchée ouverte et de bombardement. Un éclat d'obus rasa la figure de Marprez, mais sans lui faire de blessure. Mantoue fut remise au général Kray, Autrichien. Les conditions de la capitulation, consentie le 28 juillet 1799, furent que la garnison sortirait avec les honneurs de la guerre, puis mettrait bas les armes et serait reconduite en France sans pouvoir servir avant échange.

Le 30 juillet la garnison entière vint se mettre en bataille sur la place d'armes, et défila, tambours battants et drapeaux volants, par la porte Mulina, ayant en tête six pièces de canons. Le défilé terminé, on posa les armes.

Voilà donc une seconde fois Marprez désarmé et conduit par une escorte autrichienne sur la route de France.

Que n'eut-il pas à souffrir jusqu'au 25 d'août, jour où, au pied du Mont-Cenis, il fut remis aux mains d'un officier français ! Comme aucun service n'avait été organisé, il resta quelquefois 48 heures sans recevoir de nouvelle ration. Il ne touchait pas de solde, parce que les débris de sa demi-brigade, ne s'étant trouvés que par hasard au siége de Mantoue, n'avaient pas été nommés dans la capitulation, et ne pouvaient, par conséquent, être considérés comme prisonniers de guerre.

Et même, après que ce petit détachement fut rentré sur le territoire français (25 août 1799), à Lans-le-Bourg, où il demeura un mois en attendant des ordres, tous eurent beaucoup de difficultés à trouver des vivres, et quelquefois à se loger. L'ordre arriva enfin de se rendre à Gênes par la France, le Piémont étant en grande partie occupé par les troupes autrichiennes.

## CHAPITRE VI.

Les affaires générales avaient changé de face. Du fond de l'Égypte, Bonaparte était revenu assez à temps pour secourir sa patrie aux abois ; il renverse le Directoire (18 brumaire, 9 novembre 1799). Le gouvernement consulaire est proclamé. Bonaparte, Sieyes et Roger-Ducas sont nommés consuls. Le 24 novembre Masséna prend le commandement de l'armée d'Italie. Après des combats très-opiniâtres livrés aux Autrichiens, il se replie sur Gênes.

Marprez, au milieu des soldats qui ont évacué Mantoue, est dirigé sur cette ville. Pendant son absence de la compagnie, il avait été remplacé au conseil d'administration, et était redescendu au rang de simple soldat. Mais son capitaine venait d'être témoin, à son arrivée à Gênes, de l'énergie avec laquelle il avait tenu tête à 40 soldats révoltés (1) qu'il était enfin parvenu à faire rentrer dans le devoir. Pour le récompenser, il lui proposa le grade de fourrier, ayant dessein de le faire ensuite passer sergent-major. Mais avant d'être fourrier il fallait qu'il redevînt d'abord caporal pour la deuxième fois, ce qui ne le flattait pas beaucoup. Néanmoins il finit par s'y résigner, et se laissa attacher le modeste galon (février 1800), dans l'espoir d'obtenir assez prochainement un grade supérieur.

Jusqu'au moment du blocus de Gênes, Marprez fut employé dans quelques petites expéditions et combats dans les Apennins, et principalement dans la rivière de Gênes (2), à Monte-Cornua, Monte-Facio, Bogliasco, Recco, Rapalo, Chiavari. On avait alors à repousser les Autrichiens et les montagnards soulevés

---

(1) On les avait logés à Gênes dans une église où ils n'avaient pas même de paille pour leur servir de lit.

(2) Ce qu'on appelle *rivière de Gênes* n'est point une rivière, mais un rivage enchanteur ou une côte qui se prolonge sur les bords de la mer depuis Nice. La partie orientale de la côte qui borne le golfe de Gênes est désignée sous le nom de *rivière du Levant;* c'était une des divisions de l'ancienne République; — à l'ouest de Gênes, l'ancien territoire de la république portait le nom de *rivière du Ponent.*

par le baron d'Aspres (mars 1800) (1). La disette des vivres était telle, que le caporal Marprez fut un jour réduit à manger des écorces de citrons désséchés sur les arbres, et même des olives vertes.

Et, en effet, les écrivains contemporains (2) peignent sous les couleurs les plus sombres la situation de notre armée. « Nos soldats, disent-ils, pâles, languissants, affamés, couverts de lambeaux, ayant perdu toute espèce d'énergie, ressemblaient à des fantômes errants au milieu des tombeaux. Les routes étaient couvertes de cadavres et de mourants, et les infortunés qui parvenaient à se traîner jusque dans un hôpital, y étaient sans paille pour se coucher, sans aliments, sans secours d'aucune espèce. Étendus sur des pavés de marbre, à côté des cadavres de leurs camarades (qu'on laissait souvent un ou deux jours sans sépulture), ils y trouvaient bientôt la mort. Plus de service ad-

---

(1) Vers cette époque, le 14 mars 1800, Pie VII est élu Pape à Venise, dans l'église de Saint-Georges, où trente-cinq cardinaux avaient pu se réunir. Ce conclave dura cent quatre jours, et il fallut quinze jours d'instances pour déterminer Chiaramonti à accepter sa candidature.

(2) *Vict. et Conq.* tom. XII, pag. 56.

ministratif : tout était vide, les magasins comme les caisses. Les efforts successifs des généraux en chef avaient été vains pour remédier à cette misère universelle. L'armée, sans combattre, se consumait chaque jour avec une rapidité effrayante par les épidémies et par la désertion. Des corps entiers partaient sans ordres, sans chefs; et des officiers généraux eux-mêmes se rendaient en France sans congé ni permission. Tous cherchaient à éviter une mort sans gloire qui se présentait partout et à chaque instant sous l'aspect le plus terrible et le plus révoltant. »

Après la campagne de l'Apennin et du littoral, Masséna fut forcé de se renfermer dans Gênes. Voici quelle était la composition des deux armées : le baron de Mélas commandait l'armée autrichienne; il avait sous ses ordres le général Ott, qu'il chargea du blocus : son armée était de 40,000 hommes. Les Anglais avaient été chargés de bloquer le port. Du côté des Français, le général en chef était Masséna, l'enfant gâté de la victoire. Il avait pour lieutenant Soult, secondé par Miollis, Gardane et Gazan. L'effectif des troupes à leur disposition ne dépassait pas 12,000 hommes, nombre tout à fait insuffisant, eu égard au développement immense de la défense. Gênes a une double enceinte de fortifications. La deuxième enceinte, dite le grand mur, a la forme d'un triangle; au sommet nord de ce triangle est bâti le fort de l'Éperon, la clef de la place. Au-dessus, se trouvent le plateau et le fort des Deux-Frères, lequel est dominé et protégé par celui du Diamant.

On comprend qu'il ne peut pas entrer dans notre pensée de décrire dans tous ses détails cette campagne mémorable. Néanmoins, comme c'est à ce siége que Marprez s'est surtout distingué, et a ainsi établi à l'avance ses droits à l'étoile de l'honneur qu'il ne reçut que trente ans plus tard, nous ne pouvons passer sous silence les particularités qui le concernent. Marprez était à la mêlée si meurtrière de Voltrey, dont on s'empara après y avoir culbuté l'ennemi. Son bataillon fut laissé en arrière pour protéger la retraite. Là, vis-à-vis des sentinelles autrichiennes, il commanda un poste de douze hommes, à la tête desquels il passa plus de deux heures couché sur le ventre. Le 17 avril, au lever du soleil, il rentre dans

Gênes avec ses hommes. On le fait aussitôt avec eux monter dans l'enceinte du grand mur. Réunis à leur demi-brigade, ils s'établirent sur le mont des Deux-Frères, et y restèrent jusqu'au 22 avril. Ils s'y seraient remis de leurs fatigues et auraient repris un peu de force, si l'on eût pu leur faire de suffisantes distributions de vivres ; mais dans la position où se trouvait la place, encombrée d'une population de cent soixante mille âmes, on ne put leur donner qu'une demi-ration d'une espèce de pain dans lequel il n'entrait pas un grain de blé. Ceux qui étaient dans le grand mur ou sur les positions voisines, cherchaient à se procurer quelques herbages qu'ils jetaient dans leurs marmites pour en faire une soupe détestable à la vérité, mais qui était encore une ressource dans leur détresse. N'ayant ni bois ni aucun autre combustible pour faire cuire les aliments, ils enlevaient les toitures des maisons environnantes.

On aura une idée de la détresse où l'on se trouvait réduit, en lisant le fragment suivant, tiré des *Mémoires* de notre intelligent et vaillant caporal.

« Le 26 avril 1800, nous étions sur notre chétif repas du 24. Comme on paraissait avoir cessé un moment les hostilités, j'obtins la permission de descendre en ville pour m'y procurer quelque nourriture. Je m'avance vers l'échoppe d'un brocanteur : — Procurez-moi, lui dis-je, un pain de munition, et je vous donne mes boucles d'oreilles. — Vous me donneriez tout ce que vous avez que je ne pourrais pas vous en procurer. Si vous y consentez, je vous donnerai en échange ce biscuit de quatre onces et 10 parpagnoles (1 franc). Il fallut en passer par là, et je lui livrai mes belles boucles d'oreilles. Je tombais de besoin, et cependant je voulais conserver mon biscuit..... Avec mes parpagnoles j'achetai, le croiriez-vous?... six onces de sang dit de bœuf, cuit dans l'eau, que je dévorai sur place, avec deux cuillerées de haricots... le tout sans sel. »

On conçoit quelle devait être la faiblesse de soldats si mal nourris ; et cependant leur courage se soutenait admirablement.

Le 29 avril 1800, à neuf heures du matin, le général Ott, au moyen d'une attaque extrêmement vive, s'empara de la position des Deux-Frères et bloqua le fort du Diamant. Les Autrichiens enlevèrent le fort Quierzy; mais il fut bientôt repris par Miollis et Masséna avec son état-major. L'ardeur et l'opiniâtreté des combattants fut telle, qu'on en vint à se prendre corps à corps. Mais tout n'était pas fini. Pour compléter et assurer le succès de cette mémorable journée, il fallait reprendre le mont des Deux-Frères; d'où l'ennemi, qui y avait concentré des forces considérables, pouvait toujours inquiéter et menacer la place.

Soult fit ses dispositions en conséquence. Le bataillon de Marprez fut rappelé au fort de l'Éperon, et réuni à d'autres bataillons déjà stationnés en avant. D'autres corps vinrent également se former sur le terrain qui sépare ce fort de la position à enlever. Elle était couverte de troupes. Vers sept heures du soir, l'action commença. On jeta d'abord en tirailleurs un bataillon dont le feu eut pour but de couvrir la marche de la colonne d'attaque. Cette colonne, après avoir longé le front de la position, sous un feu extrêmement serré de mitraille et de mousqueterie, se porta rapidement, par un mouvement ou quart de conversion à gauche, sur le centre de la ligne autrichienne, qui, après une vive mais courte résistance, fut enfoncée, mise en désordre et précipitée dans la vallée de la Polcevera. Tous les soldats voisins de Marprez furent plus ou moins grièvement blessés dans cette charge aussi heureuse qu'elle avait été vigoureusement dirigée. Il était presque nuit lorsque les bataillons français arrivèrent sur le mont des Deux-Frères. L'ennemi y perdit quatre mille hommes et l'artillerie qu'il y avait portée. Le blocus du fort du Diamant fut levé, et la garnison de Gênes se retrouva maîtresse de toutes ses positions.

## CHAPITRE VII.

Le lendemain de l'action du 29 avril, à dix heures du soir, le bataillon de Marprez quitta le mont des Deux-Frères, traversa la ville et le faubourg de Saint-Pierre-d'Arena, et la rivière de Polcevera. Le but de l'expédition était d'enlever aux Autrichiens le camp retranché de la Coronata. L'affaire fut manquée, et les Français obligés de battre en retraite. L'intrépide caporal Marprez resta avec une soixantaine d'hommes pour arrêter l'ennemi jusqu'à ce que le convoi des blessés fût à l'abri de toute poursuite. Les Autrichiens néanmoins les suivaient de près, les tirailleurs faisaient feu presque à bout portant. C'est là que Marprez reçut une balle à l'épaule gauche, au moment même où il atteignait la queue de son bataillon. Le désordre se mit dans les derniers rangs qui étaient attaqués de tous côtés. Le caporal Marprez suivait, malgré sa blessure; mais, l'ennemi étant partout, le pauvre blessé finit par tomber entre les mains des Hongrois, qui le maltraitèrent et le pillèrent complètement. Tous ses papiers furent jetés au vent. On ne lui rendit que le *Novum Testamentum*, qu'on trouva sur lui. Il fut conduit, non sans danger, à Sestri du Ponent, où l'on avait réuni environ trois cents prisonniers, et où sa blessure put enfin être pansée.

Les Autrichiens reprirent successivement toutes les positions que les Français leur avaient enlevées. Masséna resserra ses lignes, mais ne voulut pas se rendre, espérant toujours des secours de l'armée de réserve, que conduisait le premier Consul. La situation de Gênes s'aggravait de plus en plus. Des malheureux répandus dans les rues remplissaient l'air de leurs gémissements, et expiraient dans les angoisses de la faim et du désespoir; des enfants délaissés imploraient vainement la pitié publique; on se disputait la pâture des bestiaux et les cadavres des animaux morts. Les prisonniers, à qui l'on ne pouvait faire aucune distribution, mangèrent jusqu'à leurs souliers et leurs havresacs. (*Vict. et Conq.*)

Pendant les quinze derniers jours, on avait ramassé tout ce qui existait encore dans la ville, en amandes, graines de lin, amidon, son, avoine sauvage et cacao; amalgamant le tout ensemble, on en fit une espèce de pâte, qui n'était autre chose qu'un mastic noir, amer; encore fut-on obligé de ne donner que des demi-rations de cette dégoûtante composition. Les généraux et les chefs n'avaient pas une nourriture autre que celle des soldats. Pour comble, Soult, dans une attaque contre le Monte-Cretto, avait eu la jambe droite fracassée par une balle, et avait été fait prisonnier par les Autrichiens (13 mai).

Le 30 mai, les habitants prirent les armes; des soldats brisèrent les leurs, d'autres désertèrent pour chercher dans le camp ennemi les aliments dont ils ne pouvaient plus supporter la privation. On se battit dans les rues. Ce même jour, 30 mai, l'amiral Keith et le général Ott demandèrent une entrevue à Masséna. C'était pour lui communiquer une lettre de Mélas qui suppliait Masséna d'avoir pitié de la ville, et de sacrifier aux sentiments de l'humanité la vaine gloire de l'avoir défendue jusqu'à la dernière goutte du sang de ses soldats. Il lui offrait de capituler aux conditions les plus honorables. Masséna ayant dit pour toute réponse qu'il y réfléchirait, la ville fut de nouveau bombardée pendant toute la nuit. Enfin, comme il ne restait plus que pour deux jours de vivres, et que les soldats étaient incapables de combattre et même de marcher, Masséna consentit à ce qu'une conférence fût ouverte à Conégliano. Dans l'entrevue, le général français montra autant d'adresse que de fierté; il flatta l'amour propre des Anglais (1), et, par ce moyen, obtint des conditions favorables. L'acte d'*évacuation* de Gênes (Masséna avait fait effacer le mot de *capitulation*, mis d'abord dans le projet) fut signé le 4 juin 1800. Les huit mille cent dix hommes qui restaient de la garnison devaient se rendre en France par Nice; l'état-major, les convalescents et le matériel seraient transportés à Antibes (Var) sur des vaisseaux anglais.

---

(1) « Milord, si jamais la France et l'Angleterre pouvaient s'entendre, elles gouverneraient le monde. »

## DÉNUMENT DU PRISONNIER.

Le caporal Marprez n'avait pas été témoin des dernières péripéties du siége ni de l'acte d'évacuation.

Le 3 mai, il était arrivé à Alexandrie. Là, il y eut entre les Autrichiens et les Français un échange de mille prisonniers, parmi lesquels notre caporal fut compris. Il prit donc la route de France pour rejoindre par Briançon son dépôt, lequel avait déjà quitté cette ville pour aller tenir garnison à Mende. Dans le trajet, il fut chargé temporairement des fonctions de fourrier, et eut beaucoup à souffrir : lui et ses compagnons étaient dans le plus complet dénûment, sans linge, sans chaussure (2), et

---

(1) Il passa par Asti, Villanuova, la Vénérie, Saint-Ambroise, Bussolino, Salbertrand, le mont Genèvre, Briançon, Mont-Dauphin, Embrun, Gap, Sisteron, Forcalquier, Céreste, Apt, Avignon, Lambesc, Aix, Tarascon, Nîmes, Florac, Mende, où il arriva le 13 juin 1800.

(2) « Vous ne serez pas fâché de connaître le costume dont j'étais affublé pendant ce triste voyage, le voici dans toute sa splendeur : un vieux chapeau couvert d'une apparence de toile cirée ; une mauvaise capote verte percée de deux trous de balle et portant encore l'empreinte du sang qui avait coulé le long de la manche ; cette manche pendante, parce que j'avais encore le bras en écharpe ; un reste de gilet bariolé, au-dessus duquel se montrait, faute de cravate, le haut d'une chemise crasseuse et tombant en lambeaux ; un pantalon bleu sans doublure et passablement râpé ; des souliers troués et dont l'un n'avait plus que la semelle, que j'assujettissais de

souvent ne pouvaient rien obtenir des commissaires, tant étaient déplorables les dilapidations et l'insouciance des agents du Directoire par rapport à l'équipement et aux autres nécessités des soldats.

Cependant, les affaires des Français se rétablissent en Italie. Une armée de réserve est réunie à Dijon; Bonaparte, premier consul, en prend le commandement. Avec le gros de cette armée, il passe le grand Saint-Bernard (16-20 mai); d'autres divisions escaladent le petit Saint-Bernard, le Simplon, le Saint-Gothard, le mont Cenis, le mont Genèvre. Marmont transporte comme par enchantement une formidable artillerie à travers ces montagnes infranchissables. Suchet, que Mélas avait empêché de rejoindre Masséna, bat à son tour les Autrichiens et va reprendre l'offensive dans la rivière du Ponent (28 mai). L'Autrichien Elsnitz est battu à la Pieva (5 juin); Lannes occupe Pavie (7 juin); il écrase Ott à Montebello. Tous ces succès sont couronnés par l'immortelle victoire de

mon mieux à l'aide d'une corde ou d'une barre, ce qui me fatiguait horriblement. »(*Lettre de Marprez à sa famille.*)

Marengo (1), le 14 juin 1800. Mélas, vaincu, livre aux Français les places fortes du Piémont, de la Lombardie et du littoral de la Méditerranée (16 juin).

L'Autriche semble vouloir la paix ; les préliminaires sont signés ; mais l'Angleterre lui ayant de nouveau fourni des subsides, la guerre se poursuit en Italie avec plus d'acharnement que jamais.

---

(1) La bataille de Marengo fut gagnée sur les Autrichiens par Bonaparte, général en chef de l'armée d'Italie. Le général Desaix y fut tué le jour même où Kléber était assassiné au Caire par un Turc fanatique.

# CHAPITRE VIII.

Les nouvelles officielles de nos victoires sont publiées à Mende, comme dans toutes les autres villes de France. Le caporal Marprez sent ranimer son ardeur guerrière; sa blessure est cicatrisée, il obtient de retourner en Italie. Il quitte Mende le 23 août 1800, arrive le 17 septembre à Turin, le 23 à Milan, où il apprend que l'officier supérieur sur lequel il comptait pour son avancement, est pour le moment à Crémone. Il s'empresse d'aller le trouver (1). Cet officier supérieur était un de ses anciens camarades du collége de Soissons, et natif de Vailly ; c'était le général Charpentier,

(1). Depuis son départ de Mende, le 22 août 1799, jusqu'à son arrivée à Crémone, le 26 septembre; voici l'itinéraire que suivit Marprez : Mende, Châteauneuf, Langogne, le Puy, Issengeaux, Montfaucon, Annonay, Saint-Vallier; il traverse le clos de l'Hermitage, Romans, Saint-Marcellin, Moisans, Gre-

lequel, après avoir servi comme simple soldat, avait fait, en qualité d'officier subalterne, toutes les campagnes de la Révolution, était successivement devenu chef de bataillon et colonel. Dans cette seconde conquête de l'Italie, Bonaparte venait de le nommer général de brigade.

Le général Charpentier accueillit Marprez comme un frère ; il compatit à ses souffrances et se chargea de son avenir. Il le supplia de rester auprès de sa personne, se faisant fort d'obtenir le consentement de son chef de brigade. A son retour au quartier général, on lui donna un logement de sergent-major, comme secrétaire en chef du général et spécialement attaché à son cabinet.

Le corps d'armée de Charpentier ne resta pas longtemps à Crémone ; le 2 octobre il reçut ordre de se rendre à Guastalla. Une bonne voiture est mise à la disposition de Marprez ; mais, pour ne pas perdre l'habitude de la marche, notre courageux militaire

---

noble, Vizille, la Mure, Corps, Saint-Bonnet, Gap, Cheorges, Embrun, Mont-Dauphin, Briançon, Mont-Genèvre, Oulx, Suze, Avigliana, Rivoli de Piémont, Turin, Chivasso, Livorno, Verceil, Novare, Magenta, Milan, Lodi, Codogna, et arrive à Crémone.

aime mieux faire la route à pied et passer par Parme. Il retrouve sa demi-brigade à Reggio de Modène, et, dans un repas qu'il prend avec ses amis, il triomphe par sa prudence de l'insolence et des provocations de quelques officiers qui s'étaient trouvés à la bataille de Marengo, A Guastalla, Marprez est logé chez un chanoine, modèle de générosité et de savoir vivre. Pendant les quarante-quatre jours qu'il y resta, le bon prêtre ne consentit pas que Marprez eût d'autre table que la sienne. C'est dans cette ville que, d'après le conseil de son général, Marprez prit l'habit bourgeois, le grade de caporal n'étant plus en rapport avec sa nouvelle position, ni avec les relations qu'elle pouvait lui créer.

L'état de paix provisoire où l'on était ne lui donnait pas beaucoup d'occupation. Marprez profita de ses loisirs pour étudier des mémoires stratégiques sur les anciennes campagnes d'Italie. Le calme fut de peu de durée. L'Autriche, quoique abandonnée de la Russie, veut tenter un dernier effort pour chasser d'Italie les soldats français, et recommence la guerre. Le 18 novembre, le général quitte

Guastalla, se rend à Brescia. Là il est nommé chef d'état-major du corps d'armée de l'avant-garde, composée de quinze mille hommes, et va s'établir à Lonato (5 décembre). Marprez y organisa les bureaux et eut la direction des travaux et la surveillance du personnel. Il avait sous lui trois sous-officiers expéditionnaires, un caporal et six grenadiers pour escorte. Tous les matins il travaillait seul avec le général.

Le 25 décembre 1800, l'aile droite de l'armée française passa le Mincio, au moulin de la Volta, entre Valeggio et Goïto ; le 26, le reste des troupes en fit autant à Monzambono, malgré la résistance de quatre-vingt mille Autrichiens couverts par le fleuve et par de formidables retranchements. Par suite de nos succès continus, un nouvel armistice fut signé à Trévise, entre Brune et l'Autrichien Bellegarde (16 janvier 1801).

Marprez, se rendant à cette ville avec un sous-officier, se trompe de route et tombe dans un village occupé par l'ennemi. Sa fermeté et son courage ne sont nullement ébranlés. Il entre résolûment dans une ferme, traverse sans sourciller les factionnaires, et arrive dans une salle où vingt et un Autrichiens se chauffaient autour d'un grand feu. Avec une étonnante présence d'esprit, il aborde le sergent chef du poste, lui prend la main et balbutie quelques mots d'allemand, demandant en même temps à s'expliquer en latin. Un des Autrichiens lui sert de truchement, et, le repas étant prêt, Marprez est invité à prendre place à la table commune ; il accepte. On lui en fait les honneurs. Le repas terminé, le difficile était de se retirer de leurs mains et de ne pas rester prisonnier. Pour sortir de ce mauvais pas, Marprez déploie toutes les ressources de sa rhétorique. Laissons-le parler lui-même :

« Je vous témoignais en entrant, leur dit-il, ma surprise de vous trouver ici. C'est que, en effet, nous devions croire que vous aviez déjà quitté ce village. Ne savez-vous pas que vous êtes tout environnés de nos postes, et que vous pouvez être enlevés d'un instant à l'autre ? Franchement, vous feriez bien de quitter ce village. — Nous n'en avons pas reçu l'ordre. — Mais si cet ordre avait été inter-

cepté? — Que voulez-vous? — Vous resteriez donc? — Oui. — A la bonne heure.....
Mais savez-vous que nous qui vous parlons, nous allons courir un double danger? — Comment? — Comment! ne peut-il pas arriver qu'une patrouille de vos troupes ou des nôtres se présente dans la cour? — Eh bien! — La patrouille française nous prendrait pour des déserteurs, et la patrouille autrichienne pour des embaucheurs. Voudriez-vous que nous devinssions victimes de l'une ou l'autre erreur? Et puis nous avons besoin de repos, et nous ne pourrions le prendre tranquillement ici. Nous allons donc nous retirer dans quelque maison voisine. — Vous ne sortirez pas d'ici, me dit le chef en me saisissant fortement au collet. — (Il pouvait craindre que nous ne fissions enlever son poste.) — Eh bien! donnez-nous une garde, et nous irons nous abriter ailleurs. — Non. — Il faudra donc que, malgré le danger que je vous ai signalé, nous nous casions ici même dans quelque coin.....

» Après quelques hésitations, le sergent autrichien me lâcha; je lui serrai de nouveau la main ainsi qu'à ceux qui m'environnaient;

mon sous-officier en fit autant; puis nous reculâmes doucement, comme pour aller nous étendre à terre à quelques pas de là... Nous souhaitâmes le bonsoir en allemand aux factionnaires, et, quand nous fûmes auprès de la porte, nous nous mîmes à courir à toutes jambes jusqu'à ce que nous eussions à peu près la certitude de ne pouvoir plus être poursuivis.

» Nous arrivâmes au quartier général vers minuit, et notre aventure, que nous nous empressâmes de raconter, parut incroyable à tout le monde. »

On voit dans cette petite narration quel était le caractère de Marprez. Il savait parfaitement allier la franchise, le courage et l'habileté.

A Trévise (le 17 janvier 1801), Marprez venait de réorganiser ses bureaux, lorsqu'il rencontra un jour, à son grand étonnement, un ecclésiastique français émigré, qui était cher à son cœur. C'était l'ancien préfet des études du collége des Oratoriens de Soissons, le vénérable P. Pruneau (1). Ils se virent dès lors fré-

---

(1) Un neveu de ce pieux oratorien, et qui porte le même nom, après avoir été supérieur du grand séminaire de Meaux,

quemment. Le général Charpentier voulut à son tour embrasser son ancien maître. Ces diverses entrevues, où l'on se rappelait mutuellement les joies pures et naïves du jeune âge, firent une agréable diversion aux graves préoccupations du moment.

Marprez profita de son séjour à Trévise, qui n'est qu'à sept lieues de Venise, pour visiter cette ville, presque unique en son genre, bâtie, comme on le sait, sur soixante-douze îlots unis entre eux par une infinité de petits canaux.

Sur ces entrefaites, un congrès avait été ouvert à Lunéville (1er janvier 1801). L'Autriche consentit à traiter de la paix sans la participation de l'Angleterre. Les négociations aboutirent, et, le 9 février 1801, fut signé le traité de Lunéville, entre la République française d'une part, l'Empereur et le

---

est aujourd'hui doyen du chapitre de la cathédrale de la même ville. C'est M. l'abbé Pruneau qui a rédigé, il y a une trentaine d'années, un nouveau Bréviaire admirablement simplifié. Le diocèse de Meaux vient de quitter ce Bréviaire pour reprendre, conformément aux prescriptions de saint Pie V, le Bréviaire, le Missel et le Rituel romains. — M. l'abbé Pruneau est un des prêtres les plus vénérés de la ville épiscopale et de tout le diocèse.

Corps germanique d'autre part. Les Pays-Bas furent cédés à la France, ainsi que la ligne du Rhin jusqu'au territoire hollandais.

La paix étant signée, Marprez crut qu'il pouvait, sans paraître forfaire à l'honneur militaire, solliciter son congé. Sa conscience d'ailleurs lui en faisait un devoir. Il s'en ouvrit donc à son général, qui lui témoigna toute sa peine de cette détermination. Les fonctions de secrétaire principal d'état-major, dont Marprez s'était acquitté depuis six mois avec tant de conscience et d'habileté, n'avaient servi qu'à accroître l'estime et l'affection de Charpentier. Mais enfin il fallut céder à de si vives instances, et un congé provisoire de trois mois lui fut accordé, en attendant qu'il pût obtenir son congé définitif.

Le 22 mars 1801, Marprez fit donc ses adieux au général et se mit en route pour la France. Nous ne le suivrons pas dans son itinéraire ; mais, en attendant qu'il arrive au milieu des siens, nous allons examiner sa vie militaire et nous rendre compte de la conduite qu'il tint dans les camps.

## CHAPITRE IX.

D'après ce que nous avons jusqu'ici raconté, le lecteur a pu se convaincre que le caporal Marprez était un brave et vaillant soldat. Pour ne pas rester en deçà de l'éloge qu'il mérite, nous devons ajouter que non-seulement sa conduite privée a été constamment morale, honnête, régulière, mais encore, comme nous l'avons insinué précédemment, qu'il a su trouver les moyens de s'acquitter de ses devoirs religieux.

Et en effet, par une grâce et une protection toute particulière de Dieu, les désordres de la plupart de ses camarades, leurs discours impies, leurs blasphèmes, au lieu de l'entraîner au mal par la force de l'exemple, n'excitèrent en lui qu'une vive horreur. Son cœur, naturellement bon et honnête, se refusa toujours à pactiser avec les libertins. *Honneur, franchise, religion,* telle fut sa devise de soldat, il n'y a jamais forfait. A la moindre proposition de participer à quelque plaisir, à un acte quelconque qui aurait alarmé sa conscience, il répondait nettement *non,* et on n'insistait pas (1). Aussi, depuis un premier refus si ferme et si courageux, ses camarades le regardèrent comme inattaquable, et la foi et la vertu de notre jeune soldat ne firent que se fortifier de plus en plus. Plein de la pensée que partout il marchait en présence d'un Dieu qui voit tout, qui tient notre vie entre ses mains puissantes, et qui, au grand jour de ses justices, saura aussi bien punir le crime que récompenser la vertu, il s'étudiait constamment à trouver les moyens de plaire au Seigneur et de travailler au salut de son âme. Il se faisait souvent ces deux questions : Que faut-il que je fasse? Que faut-il que j'évite? Et, Dieu lui suggérant la réponse, son plan avait été bientôt arrêté. Ce qu'il faut faire, se dit-il, c'est de me montrer chrétien autant

---

(1) Les trois pages suivantes sont tirées presque textuellement des écrits de M. Marprez; il s'y est peint lui-même sous un nom étranger.

qu'il sera possible ; ce qu'il faut éviter, c'est tout ce qui peut déplaire à Dieu.

Ainsi il ne manquait pas de tracer sur lui le signe de la croix avant et après le repas. Il entendit d'abord quelques murmures, il fut même l'objet de quelques railleries, mais il ne se découragea pas ; il lui suffit d'avoir osé lutter franchement contre le mépris de l'impiété, pour ne plus être inquiété : le signe de la croix triompha.

La prière du matin et du soir présentait plus de difficultés : s'agenouiller dans une chambrée ou au milieu d'un bivouac pouvait produire du trouble : notre jeune soldat, aussi prudent que fidèle, fit ces exercices le matin avant son lever, et le soir après son coucher. Mais dans la journée, lorsqu'il en avait le loisir, il ne craignait pas de tirer de sa poche un livre de piété, et de fortifier son âme en en lisant quelques passages.

En garnison ou en cantonnement, il assistait à la messe autant qu'il lui était possible. Il y suppléait en campagne par la lecture de l'Évangile ou par la récitation du rosaire.

Un jour, au retour d'une revue, la troupe

défilant par la droite sur le front pour regagner la caserne, il sentit une main se glisser dans l'une des poches de son gilet. Comme il baissait la tête pour voir ce que c'était, son camarade lui dit à demi-voix : « C'est moi qui faisais rentrer ton chapelet. » Dieu lui accorda même la consolation de recevoir plusieurs fois les sacrements de pénitence et d'eucharistie.

On se demande comment, à une époque de complète désorganisation morale, au moment où l'impiété levait fièrement la tête et triomphait partout, il a pu, dans sa compagnie, se faire pardonner ses pieux sentiments et ses pratiques de religion. C'est qu'en même temps qu'il ne rougissait pas de se montrer chrétien, il était, de l'aveu de tous, le meilleur soldat du corps, *sans peur et sans reproche ;* maniant parfaitement les armes ; d'une tenue toujours irréprochable ; se trouvant le premier aux appels et aux prises d'armes ; intrépide dans les dangers ; sachant au besoin accomplir un message au milieu d'une grêle de balles ; se montrant partout digne de la confiance de ses chefs. En effet, d'une conduite toujours mesurée et prudente, Marprez évitait avec soin tout ce qui aurait pu le mettre en contact avec ces camarades turbulents dont les discours et les habitudes sont une source incessante de querelles et de désordres. Ainsi, peu ou point de jeu ; mais quand il consentait à jouer, c'était toujours avec des hommes choisis ; point de cabaret, excepté dans les cas de nécessité ; mais alors même il n'allait que dans les quartiers peu fréquentés, et y restait le moins possible. Il s'interdisait rigoureusement toute promenade dans les lieux de plaisirs ou de bruyantes réunions. Avec ces précautions, Marprez parvint à éviter les querelles si ordinaires dans un régiment ; et lorsque, dans de rares circonstances, il fut l'objet de quelques provocations, l'indignation en fit justice, et les agresseurs furent réduits au plus honteux silence et couverts de mépris.

Et comment n'aurait-il pas été respecté et chéri de ses camarades ? En toute circonstance il leur rendait toute espèce de services ; il écrivait la plus grande partie de leurs lettres ; les instants qu'il avait de libres, il les consacrait à instruire tous ceux qui lui témoignaient quelque désir d'apprendre. Il eut même parmi ses *élèves* son propre capitaine et un officier supérieur. Ces leçons, il les donnait toujours d'une manière complétement désintéressée ; aussi recevait-il de tous des témoignages journaliers d'intérêt et de bienveillance.

Équitable dans l'exercice de ses charges, patient dans les souffrances, supportant gaiement toutes les privations, courageux dans les dangers, affrontant sans crainte la mort quand l'occasion l'y exposait ; compatissant aux peines et aux douleurs de ses camarades, partageant de grand cœur le morceau de pain dont il avait besoin pour lui-même, Marprez a été, on peut le dire, le type du soldat chrétien.

La guerre de Crimée et celle d'Italie nous ont récemment montré que de bons catholiques se trouvent encore en grand nombre dans les armées françaises.

## CHAPITRE X.

Un dernier trait, que Marprez nous a raconté lui-même, donne à la fois une preuve de plus des profondes convictions religieuses qui ne l'abandonnèrent jamais, et renferme une leçon dont chacun peut profiter pour soi-même.

Pendant la campagne d'Italie, à l'approche des saints jours où tout chrétien se purifie par l'aveu de ses fautes et fortifie son âme en recevant la sainte Eucharistie, Marprez, qui tout récemment encore avait échappé à deux dangers sérieux, se voyant à la veille de livrer bataille à un ennemi fort supérieur en nombre, voulut mettre sa conscience en règle et se préparer à tout événement. C'était le vendredi de la Passion (1). Il se trouvait alors stationné dans une petite ville du littoral. Vers le soir, il se rend par une rue détournée à un monastère voisin. « Que voulez-vous ? lui dit le frère qui entr'ouvrit la porte. — Parler à l'un des religieux de la maison. — Ils ne sont pas visibles. » Et il referma la porte aussitôt. Notre militaire continua à frapper, et triompha de la peur ou de la mauvaise volonté du frère. Après un court message à l'intérieur, on vient l'inviter à monter au second. Un religieux l'y reçoit avec bienveillance et lui demande ce qu'il veut : « Me confesser, dit notre militaire. — Quand voulez-vous vous confesser ? — Demain avant votre messe, afin de pouvoir y communier si vous me trouvez en état de le faire. — Très-volontiers. Dès sept heures et demie je serai à votre disposition. »

Marprez avait descendu le second étage lorsqu'il entend qu'on l'appelle. C'était le charitable religieux : « Monsieur, lui dit-il, puisque vous croyez à la probabilité d'une pro-

---

(1) *Moniteur des villes et des campagnes*, livraison de janvier 1835, p. 20-24.

chaine entrée en campagne, il serait plus prudent de vous confesser dès ce soir. — Je suis très-sensible à l'intérêt que vous me portez; mais il n'y a pas le moindre péril d'ici à demain. Je m'en tiens donc avec confiance au plan que nous avons arrêté de concert. — Ce sera comme il vous plaira. » Notre militaire avait à peine franchi quelques marches, lorsqu'il s'entend appeler une deuxième fois. C'était encore le Père, qui lui dit du haut de l'escalier : « Il me semble, Monsieur, que vous feriez bien de ne pas différer. Qui sait ce qui peut arriver d'ici à demain?—Soyez tranquille, mon Père, aucune surprise ne me paraît possible. — Je désire que vous ne vous trompiez pas. » Enfin, il était arrivé presque au bas de l'escalier, lorsqu'il entend crier une troisième fois. Il remonte à la nouvelle invitation du bon religieux. « Tenez, Monsieur, je n'ai pas assez insisté sur la possibilité d'une attaque soudaine. Si cette nuit même... — Rassurez-vous donc, mon révérend Père; j'ai la confiance qu'il ne surviendra rien de fâcheux en si peu d'heures. A demain, donc. — Et moi, Monsieur, je désire que vous n'ayez pas à vous repentir d'avoir différé. » Et l'on se sépara.

Au milieu de la nuit, tous les postes avancés sont attaqués. Le tambour met tous les bataillons sur pied. Marprez, au milieu de sa compagnie, court les plus grands dangers, est obligé de traverser un ravin profond rempli d'eau; ce n'est qu'avec des fatigues extraordinaires qu'il parvient enfin à gagner un bois voisin. Il lui fut donc dans l'impossibilité de retourner au monastère. Il regretta longtemps de n'avoir pas suivi le conseil du bon religieux.

De ce petit événement, on peut tirer cette utile conclusion, que, dans les affaires qui regardent le salut, il ne faut jamais renvoyer au lendemain l'accomplissement d'un devoir que l'on a la facilité de remplir le jour même.

Notre militaire chrétien n'oublia pas cette leçon, et il prit dans la suite si bien ses mesures, qu'il ne manqua jamais depuis d'accomplir ses devoirs en temps opportun.

Après les détails que nous venons de donner, personne ne sera surpris que M. Marprez n'ait jamais perdu de vue sa première vocation et les récents engagements qui en étaient la conséquence. Aussi, lorsque, à l'âge de vingt-neuf ans, il eut obtenu de son général la promesse d'un congé définitif, on le vit partir plein de joie pour reprendre le chemin de la France.

Le 20 avril 1801, il recevait, au milieu de la route même, les embrassements de son père, de ses frères et d'un vieil ami, lesquels étaient allés au-devant de lui jusqu'à la hauteur de Dommiers, village à trois lieues de Soissons.

# CHAPITRE XI.

Mais, quoique muni d'un congé, Marprez n'était pas au bout des épreuves ou des tracasseries de soldat.

Après quelques semaines de repos à Soissons, dans la maison paternelle, il prit avec lui le plus jeune de ses frères, âgé de quinze ans, et se dirigea vers les Ardennes, où habitaient quelques-uns de ses parents. Il était loin de prévoir les tribulations qui l'attendaient dans ce voyage d'agrément.

A Maubert-Fontaine (Ardennes), dans l'auberge où, à onze heures du soir, il dormait profondément, trois gendarmes, le sabre au poing, envahissent sa chambre et lui demandent qui il est. L'exhibition de son congé suffit, à la vérité, pour les convaincre qu'ils n'avaient à faire ni à un déserteur, ni à un faussaire; mais un homme d'honneur ne supporte pas facilement de pareils procédés. C'était l'hôtesse elle-même qui, par une défiance déplacée, avait provoqué cette descente nocturne de la police.

Lorsqu'il eut passé fort agréablement une quinzaine de jours au milieu de sa famille de Charleville et dans les environs, il reprit la route de Reims.

A deux lieues de Mézières, dans une auberge où stationnaient des gendarmes de Launois (Ardennes), le brigadier lui demande ses papiers et les trouve insuffisants et sans caractère d'authenticité. En effet, par mégarde, aucun sceau n'y avait été apposé. En vain Marprez, en exhibant une lettre récente du général Charpentier, au timbre de Trévise, lui fournit un moyen sûr de constater l'identité d'écriture; le brigadier se refuse à l'évidence, et traite de grossiers mensonges et de contes faits à plaisir les prétendues relations du voyageur avec un général actuellement en Italie. Enfin, il ordonne à un de ses gendarmes de reconduire à Mézières le réfractaire et son petit compagnon. Marprez comparaît devant le lieutenant de gendarmerie, qui blâme l'arrestation faite sans motif valable.

« Je puis donc me remettre en route, fit Marprez.

— Malheureusement non, répond le lieutenant. Nous sommes dans une place de guerre, il faut que je vous envoie au commandant de place, autrement je me compromettrais. »

A peine est-on arrivé devant le commandant, que celui-ci, sans s'informer de quoi il s'agissait : « Ce n'est pas ici, s'écrie-t-il, mais c'est à la citadelle qu'on conduit les déserteurs; » et, sans lui donner le temps de dire un mot, il disparaît.

Marprez est donc mené à la citadelle, où, avant tout examen, il est pris pour un déserteur. Il veut se justifier, on le traite d'insolent parce qu'il parle avant d'être interrogé.

Après quelques minutes de silence: « Vos papiers ne sont pas en règle, dit le commandant ; évidemment vous êtes un déserteur ! et j'ai l'ordre de diriger les déserteurs sur le grand dépôt de Metz, pour être reconduits, de brigade en brigade, jusqu'à leurs corps respectifs.

— Mais je ne suis pas un déserteur! reprend Marprez; le lieutenant de gendarmerie de cette ville a blâmé mon arrestation, et il m'aurait sur-le-champ remis en liberté, sans les lois particulières qui régissent les places de guerre. Commandant, vous ne voudrez pas abuser de la fâcheuse position où me jette momentanément un déplorable malentendu, pour me perdre ou me faire éprouver, du moins jusqu'à justification de mes titres, une injuste captivité, accompagnée de toutes les ignominies réservées aux lâches, aux malfaiteurs et aux faussaires. Je ne suis rien de tout cela; mais veuillez croire ce que portent les pièces que vous avez entre les mains.

— Mais sur quelles preuves voulez-vous que je vous croie? Quelles garanties pouvez-vous me fournir? Auriez-vous dans ce pays quelque personne qui vous connût assez pour me répondre de vous, jusqu'à vérification pleine et entière de vos assertions? »

Ces dernières paroles du commandant mirent Marprez à l'aise. Il indiqua à Charleville la parente chez laquelle il venait de passer une quinzaine de jours, donna même le numéro de la rue du Petit-Bois où elle demeurait, et offrit d'y rester sous la surveillance d'un gendarme, jusqu'à ce qu'il eût reçu du général Charpentier un duplicata en bonne forme de son congé provisoire.

Le commandant, qui s'était fort radouci, accorda à Marprez ce qu'il demandait; il eut même assez de confiance pour l'exempter de la surveillance d'un gendarme; mais il exigea qu'il se représentât trois jours après. Par un heureux hasard, un jeune officier du génie logeait dans la maison de la tante du militaire inculpé; il s'indigna des défiances et des procédés dont il le voyait victime. Le commandant de Mézières était son ami; il courut le trouver, et, au bout de deux heures, il lui rapporta un passeport militaire signé du commandant et scellé de son sceau.

Marprez aimait à dire à chacun son fait. Il voulut donc repasser par Launois, où il alla présenter son passeport au brigadier, formalité nullement nécessaire. Mais il était bien aise de lui montrer qu'il n'était pas un bandit digne de la prison.

Il put ensuite regagner sans obstacle la

maison paternelle, où il dut attendre son congé *définitif* avant de mettre à exécution le projet, bien arrêté depuis longtemps, de rentrer au séminaire et de suivre sa première vocation.

Il eut encore le temps d'aller au château de madame la comtesse d'Aigrémont, et y passa quelques semaines avec ses chers élèves. Pendant ce séjour à Blesmes, son congé définitif lui ayant été envoyé, rien ne pouvait désormais retarder l'accomplissement de ses désirs. Il se présenta donc comme séminariste à Monsieur Leblanc-Beaulieu, qui, par l'institution de N. S. P. le Pape Pie VII, venait de prendre légitimement possession du siége épiscopal de Soissons (1).

---

(1) La Révolution ayant supprimé le titre de *Monseigneur* ainsi que les particules nobiliaires, Mgr l'évêque de Soissons se dénommait ainsi en tête de ses mandements, et se faisait appeler *Monsieur Leblanc-Beaulieu*. Il fut installé le 2 mai 1802, et résida pendant quelque temps dans la maison qui porte le n° 22 dans la rue de la Congrégation.

## CHAPITRE XII.

Le séminaire n'existait pas encore. La chancellerie de l'évêché avait besoin d'un homme intelligent et laborieux, qui aidât les membres de l'administration (1) dans le premier et difficile travail de l'organisation diocésaine. L'arrivée de l'ex-secrétaire principal d'état-major parut providentielle. On l'installa dans les bureaux établis provisoirement dans une maison de la rue de Panleu (c'est le numéro 11), ancienne demeure du vicaire général de Chavigny. Il y travaillait toute la journée, et l'on n'eut qu'à se louer de son activité et de son zèle.

(1) MM. Godard et de Bully, vicaires généraux. — M. Jean-Simon Lévêque, prêtre assermenté, fut, après le Concordat, le premier secrétaire de l'évêché. Il devint ensuite chanoine de la cathédrale et official, et mourut en 1829.

En même temps l'on songea à lui faire faire une espèce de séminaire. La Révolution avait laissé tant de vides dans les rangs du sacerdoce, qu'il ne fallait pas exiger des sujets qui se présentaient une science ecclésiastique trop étendue. M. l'abbé Houllier (1) fut chargé de diriger et de suivre l'ancien militaire dans ses études théologiques. Il ne lui donna d'abord à étudier que deux livres élémentaires : c'étaient le *Catéchisme de Montpellier* et le *Rituel de M. de Fitzjames*. Sans doute c'était peu, bien peu ; mais l'abbé Marprez les lut et relut avec tant d'assiduité et d'application, qu'il parvint à les posséder parfaitement, ainsi que les suppléments et les commentaires qu'y ajoutait son maître de théologie.

Plus tard il s'efforça de reprendre ses études à peine ébauchées. Mais il ne par-

---

(1) L'auteur de *État ecclésiastique et civil du diocèse de Soissons*, in-8°, 1783. — L'abbé Pierre Houllier était né à Soissons. Depuis l'année 1783, il était chanoine de Saint-Gervais ; il fut ensuite secrétaire du Chapitre. — En 1801, Mgr de Beaulieu le nomma chanoine honoraire de la cathédrale. L'abbé Houllier demeurait avec ses nièces dans la rue de l'Hôtel-Dieu, et il avait rassemblé chez lui une nombreuse bibliothèque. Il est mort à Soissons, le 5 mars 1807, laissant la plus honorable réputation.

vint jamais à acquérir cette science qui a pour base première des cours réguliers suivis avec une constante application et sans aucune préoccupation. M. Marprez dut souvent, sur ce point, regretter son infériorité, surtout toutes les fois que, en raison des places éminentes qu'il occupa, il eut à répondre à des consultations ou à présider des conférences ecclésiastiques, auxquelles prenaient part de jeunes prêtres de mérite et qui avaient fait de fortes études théologiques. Cependant l'abbé Marprez savait résoudre avec facilité les cas ordinaires ; il avait la sagesse de consulter sur les questions plus difficiles. Souvent aussi son rare bon sens suppléa avec bonheur à ce qui lui manquait du côté de la science, et lui dicta des décisions qui étonnaient par leur justesse et leur à-propos.

Une chose qui fit une impression profonde sur l'abbé Marprez lors de sa rentrée au séminaire, ce fut la reprise de son Bréviaire !... Pendant ses campagnes de Flandre et d'Italie, il lui avait été matériellement impossible de s'acquitter de cette grave obligation. Il n'y a pas de doute que, dans ce long intervalle, il n'ait suivi les conseils de ses directeurs plus ou moins éclairés, et ne se soit efforcé de suppléer de son mieux à la récitation de l'office divin ; mais le souvenir de tant d'omissions était néanmoins pour lui un poids accablant, et c'était avec un sentiment de confusion, d'humilité et de repentir bien sincères, qu'il prononçait les paroles de David, surtout celles qui exprimaient la douleur et les regrets de ce roi pénitent.

Un autre point le troublait encore. Habitué à réfléchir et à se rendre compte de tout, il lui était pénible de ne comprendre que très-imparfaitement le sens et la suite d'une partie des paroles liturgiques (1). Il se sentait humilié

---

(1) Si, en méditant et coordonnant un plan d'études pour les grands séminaires, on y réservait, plusieurs fois la semaine, un temps déterminé pour une explication littérale du texte entier des livres liturgiques, c'est-à-dire du *Bréviaire*, du *Missel*, du *Rituel* et du *Pontifical*, explication qui devrait être préparée à l'avance par les élèves ; si, sans vouloir faire de la science, on joignait à cette explication quelques réflexions ou commentaires fort simples et fort courts, pour en montrer l'esprit et y faire trouver un aliment à la piété, — il arriverait infailliblement que les élèves comprendraient beaucoup mieux la dignité, les fonctions et les devoirs du sacerdoce, la nécessité de la vocation, les caractères de cette vocation ; ils auraient de plus en haute estime la liturgie ; — et, quand ils deviendraient pasteurs des âmes, ils auraient une grande facilité pour en être les interprètes fidèles auprès de leurs ouailles ;

de ne pouvoir traduire tout le psautier aussi couramment qu'il expliquait Virgile, Horace et Cicéron ; et il était naturellement conduit à se demander comment il se faisait que l'explication exacte et raisonnée des cent cinquante psaumes n'entrait pas, comme sujet d'étude indispensable, dans le programme des examens à faire subir aux élèves *après la première et après la deuxième année* de leur séjour au grand séminaire ; avant, par conséquent, que l'office divin devînt pour eux obligatoire ?

Qu'il serait, en effet, avantageux à tout séminariste de pouvoir, dès cette époque, se

---

leurs instructions seraient plus solides et plus intéressantes ; ils enseigneraient mieux la religion, et ils trouveraient pour eux-mêmes un grand profit spirituel dans la célébration solennelle des saints offices. — L'intelligence de la liturgie serait encore facilitée et produirait des fruits plus abondants, si l'on commençait à s'en occuper dès le petit séminaire. On n'étendrait pas cette étude au delà du livre appelé Paroissien ou Eucologe. L'explication aurait lieu au commencement des catéchismes ; — le Paroissien en deviendrait ainsi le complément naturel et nécessaire : *Lex credendi, sicut lex supplicandi.* — Pour les élèves des classes inférieures, on se bornerait à l'explication de l'*Ordinaire de la messe* et des *évangiles* de l'année. — Les classes supérieures se garderaient bien de passer légèrement sur quoi que ce fût. Tous les élèves arriveraient à l'église, les dimanches et fêtes, parfaitement préparés à entrer dans l'esprit des mystères et de l'office du jour, qu'ils auraient étudié avec soin dans la semaine qui en précède la célébration.

rendre raison du sujet de chaque psaume, de donner facilement l'explication littérale de tous les versets du texte latin, d'en montrer la liaison, le sens communément adopté, les rapports avec Notre-Seigneur Jésus-Christ, et les diverses applications morales... surtout si l'on ne se bornait pas à en acquérir une connaissance fugitive par la lecture rapide d'un commentaire ; mais si, après s'être appliqué à bien comprendre le psautier une première fois, on le répétait soi-même d'année en année jusqu'à la promotion au sacerdoce !

Faute de cette étude, prescrite et faite de bonne heure, il est à craindre que l'on ne sorte du séminaire sans comprendre l'office divin !... Le comprendra-t-on mieux dix ans plus tard, alors que, vicaire ou curé, on aura été accablé par les travaux du ministère pastoral ?

Le cardinal Bellarmin a dit, au sujet du Bréviaire, une parole bien triste, mais qui est malheureusement fondée sur l'expérience : *Liber Psalmorum, quem Ecclesiastici omnes quotidie legunt, et pauci admodum intelligunt.* (Dédicace au pape Paul V.) — Et cependant quel trésor de science et de piété que les psaumes ! De quelles immenses ressources ne se prive-t-on pas en négligeant de les méditer ! Quelles sentences utiles à développer pour l'instruction des peuples ! quelles saintes et brûlantes affections pour nourrir le cœur pendant l'exercice de l'oraison !

Pour le moment, ces idées si vraies, si justes, si avantageuses, ne pouvaient avoir d'application pour l'abbé Marprez, et ne faisaient que lui causer de plus grands regrets. De toute nécessité, il devait remettre à plus tard cette étude des psaumes, et se contenter de réciter son office *attente et devote* en présence de Dieu, et avec le dessein de lui rendre les hommages qui sont dus à sa divine majesté.

Il ne lui restait pas trop de temps pour les études théologiques les plus indispensables. L'évêque ne voyait dans son vaste diocèse que des vides et des ruines ; il lui tardait d'imposer les mains à un sujet aussi dévoué et qui lui paraissait propre à rendre les plus grands services.

## CHAPITRE XIII.

Il n'y avait encore que deux ans que l'abbé Marprez était libéré du service militaire ; mais, depuis son retour à Soissons, il avait donné tant de preuves de vertu, de capacité et d'aptitude aux fonctions ecclésiastiques, que Mgr Leblanc de Beaulieu n'hésita pas à l'appeler au sacerdoce. En agissant ainsi, il était sûr de ne pas aller contre la recommandation du grand Apôtre : *Manus cito nemini imposueris* (I Tim. v, 22). Le conseil épiscopal était unanime, le sujet était digne, et il allait commencer cette longue série de bons prêtres destinés à régénérer notre diocèse. Ce devait être la première ordination depuis le rétablissement du culte catholique par le premier Consul.

Comme l'abbé Marprez était le seul appelé

aux ordres, il ne fut pas possible de donner aux exercices de la retraite la solennité que l'on s'efforce d'y donner aujourd'hui, et son directeur se contenta de lui indiquer chaque matin les pages ou les feuillets à lire et à méditer dans le cours de la journée. Néanmoins, cette retraite solitaire, qu'il s'attacha à passer dans le silence et le recueillement, n'en fut peut-être que plus fructueuse. Elle produisit dans son âme une impression profonde, et eut sur le reste de sa vie la plus salutaire influence.

Ayant eu soin alors de recueillir les textes et les pensées qui le frappaient davantage dans ses méditations, il eut plus tard toute facilité pour les relire de temps en temps, surtout aux époques de ses récollections mensuelles, pratique à laquelle il fut constamment fidèle, et par le moyen de laquelle il se maintint toujours dans l'esprit primitif de son sacerdoce. Les fragments qui suivent, quoique composés uniquement de textes bien connus, seront relus avec fruit par tous ceux qu'une vocation semblable à la sienne oblige de marcher également dans les voies de la perfection.

La retraite tout entière fut employée par lui à réfléchir sur trois idées seulement, mais qui, dans leur ensemble, étaient suffisantes pour développer chez un ordinand de bonne volonté les plus excellentes dispositions, et le préparer à recevoir dignement les saints ordres.

Il allait, à diverses heures de la journée, s'enfermer dans sa chambre, qui lui servait d'oratoire, et là, en présence de Dieu, il méditait quelques-unes de ces sublimes pensées des Pères, et demandait instamment au Seigneur de lui en donner l'intelligence et d'en pénétrer son cœur.

C'est avec des dispositions semblables et le même recueillement que nous devrons nous-mêmes relire ces passages, dictés par l'esprit de religion et de piété.

I. Le premier sujet qu'on lui donna à méditer fut la grandeur, la dignité du sacerdoce qu'il était à la veille de recevoir :

« O veneranda (1) sacerdotum dignitas, in

---

(1) Comme notre livre est principalement écrit pour les

quorum manibus, velut in utero Virginis, Filius Dei incarnatur ! o sacrum et cœleste mysterium, quod per vos Pater, et Filius, et Spiritus sanctus operatur ! Uno eodemque momento, idem Deus qui præsidet in cœlis, in manibus vestris est in sacramento altaris. O venerabilis sanctitudo manuum ! o felix exercitium ! o vere mundi gaudium ! Christus tractat Christum, id est sacerdos Dei Filium, cujus sunt deliciæ esse cum filiis hominum. Et quod datum non est Angelis, concessum est homini sacerdoti. Sacerdos enim hoc ineffabile conficit mysterium, et Angeli conficientis ibi quasi famuli assistunt. Super hoc tam insigni privilegio stupet cœlum, miratur terra, veretur homo, stupet infernus, contremiscit diabolus, et veneratur quamplurimum angelica celsitudo. » (S. Augustin.)

---

C'est à ceux qui habitent sur la terre, dit saint Chrysostome, qu'il a été donné de dispenser les trésors du ciel ; c'est à eux qu'est confié un pouvoir que Dieu n'a accordé ni aux

---

ecclésiastiques, nous omettons à dessein de donner ici la traduction du latin.

Anges ni aux Archanges; car il n'a jamais dit à ces esprits bienheureux : « Tout ce que vous lierez sur la terre sera lié dans le ciel, et tout ce que vous délierez sur la terre sera délié dans le ciel. »

Les princes de la terre ont le pouvoir d'enchaîner, mais ils n'enchaînent que le corps; le pouvoir des prêtres s'étend jusqu'aux âmes, il pénètre même les cieux : car, quelle que soit la sentence que son ministre porte ici-bas, Dieu la ratifie dans le ciel. (S. Chrysostome.)

—

« Magna prorsus et admiranda sacerdotum est dignitas, » dit saint Laurent Justinien, « et maxima illis est collata potestas : sua namque prolatione, et ad eorum pene libitum, descendit de cœlo in carne Verbum, et altaris verissime reperitur in mensa. Assistunt Deo, contrectant manibus, tribuunt populis, in seque suscipiunt. »

—

« Virgo benedicta, » s'écrie saint Bernardin de Sienne, « excusa me, quia loquor contra te : sacerdos prætulit super te. »

II. Mais s'il n'y a rien de si élevé que le sacerdoce, quelles ne sont pas les obligations qu'il impose à celui qui en est revêtu ! et avec quelles dispositions le prêtre ne doit-il pas approcher de l'autel !

« .... Angelorum quoniam vice funguntur, potius angelicam quam humanam debent conversationem habere. Accedat igitur sacerdos ad altaris tribunal ut Christus, assistat ut Angelus, ministret ut sanctus ; populorum offerat vota ut pontifex ; interpellet pro pace ut mediator, pro se autem exoret ut homo. Huic expedit ut divinæ sit laudis amator, religiosus in se ; humilis corde, et erga proximorum errata compassione compunctus. » (S. Laurent Justinien.)

« Quo igitur non oportet esse puriorem tali fruentem sacrificio, quo solari radio non splendidiorem manum carnem hanc dividentem, os quod igne spiritali repletur, linguam quæ tremendo nimis sanguine rubescit ? — Quod Angeli videntes horrescunt, hoc nos pascimur, huic unimur, et facti sumus unum corpus Christi et una caro. » (S. Chrysostome.)

La vertu des prêtres doit l'emporter sur celle des laïques. « O sacerdotes, si anima cujuslibet justi sedes est Dei, multo magis sedes et templum Dei vos esse debetis purum et immaculatum. Si sepulcrum ejus gloriosum est, in quo corpus ejus jacet examine, multo gloriosiora et digniora debent esse corpora vestra, quæ a mortuis suscitatus quotidie inhabitare dignatur. Carnes ergo vestras cum ejus timore configite, et vobis diligenter providete, ne lingua quæ vocat de cœlo Filium Dei, contra ipsum Dominum loquatur, et ne manus quæ intinguntur sanguine Christi, polluantur sanguine peccatorum. » (S. Augustin.)

Dans le prêtre il ne doit y avoir rien de commun. « Vides in sacerdote nihil plebeium requiri, nihil populare, nihil commune cum studio atque usu et moribus multitudinis. » (S. Ambroise.)

Le prêtre doit avoir la pureté des anges. « Necesse est sacerdotem sic esse purum, ut si in ipsis cœlis collocaretur, inter cœlestes illas virtutes medius staret. » (S. Chrysostome.)

III. Mais quelle ne doit pas être la crainte du prêtre s'il ne remplit pas toutes ses obligations, s'il n'a pas même les vertus d'un laïque !

« Vere magna confusio est sacerdotum, quando laïci inveniuntur fideliores ac justiores. » (S. Chrysostome.)

« Laïcus in die judicii stolam sacerdotalem accipiet, et a Deo chrismate ungetur in sacerdotium. Sacerdos autem peccator spoliabitur sacerdotii dignitate. » (S. Chrysostome.)

---

Ce n'est pas sa dignité qui le sauvera, mais bien les œuvres qu'il aura faites, en conformité avec sa dignité. *Non dignitas, sed opus dignitatis sacerdotes salvare consuevit.* (S. Jérôme.)

---

Plus on a reçu de faveurs de Dieu, plus on aura à répondre au dernier jugement.

« Sanctum Evangelium sollicite nos admonet ne nos, qui plus cæteris in hoc mundo accepisse cernimur, ab auctore mundi gravius inde judicemur; cum enim augentur dona, rationes etiam crescunt donorum. » (S. Grégoire.)

———

Le prêtre répond même des péchés que sa négligence laisse commettre aux autres.

« Quam multa supplicia sacerdotes manent, cum ex eis unusquisque non solum rationem redditurus sit suorum delictorum, sed eorum idem omnium quæ alii commiserint ! » (S. Chrysostome.)

———

« Grandis dignitas sacerdotum, sed grandis ruina eorum si peccent. Lætamur ad ascensum, sed timeamus ad lapsum. » (S. Jérôme.)

———

Il y a une parole de saint Chrysostome qui est bien capable de jeter la terreur dans le cœur et de ceux qui se préparent au sacerdoce, et de ceux qui ont déjà été consacrés par l'onction sainte. A cette question : Y aura-t-il beaucoup de prêtres sauvés? cet illustre et saint archevêque répond :

« Non alio modo loquor quam ut affectus sum ac sentio : Non arbitror inter sacerdotes multos esse qui salvi fiant, sed longe plures qui pereant. »

Terrifié par cette dernière sentence, l'abbé Marprez, à la veille de l'ordination, se disait à lui-même avec anxiété : Dois-je avancer? dois-je reculer? oserai-je jamais monter à l'autel ou m'asseoir au saint tribunal? N'aurai-je pas assez de travailler à ma propre sanctification, sans m'engager à répondre du salut des autres?

Mais, comme il avait le sens droit et avait appris à obéir, il exposa avec simplicité toutes ses perplexités à son directeur et à son évêque, et s'en rapporta entièrement à leur décision. La réponse à ses doutes était facile à prévoir. Mgr de Beaulieu releva son esprit abattu, fit renaître la confiance dans son cœur, et, le 4 juin 1803, il lui imposa les mains et le consacra prêtre de Jésus-Christ, *sacerdos in æternum*. Il avait trente et un ans.

Le lendemain, assisté de son directeur, il montait à l'autel et offrait pour la première fois le saint sacrifice, entouré de son père, de sa mère, de ses deux frères, de ses amis et d'une foule de Soissonnais, qui voyaient avec joie élevé à la dignité du sacerdoce un compatriote qu'ils étaient habitués depuis longtemps à estimer et à aimer.

Pour donner immédiatement à son néophyte une marque de son estime et de son affection, Mgr de Beaulieu l'adjoignit à M. Victor Brayer-Pinton (1), en qualité d'aumônier (*capellanus eleemosynarius*); de plus, le prélat crut pouvoir l'employer utilement dans le petit séminaire qu'il voulait fonder, et auquel il se proposait d'annexer une espèce de noviciat pour les élèves-maîtres qui se destineraient à l'enseignement primaire. L'ancienne maison des Frères des écoles chrétiennes, place Royale (2), réunit les deux établissements (1803-1804). L'abbé Faitot, chanoine honoraire, qui en fut nommé supérieur, venait tous les jours y faire une instruction d'une demi-

---

(1) Dans les Appendices nous aurons occasion de reparler de l'abbé Victor Brayer-Pinton et de son *Ordo*.

(2) Aujourd'hui place des Écoles.

heure. La maison se composait de dix-huit élèves, dont quinze séminaristes, la plupart venus de Rouen avec leur ancien évêque constitutionnel, et trois se destinant à devenir frères (1) d'école. L'abbé Marprez continuait à étudier pour son propre compte sous la direction de l'abbé Houllier, chanoine honoraire, et était en même temps professeur des petits séminaristes auxquels il donnait des leçons de latin. Il allait aussi de temps en temps à Vailly, rendre compte de ses études théologiques à l'abbé Duguet, curé doyen de cette petite ville (2).

Lorsqu'il eut à peu près complété son instruction, on le donna comme cinquième vicaire (3) au respectable M. Boullye (4), curé archidiacre de Soissons (13 août 1804). Mais telle était alors la pénurie d'ecclésiastiques,

(1) Un des frères de l'abbé Marprez s'y destinait à l'instruction primaire.

(2) M. l'abbé Duguet devint, en 1886, supérieur du grand séminaire de Soissons.

(3) Vicarium ecclesiæ parochialis Beatæ Mariæ Virginis, Suessione. — Les quatre autres vicaires de la cathédrale étaient alors MM. Damery, depuis curé de Sedan, Chenebenoit, Remy Gadois et Antoine Gadois.

(4) M. Louis Boullye, ce pasteur si vénéré, est mort en 1810.

qu'on crut devoir le charger en même temps de desservir Cuizy-en-Almont, de sorte que, chaque dimanche, il lui fallait faire cinq lieues à pied pour procurer la messe à cette paroisse et revenir chez lui.

## CHAPITRE XIV.

Après avoir exercé un an le ministère à Soissons, l'abbé Marprez fut nommé vicaire de l'abbé Mercier, curé doyen de Neuilly-Saint-Front ; il reçut en même temps les pouvoirs pour desservir Latilly (9 août 1806).

On a dit avec raison que le meilleur moyen de pouvoir bien commander un jour, c'est d'apprendre à bien obéir. L'abbé Marprez, que Dieu destinait aux plus hauts rangs de la hiérarchie diocésaine, commença par montrer toutes les qualités d'un vicaire de bon sens et selon le cœur de Dieu. Plein de respect, de vénération pour l'âge, le savoir et l'expérience de M. Mercier, il lui donnait en toutes circonstances des preuves non équivoques de l'estime qu'il lui inspirait, et de l'affection qu'il lui portait. Il se mettait entièrement à ses ordres. Il lui offrait ses services en tout ce qui pouvait être pour lui un soulagement. Fallait-il le suppléer pour une grand'messe, pour célébrer un mariage à une heure fort avancée de la matinée, conduire un mort au cimetière, visiter des malades éloignés, interrompre le repos de la nuit, le vicaire était toujours prêt, et remplissait ces fonctions de la meilleure grâce du monde. De plus, il étudiait les goûts et les usages de son doyen, et prenait à tâche de s'y conformer et de ne faire quoi que ce fût qui pût lui causer la moindre contrariété. Il n'aurait jamais rien entrepris dans la paroisse sans savoir auparavant si cela plaisait ou déplaisait à M. Mercier. Il savait que Dieu ne lui demanderait pas compte de ce qu'il n'aurait pu faire. L'amour-propre, le désir de paraître, de briller, de s'attirer des louanges, n'ont jamais été le mobile de la conduite de l'abbé Marprez dans le ministère.

Comme il était loin de se croire infaillible ou impeccable, il aimait à consulter l'expérience de son doyen et à se conformer à ses avis; il était toujours prêt à avouer son insuffisance, et même ses torts, s'il s'était trompé en quelque chose. Jamais la jalousie n'entra dans son cœur; il se trouvait au contraire heureux de voir son doyen estimé et aimé à Neuilly et dans tout le canton. Si, dans les conversations, quelqu'un cherchait à interpréter malignement les actions ou les paroles de l'abbé Mercier, celui-ci trouvait toujours un loyal défenseur dans M. Marprez. Aussi l'union la plus cordiale régnait-elle entre le curé et le vicaire; et, de son temps, on ne vit jamais à Neuilly de ces délicatesses, de ces susceptibilités, de ces plaintes, de ces comparaisons, de ces méchancetés, de ces bouderies, de ces luttes de vicaires, qui font le scandale d'une paroisse, et nuisent tant à celui-là même qui s'en rend coupable. Aurait-il cru apercevoir dans son curé un travers, un défaut, une négligence? il se serait bien gardé de le tourner en ridicule, d'en faire un sujet de plaisanterie avec d'autres confrères peu charitables. Mais, loin qu'il y eût quelque chose à blâmer dans M. Mercier, on ne trouvait en lui que des vertus si douces et si aimables, que l'on était porté comme de soi-même à les imiter.

Si, pour un vicaire, c'est une faveur du Ciel d'être placé auprès d'un tel doyen, c'est aussi une marque particulière de la bonté de Dieu de donner à un doyen, dans les années difficiles de la vieillesse, un prêtre comme l'abbé Marprez.

Le témoignage on ne peut plus favorable que rendit à l'évêché le doyen de Neuilly sur la conduite pleine de sagesse de son vicaire, détermina Mgr de Beaulieu à confier à l'abbé Marprez, alors âgé de trente-cinq ans, un poste plus important et plus difficile, la cure de Vendières, dans le canton de Charly (8 juin 1807).

# CHAPITRE XV.

« Il est un homme dans chaque paroisse qui n'a point de famille, mais qui est de la famille de tout le monde; qu'on appelle comme témoin, comme conseil, ou comme agent dans tous les actes les plus solennels de la vie civile, sans lequel on ne peut naître ni mourir, qui prend l'homme au sein de sa mère et ne le laisse qu'à la tombe, qui bénit ou consacre le berceau, la couche conjugale, le lit de mort et le cercueil; un homme que les petits enfants s'accoutument à aimer, à vénérer et à craindre; que les inconnus même appellent *mon père;* aux pieds duquel les chrétiens vont répandre leurs aveux les plus intimes, leurs larmes les plus secrètes; un homme qui est le consolateur par état de toutes les misères de l'âme et du corps: l'intermédiaire obligé de la richesse et de l'indigence; qui voit le pauvre et le riche frapper tour à tour à sa porte : le riche, pour y verser l'aumône secrète, le pauvre, pour la recevoir sans rougir ; qui, n'étant d'aucun rang social, tient également à toutes les classes : aux classes inférieures, par la vie pauvre et souvent par l'humilité de la naissance; aux classes élevées, par l'éducation, la science et l'élévation de sentiments que la religion inspire et commande ; un homme enfin qui a le droit de tout dire, et dont la parole tombe de haut sur les intelligences et sur les cœurs avec l'autorité d'une mission divine et l'empire d'une foi toute faite ! — Cet homme, c'est le curé : nul ne peut faire plus de bien ou plus de mal aux hommes, selon qu'il remplit ou qu'il méconnaît sa haute mission sociale.

» Qu'est-ce qu'un curé ? C'est le ministre de la religion du Christ, chargé de conserver ses dogmes, de propager sa morale et d'administrer ses bienfaits à la partie du troupeau qui lui a été confiée.

» De ces trois fonctions du sacerdoce, ressortent les trois qualités sous lesquelles nous allons considérer le curé, c'est-à-dire comme prêtre, comme moraliste et comme administrateur spirituel de la commune. De là aussi découlent les trois espèces de devoirs qu'il a à accomplir pour être complétement digne de la sublimité de ses fonctions sur la terre et de l'estime ou de la vénération des hommes. »

[Pour le dogme, le curé n'a pas autre chose à faire que d'enseigner ce qu'enseigne l'Église catholique, apostolique-romaine.]. . . . . .
. . . . . . . . . . . . . . . . . . .

[Quant à la morale,] « le christianisme est une philosophie divine écrite de deux manières : comme histoire, dans la vie et la mort du Christ; comme préceptes, dans les sublimes enseignements qu'il a apportés au monde. Ces deux paroles du christianisme, le précepte et l'exemple, sont réunies dans le Nouveau Testament ou l'Évangile. Le curé doit l'avoir toujours à la main, toujours sous les yeux, toujours dans le cœur. Un bon prêtre est un commentaire vivant de ce livre divin.

» Le curé a toute morale, toute raison, toute civilisation dans sa main, quand il y tient ce livre. Il n'a qu'à ouvrir, qu'à lire et qu'à verser autour de lui le trésor de lumière et de perfection dont la Providence lui a remis la clef. Mais comme celui du Christ, son enseignement doit être double : par la vie et par la parole ; sa vie doit être, autant que le comporte l'infirmité humaine, l'explication sensible de sa doctrine, une parole vivante. L'Église l'a placé là comme exemple plus que comme oracle ; la parole peut lui faillir, si la nature lui en a refusé le don ; mais la parole qui se fait entendre à tous, c'est la vie ; aucune langue humaine n'est aussi éloquente et aussi persuasive qu'une vertu.

» Le curé est encore administrateur spirituel des sacrements et des bienfaits de la charité. Ses devoirs en cette qualité s'approchent de ceux que toute administration impose. Il a affaire aux hommes, il doit connaître les hommes ; il touche aux passions humaines, il doit avoir la main délicate et douce, pleine de prudence et de mesure. Il a dans ses attributions : les fautes, les repentirs, les misères, les nécessités, les indigences de l'humanité ; il doit avoir le cœur riche et débordant de miséricorde, de mansuétude, de compassion, de charité et de pardons! Sa

porte doit être ouverte à toute heure à celui qui l'éveille, sa lampe toujours allumée, son bâton toujours sous sa main; il ne doit connaître ni saisons, ni distance, ni contagion, ni soleil, ni neiges, s'il s'agit de porter l'huile au blessé, le pardon au coupable, ou son Dieu au mourant. Il ne doit y avoir devant lui, comme devant Dieu, ni riche, ni pauvre, ni petit, ni grand, mais des hommes, c'est-à-dire des frères en misères et en espérances.. . . . .
. . . . . . . . . . . . . . . . . . . . . . . .

» Le curé a des rapports administratifs de plusieurs natures, avec le gouvernement, avec l'autorité municipale, avec sa fabrique.

» Ses rapports avec le gouvernement sont simples; il lui doit ce que lui doit tout citoyen français, ni plus ni moins : obéissance dans les choses justes. Il ne doit se passionner ni pour ni contre les formes ou les chefs des gouvernements d'ici-bas; les formes se modifient, les pouvoirs changent de noms et de mains, les hommes se précipitent tour à tour du trône : ce sont choses humaines, passagères, fugitives, instables de leur nature; la religion, gouvernement éternel de Dieu sur la conscience, est au-dessus de cette sphère des vicissitudes, des versatilités politiques ; elle se dégrade en y descendant ; son ministre doit s'en tenir soigneusement séparé. Le curé est le seul citoyen qui ait le droit et le devoir de rester neutre dans les causes, dans les haines, dans les luttes de partis qui divisent les opinions et les hommes ; car il est avant tout citoyen du royaume éternel, père commun des vainqueurs et des vaincus, homme d'amour et de paix, ne pouvant prêcher que paix et qu'amour ; disciple de Celui qui a refusé de verser une goutte de sang pour sa défense, et qui a dit à Pierre : Remettez ce glaive dans le fourreau !

» Avec son maire, le curé doit être dans des rapports de noble indépendance en ce qui concerne les choses de Dieu ; de douceur et de conciliation dans tout le reste.

» Il ne doit jamais oublier que son autorité commence et finit au seuil de son église, au pied de son autel, dans la chaire de vérité, sur la porte de l'indigent et du malade, au chevet du mourant ; là, il est l'homme de Dieu ; partout ailleurs, le plus humble, le plus inaperçu des hommes.

» Avec sa fabrique, ses devoirs se bornent à l'ordre et à l'économie. . . . . . . . . . . . .

. . . . . . . . . . . . . . . . . . . . . . . .

» Pour se nourrir et se vêtir, pour payer et nourrir l'humble femme qui le sert, pour tenir sa porte ouverte à toutes les indigences des allants et venants, le curé a deux rétributions : l'une de l'État, 800 francs ; l'autre autorisée par l'usage, et qu'on appelle le casuel. Ce casuel....., dans la plupart des villages produit peu ou rien au curé. A peine donc a-t-il l'étroit nécessaire, le *res angusta domi*. . . . .

. . . . . . . . . . . . . . . . . . . . . . . .

» Comme homme, le curé a encore quelques devoirs qui lui sont imposés par le soin de la bonne renommée, par cette grâce de la vie civile et domestique qui est comme la bonne odeur de la vertu. Retiré dans son humble presbytère, à l'ombre de son église, il doit en sortir rarement. Il lui est permis d'avoir une vigne, un jardin, un verger. . . . . .

» De cet asile de travail, de silence et de paix, le curé doit peu s'éloigner pour se mêler aux sociétés bruyantes du voisinage ; il ne doit que dans quelques occasions solennelles tremper

ses lèvres avec les heureux du siècle dans la coupe d'une hospitalité somptueuse ; le pauvre est ombrageux et jaloux, il accuse promptement d'adulation ou de sensualité l'homme qu'il voit souvent à la porte du riche à l'heure où la fumée de son toit s'élève et lui annonce une table mieux servie que la sienne. . . . .
. . . . . . . . . . . . . . . . . . . . . . .

» Le reste de la vie (du curé) doit se passer à l'autel, au milieu des enfants auxquels il apprend à balbutier le catéchisme, ce code vulgaire de la plus haute philosophie, cet alphabet d'une sagesse divine ; dans des études sérieuses parmi les livres, société morte du solitaire. Le soir, quand l'*Angelus* a tinté dans le clocher du hameau, on peut voir quelquefois le curé, son Bréviaire à la main, soit sous les pommiers de son verger, soit dans les sentiers élevés de la montagne, respirer l'air suave et religieux des champs et le repos acheté du jour, tantôt s'arrêter pour lire un verset des poésies sacrées, tantôt regarder le ciel ou l'horizon de sa vallée, et redescendre à pas lents dans la sainte et délicieuse contemplation de la nature et de son auteur.

» Voilà sa vie et ses plaisirs ; ses cheveux blanchissent, ses mains tremblent en élevant le calice, sa voix cassée ne remplit plus le sanctuaire, mais retentit encore dans le cœur de son troupeau ; il meurt, une pierre marque sa place au cimetière près de la porte de son église. Voilà une vie écoulée ! voilà un homme oublié à jamais ! mais cet homme est allé se reposer dans l'éternité, où son âme vivait d'avance, et il a fait ici-bas ce qu'il y avait de mieux à faire. Il a continué un dogme immortel, il a servi d'anneau à une chaîne immense de foi et de vérité, et laissé aux générations qui vont naître une croyance, une loi, un Dieu ! »

Telle est l'appréciation que fait du curé et de ses obligations, — un homme du monde, un de nos littérateurs les plus distingués, M. de Lamartine.

Il allait tout à fait à notre but de mettre ces graves pensées sous les yeux de nos lecteurs. La parole du laïque a parfois une efficacité que n'aurait pas celle d'un auteur ecclésiastique écrivant sur les devoirs de ses confrères.

Au reste, ce portrait n'est pas un dessin idéal, il a été copié d'après nature ; et comme, dans les temps passés, on a vu beaucoup de curés de campagne retraçant dans leur personne tous les traits heureux qui viennent d'être esquissés, aujourd'hui encore on en trouve beaucoup qui ne sont pas dégénérés, et que l'on reconnaîtra parfaitement à la lecture de tous les alinéas de ce chapitre.

Cette observation peut avec vérité être appliquée tout particulièrement à l'abbé Timothée Marprez. Soit à Vendières, soit à la Ferté-Milon, soit à Vermand, soit à Château-Thierry, on l'a vu partout (et nous le verrons dans le reste de cet ouvrage), toujours curé digne de ce nom et remplissant avec conscience et avec cœur les devoirs les plus pénibles comme les plus consolants de la charge pastorale.

Pour lui, sa paroisse, ce n'était que sa famille devenue plus nombreuse ; il avait pour les vieillards de sa cure le respect et les égards d'un fils envers ses vieux parents ; l'âge mûr lui montrait des frères, des sœurs, au salut desquels il se dévouait tout entier ; la jeunesse, c'étaient ses enfants chéris, ceux par lesquels il s'efforçait de faire revivre au milieu de ses ouailles la foi et la pratique des devoirs religieux. Il apprenait à tous à connaître et à aimer Dieu ; il les amenait doucement à se réconcilier avec le Seigneur quand ils avaient péché ; sur le déclin de leur vie, il mettait tout en œuvre pour leur rendre moins redoutable le dernier jugement.

En s'acquittant ainsi des devoirs de pasteur, il avait la confiance qu'un jour cette grande famille qu'il aurait aimée, instruite et régénérée....., il la retrouverait heureuse dans une autre vie, et que lui-même serait admis à partager leur éternelle félicité.

## CHAPITRE XVI.

Pendant son vicariat de Neuilly-Saint-Front, l'abbé Marprez s'était mis en pension chez une honnête famille.

Pour résider à Vendières en qualité de curé desservant, il lui fallait faire les frais d'un emménagement. En homme sage et pénétré de l'esprit ecclésiastique, il n'acheta que des meubles fort simples, et se borna au strict nécessaire. Il ne croyait pas qu'un prêtre se relève aux yeux de son peuple par le luxe d'un ameublement souvent peu en rapport avec sa condition première. Le bon sens des paroissiens n'aperçoit qu'un orgueil fort déplacé là où le curé ne veut voir que de la convenance, et chacun trouve fort mauvais que le pasteur doive à un marchand, pendant plusieurs années, les meubles dont il fait parade, au milieu d'une population qui gagne son pain à la sueur de son front.

Occuper à cette époque (1) une place de *desservant* (2), c'était se vouer à une vie

(1) La loi de l'an X n'allouait aux succursalistes aucune indemnité particulière sur les fonds du trésor. Le montant des pensions ecclésiastiques dont ils pouvaient jouir, réuni aux oblations, devait former leur traitement. Sur les réclamations du souverain pontife Pie VII, le premier Consul, à peine proclamé empereur, leur accorda, par le décret du 5 nivôse an XIII, un traitement de 500 francs. Et il fallait, tous les trois mois, aller chercher son trimestre au chef-lieu du département. Un peu plus tard, les curés purent recevoir leur traitement au chef-lieu d'arrondissement.
L'allocation des succursalistes resta à 500 francs jusqu'au 1er janvier 1816, époque où les curés desservants reçurent 600 francs. — En 1818, ils eurent 750 francs. — En 1830, leur traitement fut porté à 800 francs, — à 850 en 1848; — à 900 francs en 1859. — Les desservants âgés de soixante à soixante-dix ans reçoivent 1000 francs; — de soixante-dix à soixante-quinze ans, 1100 francs. — Après soixante-quinze ans, l'État donne 1200 francs aux simples desservants.
L'Assemblée constituante, en compensation des biens du clergé dont elle s'était emparée, avait voté 1200 francs de pension pour chaque curé. Or ces 1200 francs représentaient au moins 2000 francs d'aujourd'hui. — Il est permis d'espérer, dit un publiciste récent, que l'un des prochains budgets complétera les *libéralités* des précédents par de nouveaux témoignages d'équitable et politique bienveillance qui, en allégeant pour les desservants de nos paroisses rurales le poids des nécessités de la vie, faciliteront l'exercice de leur ministère, aideront à l'influence de leur parole sur les populations, et contribueront ainsi à donner à la société française une précieuse garantie de moralité religieuse et de stabilité. (Le *Budget des cultes en France*, par M. Charles Jourdain, chef de division au ministère de l'instruction publique et des cultes, in-8, 1859, chez Hachette.)

(2) C'est à tort que les *Articles organiques* désignent sous le

pauvre, à des privations continuelles et à des fatigues excessives.

Mais, en rentrant dans la carrière ecclésiastique, l'abbé Marprez en avait prévu les gênes et les tribulations, et il les avait acceptées en esprit de pénitence et pour procurer la gloire de Dieu et le salut du prochain.

La première chose dont le nouveau curé de Vendières eut à s'occuper est celle qui, aujourd'hui encore, est un sujet d'embarras et de soucis pour tous les ecclésiastiques : ce fut de chercher une personne capable de faire convenablement le service du presbytère, chose plus importante qu'on ne pourrait le croire à la première vue.

Il faut bien le reconnaître, avec les idées de liberté, d'indépendance, d'égalité, avec ce désir effréné de jouissances et de plaisirs qui ont envahi la société moderne, la difficulté de se faire servir ne peut aller qu'en croissant pour les gens du monde, mais surtout pour les prêtres (1).

nom de *desservants* les curés de paroisses appelées improprement succursales. Les *desservants* sont les propres curés de leurs paroisses. (ANDRÉ, *Cours de législation civile et ecclésiastique.*)

(1) Nous sommes surpris que dans ce siècle, où ont surgi sur

Le desservant de Vendières avait déjà une trop grande expérience de la vie pour se flatter qu'il pourrait trouver une personne parfaite et sans défauts aucuns. Il désirait du moins qu'elle fût, à un certain degré, SAGE, OBÉISSANTE, DISCRÈTE, PROBE, ÉCONOME, PROPRE, SIMPLE dans ses ajustements et ne donnât, en aucune manière, prise à la critique. Ce sont les qualités qu'ont demandées les Pères de l'Église : *Non sit junior, cultu elegantior, formosior, vana, petulans, garrula, dominatrix, curiosa, aut non optimæ famæ.*

Après bien des recherches, l'abbé Marprez

le sol français un si grand nombre de nouvelles communautés religieuses, il n'y en ait pas encore une seule qui se soit proposé pour but spécial et unique, celui de servir les prêtres. Ces religieux, en même temps qu'ils rempliraient dans le presbytère toutes les fonctions des domestiques, comme entretenir la propreté, faire la cuisine, servir d'infirmier, manier même l'aiguille, etc., etc., pourraient à l'église servir de chantres, de sacristains. etc. Le noviciat les formerait au savoir vivre et les rendrait aptes à tous les emplois dont ils devraient être chargés. — Les Jésuites, les Lazaristes et autres corps religieux ont chez eux des Frères qui rendent à leurs maisons tous les services dont nous parlons. Nous appelons de tous nos vœux la création de cet institut, dont les membres s'appelleraient : LES FRÈRES SERVITEURS DES PRÊTRES. Nous prions le Seigneur de vouloir bien, si telle est sa volonté, susciter un saint fondateur pour commencer et mener à bonne fin une entreprise qui aurait les plus salutaires résultats, soit pour le prêtre lui-même, soit pour les peuples au milieu desquels il est appelé à vivre.

pensa avoir rencontré le sujet qui lui convenait ; mais une des qualités rigoureusement requises faisait défaut, elle n'avait pas l'âge canonique.

On sait quelle est sur ce point, et de temps immémorial, la sévérité des lois ecclésiastiques.

Pour découvrir l'origine écrite de ces sages prescriptions, il faut remonter jusqu'au premier concile de Nicée (en 325), qui défend aux prêtres d'avoir chez eux d'autres femmes que leur mère, leur sœur ou leur tante, ou celles qui sont à l'abri de tout soupçon. « Vetuit omnino magna Synodus ne liceat... presbytero... introductam habere mulierem [i. e. mulierem extraneam] præterquam matrem, vel sororem, vel amitam, vel eas solas quæ omnem suspicionem effugiant. » Ce décret est devenu une loi générale de l'Église, et a été renouvelé par la plupart des conciles et des synodes diocésains jusqu'à nos jours. Si l'on ne s'en est pas tenu à la lettre, on en a conservé l'esprit, puisque, pour qu'une femme entre au service d'un ecclésiastique, il est indispensable qu'elle ait au moins l'âge de quarante ans (1).

(1) La discipline a un peu varié sur ce point. Les conciles de

Cette règle, pleine de sagesse, est toute dans l'intérêt bien compris de ceux qui ont reçu le caractère sacerdotal. « Nous ne croyons pas, disait, en 1691, un évêque d'Arras, pouvoir apporter trop de soin pour conserver la réputation de nos ecclésiastiques saine, entière et sans flétrissure, et en éloigner, non-seulement le mal en effet ou des soupçons légitimement fondés, mais même la moindre apparence de mal dans une matière si importante. »

Châlons en 1684, et de Noyon en 1690, les statuts synodaux du diocèse de Soissons de 1673 exigeaient l'âge de cinquante ans, sous peine pour le prêtre de suspense *ipso facto*; d'autres, sous peine d'amende pécuniaire et de prison. Celui de Beauvais, en 1699, ne demandait que quarante-cinq ans; celui de Laon, en 1696, n'allait pas au delà de quarante; mais il fallait produire les extraits de baptême pour qu'on pût contrôler la vérité des déclarations. Le synode tenu en 1788 par l'archevêque de Reims Talleyrand de Périgord, se contentait de trente ans accomplis. Mais cette condescendance n'a été que passagère à Reims, et la plus grande partie des diocèses de France s'en sont tenus à la règle plus ancienne qui exige l'âge de quarante ans.

« Nous défendons, sous peine de suspense à encourir, à tout prêtre d'avoir chez lui à demeure, ou à son service, aucune personne d'un autre sexe, si ce n'est sa mère, sa sœur ou sa tante, à moins qu'elle n'ait atteint l'âge de quarante ans, et qu'elle ne soit d'une réputation intacte et à l'abri de tout soupçon. La nièce ne pourra être reçue que sur notre permission par écrit (art. 130 des « Statuts du diocèse de Soissons »). — Nous n'accorderons que difficilement et après des informations sévères la dispense de l'âge susdit; et elle devra être renouvelée chaque année. (*Ibid.*, art. 131, et synod. de 1850.)

L'abbé Marprez avait déjà donné tant de preuves de vertu et de prudence, que Mgr de Beaulieu accorda, pour sa servante, la dispense d'âge demandée.

Il paraît que le curé de Vendières n'eut pas à se repentir de son choix, puisqu'il n'a jamais éprouvé le besoin de changer de domestique pendant les quarante-six ans qu'il vécut encore.

Mais, conformément aux saints canons, il lui traça des règles positives de conduite, et des limites bien déterminées dont il n'aurait pas souffert qu'elle s'écartât d'un iota.

La cuisine était la demeure de la servante, et le curé restait chez lui. Le prétexte d'économie de bois ou de lumière ne la lui aurait jamais fait admettre à son foyer ou dans sa chambre.

Avant même qu'il y eût des règlements sur cette matière (1), le curé de Vendières lui avait formellement prescrit de ne se mêler en au-

---

(1) Nullus parochus aut sacerdos semetipsum ita abjiciat, ut famulæ suæ, foco præsertim et mensæ sibi assidere indulgeat, et nullibi cum ea liberius agat. (*Statuts synodaux du diocèse de Soissons*, ann. 1854.)

cune manière de l'administration de la paroisse (1), d'être très-discrète sur ce qui se passait à la maison, de ne pas chercher à savoir ce qu'ils venaient y faire; d'être très-réservée dans ses paroles, de ne pas s'informer de ce qui se passait dans les familles, et de se tenir en garde contre la médisance (2).

Ayant été quelquefois témoin de la mauvaise humeur des servantes, lorsqu'un confrère venait demander l'hospitalité, ou seulement prendre un repas au presbytère, le curé de Vendières exigeait qu'elle reçût avec politesse tous ceux qui se présenteraient, et qu'elle fît bon accueil aux confrères qui lui feraient l'amitié de le visiter.

De son côté, l'abbé Marprez, dans son intérieur, se tenait dans une noble réserve, ne parlait jamais de ce qui concernait ses ouailles, mettait hors de la vue sa correspondance (3)

(1) Ipsi severe mandet ut omnes urbane, sed non familiarius excipiat, nunquam regimini parochiæ sese interponat, et quæ in domo parochiali geruntur, non divulgat.

(2) Nihil tandem ipsi aperiat de iis quæ ad parochialem administrationem pertinent, et si quandoque parochianis sint danda monita aut quidquam grave dicendum, præsens non assistat, ne quidem audire valeat. (Synod. Suessionensis anno 1854, p. 39.)

(3) On a vu des valets de hauts personnages être fort au

et ses notes, était maître chez lui, et ne se laissait dominer sur quoi que ce fût.

Mais cette rigidité sacerdotale n'étouffait pas, dans le cœur du curé de Vendières, les sentiments d'humanité que l'on doit toujours avoir pour les domestiques, cette seconde famille, d'un degré inférieur à la vérité, mais que Dieu ne confie pas moins aux bons soins des maîtres et des maîtresses de maison. Si quelqu'un n'a pas soin de sa famille et de ses domestiques, dit l'Apôtre, il a renoncé à la foi, et est pire qu'un infidèle, puisqu'il n'observe pas à leur égard les devoirs de la loi naturelle. « Si quis autem suorum, et maxime domesticorum curam non habet, fidem negavit, et est infideli deterior. » (*I. Tim.* v, 8.)

L'abbé Marprez n'était pas assez riche pour donner de gros gages à sa domestique, mais *il la payait exactement*. Dans sa pensée, ceux qui diffèrent, pendant plusieurs années, de régler avec leur servante ses comptes personnels, l'exposent à perdre, par des accidents imprévus, le juste salaire de son travail. Ce cas

courant de la correspondance de leur maître, qu'ils ne manquaient pas de lire quand ils la trouvaient sur le bureau.

s'est présenté plus d'une fois, au grand scandale des gens du monde. La ponctualité du curé de Vendières à ne laisser en arrière aucune fraction des rétributions du service de sa maison lui donnait toute liberté pour renvoyer celle qui le servait, dans le cas où elle ne lui aurait plus convenu ; facilité dont se privent nécessairement les ecclésiastiques qui, ayant imprudemment laissé accumuler les gages de la servante, se trouvent, au moment où ils auraient la volonté de la congédier, lui devoir une somme importante qu'ils sont hors d'état de lui rembourser immédiatement.

La domestique du curé de Vendières trouvait au presbytère tout ce qui lui était nécessaire. L'abbé Marprez n'avait pas la cruauté de la laisser en hiver grelotter de froid dans sa cuisine, mais il lui fournissait sans lésinerie tout le bois dont elle avait besoin pour se chauffer. Il regardait encore moins à la nourriture, et chez lui on pouvait satisfaire son appétit sans avoir à craindre le regard investigateur d'un maître soupçonneux ou mécontent. Il ne l'accablait pas de besogne outre mesure ; et, quand une fois il avait donné ses ordres, il aurait cru se manquer à lui-même s'il était descendu dans de trop minutieux détails pour la manière de les exécuter.

Quoiqu'il fût sans défiance sur la probité de sa ménagère, dont il avait déjà pu apprécier la droiture, tous les huit jours il exigeait, comme mesure d'ordre, qu'elle lui montrât, écrit sur un cahier, le détail de la dépense de la semaine ; et il se maintint dans cet usage jusqu'à la fin de sa vie. Pratique aussi utile au maître qu'à la servante : cette dernière est maintenue plus fortement contre les tentations d'improbité, et le maître, étant contraint de compter avec lui-même, est moins exposé à dépasser les ressources de son budget.

Pour tout ce qui concernait les pratiques de piété, le curé de Vendières n'était pas trop exigeant. Il voulait qu'une domestique eût une dévotion simple et sincère, sans rien d'extraordinaire et d'exagéré. Il ne souffrait pas que des exercices de surérogation prissent la place des devoirs de l'état. Il demandait qu'elle s'exerçât aux vertus de charité, de modestie, de douceur, d'obéissance, d'humilité, qui conviennent si bien à la condition d'une servante ; qu'elle bannît les airs prétentieux, la suffisance dans les manières et la recherche dans l'habillement. Pour qu'elle fût de plus en plus excitée à se bien conduire, il lui donnait chaque jour la facilité de faire une lecture de quelques pages dans un livre de piété indiqué par lui. Quant à la réception plus ou moins rapprochée des sacrements de pénitence et d'eucharistie, il s'en rapportait entièrement au confesseur qu'elle s'était elle-même choisi.

Une dernière prescription bien importante lui avait été faite par l'abbé Marprez, c'était de n'attirer aucune compagne au presbytère, sous quelque prétexte que ce fût. Lui-même donnait l'exemple d'une grande réserve à l'égard de ses paroissiennes. Il avait pris pour règle de ne recevoir que celles qui avaient un véritable besoin de lui parler, ne laissait pas prolonger inutilement les entretiens, et évitait avec soin tout ce qui pouvait ou compromettre sa réputation, ou être pour lui une occasion même éloignée de tentation. En tout cela il ne faisait que mettre en pratique les ordonnances synodales du diocèse de Soissons et les recommandations formelles des Pères de l'Église et des saints conciles (1).

Par les sages précautions dont nous venons de donner le détail, le curé de Vendières eut

(1) Hospitiolum tuum aut raro aut nunquam mulierum pedes terant. S. Jérome. — Omnes quidem, si fieri posset, mulierum cœtus colloquia defugere oporteret, ut quæ ad emolliendum animum vim quamdam ac facultatem habeant. S. Isidore de Peluse. — Arma diaboli sunt mulieres. S Bonaventure. — De carbonibus scintillæ dissiliunt, de ferro rubigo nutritur, morbos aspides sibilant, et mulier fundit concupiscentiæ pestilentiam. S. Cyprien. — Intemperantiæ alimenta sunt assidui mulierum congressus. S. Chrysostome. — Mulier compta et pulchra cum suis ornamentis est gladius diaboli. S. Bonaventure. — Voce incantat, visu dementat, utroque perdit et necat. Cornelius *a Lapide.* — Animum ipsum ferit ac commovet non impudicæ tantum, sed etiam pudicæ mulieris oculus. S. Chrysostome.— Nec in præterita castitate confidas : nec sanctior Davide, nec Samsone fortior, nec Salomone potes esse sapientior. S. Jérome. — Sæpe familiaritas vincit, quos vitium superare non potuit. S. Bernard. — Contra serpentem positus, non eris diu illæsus. S. Isidore. — Prima tentamenta sunt clericorum, feminarum frequentes accessus. S. Jérome.—Ergo fugienda sunt ea quæ provocant familiaritates : crebra munuscula, degustati cibi, dulces litterulæ, dulces respectus, dulcia verba. S. Bonaventure.—Solus cum sola non dicere solent : Pater noster. — Non licet intueri quod non licet desiderare. S. Grégoire. — Per oculos intrat ad mortem sagitta amoris. S. Bernard. — Amor spiritualis generat affectuosum, affectuosus obsequiosum, obsequiosus familiarem, familiaris carnalem. S. Augustin. — O quam vilis! o quam miser reputatur clericus qui frequenter cum mulieribus conversatur! S. Augustin. — Et ut casti-

toujours un intérieur bien réglé et bien administré. Les amis et les visiteurs n'eurent pas lieu de se plaindre du service de sa maison, et l'autorité du maître ne subit jamais aucun amoindrissement.

tas servari queat in muliebri consortio, raro tamen bonum nomen retinere potest. (Conc. de Cambrai, 1565.)— Caveto omnes suspiciones. S. Jérome. — Continens vis putari? esto, ut sis; sed ego suspicione non careo; scandalo mihi es; scandalizas Ecclesiam. S. Bernard.—Memento semper quod paradisi colonum de possessione sua mulier ejecerit. S. Jérome.— Crede mihi, veritatem loquor in Christo, non mentior : Cedros Libani et gregum arietes sub specie amicitiæ spiritualis corruisse vidi, de quorum casu non magis præsumebam, quam Gregorii et Ambrosii. S. Augustin. — Ergo sermo cum mulieribus sit rarus, brevis et austerus.

# CHAPITRE XVII.

On vient de voir que l'intérieur du presbytère de Vendières était parfaitement réglé, et que le curé avait fait en sorte d'empêcher d'approcher de sa personne tout ce qui aurait été dans le cas de nuire à sa considération et de diminuer son influence. Nous allons le suivre maintenant dans ses rapports directs avec ses paroissiens.

Plein de politesse à l'égard de tous, il s'était fait une règle invariable de n'accepter chez eux ni repas, ni rafraîchissement, et par là il s'établissait dans une parfaite indépendance et gardait son autorité intacte pour s'en servir dans l'intérêt de leurs âmes.

L'abbé Marprez eut de quoi exercer son zèle dans les paroisses commises à ses soins. A cette époque, les ouvriers évangéliques étaient encore en petit nombre dans le diocèse de Soissons; et on se trouvait souvent dans l'impossibilité de remplacer les desservants qui venaient à mourir. Par suite de cette pénurie de sujets, les survivants étaient nécessairement surchargés. C'est ainsi que pendant quelque temps l'abbé Marprez dut desservir à la fois sept communes, plus ou moins éloignées les unes des autres : Vendières-sous-Montmirail, la Celle, l'Épine-aux-Bois, Fontenelle, Rozoy-Gatebled, Marchais et Vieux-Maisons. La population de ces paroisses s'élevait à plus de trois mille habitants, éparpillés sur un territoire qui n'avait pas moins de sept lieues de tour. Le dimanche, il est vrai, la sainte messe ne se célébrait que dans deux églises ; mais il n'en fallait pas moins être prêt à parcourir chaque jour les cinq autres paroisses pour y administrer au besoin les sacrements et visiter les malades.

On comprend facilement que le matériel du ministère devait absorber la majeure partie des heures d'une journée. Néanmoins, les courses si fréquentes et si variées du curé de Vendières ne l'empêchaient pas de s'occuper sérieusement des âmes qui lui étaient confiées.

La vue seule de ce digne curé faisait déjà du

bien. Il portait la soutane aussi fièrement qu'il avait manié le mousquet : sa démarche avait quelque chose de franc et de dégagé qui contribuait singulièrement à faire respecter sa personne et son caractère par ceux-là même qui tenaient fort peu à la religion : son air affable plaisait à tout le monde ; il était toujours le premier à se découvrir ou à s'incliner devant tous ceux qu'il rencontrait dans ses paroisses, et rendait intérieurement hommage à leurs anges gardiens ; il pensait que c'était au curé à donner l'exemple de la politesse, et que le prêtre qui a pour pratique d'attendre toujours des autres le premier salut, fait preuve de maladresse et montre une fierté tout à fait déplacée. L'abbé Marprez avait toujours à dire quelque parole gracieuse ; parfois il s'arrêtait un instant, s'informait de la santé de toute la famille et s'intéressait au bien-être de tous ; quand il le pouvait, il terminait la conversation par un mot utile à leur âme et propre à les faire réfléchir : précieuse semence, jetée comme au hasard dans des terres peu préparées en apparence, mais qui, plus tard, produirait peut-être des fruits de salut.

Pour arriver à ce précieux résultat, l'abbé Marprez employait les moyens indiqués par tous les maîtres de la vie spirituelle : l'humilité, la mortification et la prière.

Les travaux pénibles de son ministère, il les offrait à Dieu en esprit d'expiation et de pénitence. En se rendant d'une paroisse dans une autre, il s'unissait intérieurement à Notre-Seigneur Jésus-Christ ; il s'humiliait, il priait..... ; il recommandait spécialement telles et telles personnes qui en avaient un plus grand besoin. Or la prière, c'est ce qui convertit, parce que c'est la prière qui attire la grâce (1). Il s'adressait aussi à la Mère de miséricorde, et la récitation du chapelet, souvent répétée plusieurs fois dans une même journée à l'intention de ses paroissiens, était un de ses pieux exercices de voyage qu'il affectionnait davantage.

Malgré tant d'efforts et de supplications pour opérer dans ses paroisses un retour général vers Dieu, il avait de grands sujets de tris-

---

(1) Ego plantavi, Apollo rigavit : sed Deus incrementum dedit. Itaque neque qui plantat est aliquid, neque qui rigat; sed, qui incrementum dat, Deus. *I Cor.* III, 6.

tesse. En parcourant une à une, dans sa pensée, les maisons de chacune des communes dont il était chargé, il comptait combien était petit le nombre des chrétiens qui répondaient à ses soins....., et le nombre effrayant de ceux qui restaient dans leur insouciance ou dans leurs vices!... Il gémissait en secret, et se demandait s'il ne devait pas s'attribuer à lui-même la stérilité de son ministère.....; il redoublait ses oraisons....., et s'humiliait encore davantage devant le Seigneur; puis, quand il croyait avoir fait tout ce qui dépendait de lui pour rallumer dans les cœurs le désir de sauver leur âme....., il se résignait et s'excitait à la patience, espérant que Dieu lui tiendrait compte de sa bonne volonté et de ses efforts. Il soutenait son courage en pensant que Jésus-Christ n'a pas converti tous les Juifs de la Judée, et que les Apôtres ont laissé après eux de nombreux idolâtres.

Le triste état de ses sept paroisses, après une révolution qui avait arraché du sol les monuments religieux et du cœur les croyances, ne le portait pas à se répandre en plaintes amères contre ceux qui avaient le malheur de n'être pas rentrés dans la bonne voie. Le ministère n'est pas une affaire où l'amour-propre soit engagé. On fait ce que l'on peut, et Dieu n'en demande pas davantage. Celui qui n'aura pas amélioré sa paroisse en employant tous les moyens commandés par le zèle, aura sa récompense comme celui qui aura bouleversé les consciences coupables et amené les pécheurs au tribunal de la pénitence.

D'ailleurs, l'abbé Marprez ne pensait pas qu'un curé étend plus facilement le royaume de Dieu et en se plaignant à tous et partout de l'insensibilité de son peuple, et en se montrant toujours de mauvaise humeur quand il lui parle soit en public, soit en particulier. Celui qui agit ainsi sous l'impression de son mécontentement, aliène nécessairement de lui tous les esprits, et finit par se rendre impossible.

Les plaintes, si elles avaient pour motif l'intérêt pécuniaire et les dispositions mesquines des habitants à l'égard de leur pasteur, lui paraissaient d'autant plus déplacées qu'elles entraînaient après elles des conséquences fâcheuses.

Quant à l'abbé Marprez, quelque restreint qu'il fût dans ses moyens d'existence, il n'en avait pas moins l'âme haute et le cœur généreux, et savait se contenter de ce qui lui était alloué en vertu de sa charge.

Sans doute, à l'occasion de certaines fonctions du ministère pastoral, il acceptait des fidèles les oblations fixées et déterminées par les règlements diocésains, et qui forment un utile complément ajouté aux faibles émoluments accordés par l'État; mais il n'était ni dur ni exigeant pour ce casuel qui lui était légitimement dû à titre de justice (1).

(1) Dignus est operarius cibo suo. *S. Matthieu*, x, 10. — Numquid non habemus potestatem manducandi et bibendi? Quis militat suis stipendiis unquam? quis plantat vineam, et de fructu ejus non edit? quis pascit gregem, et de lacte gregis non manducat? Scriptum est in lege Moysi : Non alligabis os bovi trituranti. Ita Dominus ordinavit iis qui Evangelium annuntiant, de Evangelio vivere. *I Cor.* x, 4-11.

Chacun vit de son travail ou de ses fonctions, c'est le droit de tous les hommes : les prêtres ne sauraient en être exclus. (Rapport fait au Tribunat en 1802, par Siméon.)

« Il faut que les curés puissent vivre avec décence et sans compromettre la dignité de leur ministère ; il faut même, jusqu'à un certain point, que les ministres du culte puissent devenir des ministres de bienfaisance, et qu'ils aient quelques moyens de soulager la pauvreté et de consoler l'infortune. » (Rapport au conseil d'État sur les Articles organiques, par Portalis.)

Les ministres du culte, écrivait Portalis, ne sont pas exempts des besoins qui affligent les autres hommes; ils doivent trouver leur subsistance, c'est la loi naturelle elle-même qui le réclame pour eux. Les fidèles ne pourvoyant

Et même combien de fois ne lui est-il pas arrivé de dire au pauvre : « Merci, mon ami, reprenez cette pièce de monnaie, et portez-la à votre femme, elle lui servira pour le besoin de sa famille (1)! »

Le désintéressement bien connu du curé de Vendières a eu quelquefois sa récompense, même temporelle. Comme on savait le bon usage qu'il faisait des libéralités dont il était, quoique rarement, l'objet, des personnes pen-

---

plus à leurs besoins, comme dans la primitive Église, et les biens ecclésiastiques ayant été confisqués, il faut bien que les ministres de la religion reçoivent, de la piété du gouvernement et de celle des fidèles, le nécessaire qui leur manque. Or, les oblations qui forment le *casuel* sont un secours pour le prêtre, sans être le prix des choses saintes; c'est un moyen de subsistance qui n'a rien de commun avec la valeur inappréciable des sacrements et autres fonctions spirituelles. — L'Assemblée constituante supprimait en principe le casuel (11 août 1789), mais elle pourvoyait à l'existence des curés par une pension qui équivalait au double de ce que reçoit aujourd'hui un curé de campagne.

(1) « Refusez le casuel du pauvre qui rougit de ne pas vous l'offrir, ou chez qui se mêle, à la joie du mariage, au bonheur de la paternité, au deuil des funérailles, la pensée importune de chercher au fond de sa bourse quelques rares pièces de monnaie pour payer vos bénédictions, vos larmes ou vos prières. » LAMARTINE. — La pratique générale, pour ne pas dire universelle, est entièrement conforme à ce désir d'un écrivain moraliste; toujours et partout on enterre et on marie les pauvres gratuitement.—Le prêtre est le ministre-né de la charité, il ne voudrait pas manquer à sa mission.

sant plus noblement étaient portées à agir généreusement à son égard, bien sûres que par là elles augmenteraient d'autant les ressources des pauvres.

## CHAPITRE XVIII.

L'abbé Marprez, comme nous l'avons vu plus haut, avait été témoin, dans la ville épiscopale, des faibles commencements du séminaire diocésain, où lui-même avait été appelé à donner des leçons de latin.

Quelques années auparavant, en 1797, le chanoine Charles Labrusse (1), revenu de l'exil et retiré dans sa famille, à Menneville (Aisne), s'était déterminé, par les conseils de deux zélés missionnaires, MM. Jean-Baptiste Billaudel et Louis Billaudel, à recevoir dans sa propre maison de jeunes élèves (2) aux-

(1) Jean-Charles Labrusse, né en 1749, élève du collége Louis-le-Grand, licencié en théologie, d'abord vicaire à Clermont près de Notre-Dame-de-Liesse, puis chanoine de la collégiale de Saint-Jean de Laon. Après la suppression des chapitres, il revint à Menneville. En août 1792, il partit pour l'exil. A son retour à Menneville, en 1797, il se consacra tout entier à l'éducation de jeunes ecclésiastiques. Il mourut en 1808, à l'âge de cinquante-neuf ans.

(2) De ce premier petit séminaire sont sortis MM. Baudet,

quels il faisait lui-même la classe. Là est le germe de nos petits séminaires et la première pépinière du sacerdoce après la Révolution.

A l'époque où l'abbé Marprez prit possession de la cure de Vendières (1807), il n'y avait encore à Menneville qu'une trentaine d'élèves (1).

doyen du Nouvion; Roger, doyen de Sains; Antoine Évrard, curé de Goussancourt; Hécart, ancien doyen de la Capelle; le P. Dutemps, jésuite; Garet, doyen de Moy; Tayon, doyen d'Hirson; Ponson, ancien doyen de Berry au Bac, etc.

(1) Après la mort du chanoine Charles Labrusse, M. J.-B. Billaudel ne voulut pas laisser tomber son œuvre. Aidé généreusement par les sœurs du respectable défunt (M$^{lles}$ Geneviève et Marguerite Labrusse, et M$^{me}$ veuve Petitfils) et par la famille Renard-Roger, il parvint, en 1809, à réunir dans cette même maison de la famille Labrusse un véritable petit séminaire, qui s'éleva jusqu'au nombre de quatre-vingts étudiants. Il y fut rejoint par son frère Louis, qui professa la rhétorique et la seconde. M. Joseph Renard fut chargé des classes de quatrième et de troisième; M. Chrétien, depuis curé de Saint-Erme et fondateur de la congrégation de Notre-Dame de Saint-Erme, fit les classes de cinquième et de sixième; à M. Augustin-Joseph Labrusse, aujourd'hui chanoine de la cathédrale de Soissons, on confia les classes élémentaires. — De ce petit séminaire de Menneville, sous MM. Billaudel, sont sortis: MM. Goujart, chanoine de la cathédrale; Caby, curé archiprêtre de Château-Thierry; Bonjean, doyen de Chauny; Tévenart, archiprêtre de Laon; Caton, chan. doyen de Craonne; Charles de Hédouville; Hurillon, premier vicaire général; Lequeux, chanoine de Paris et vicaire général de Troyes; Martin, ancien doyen d'Oulchy; Boileau, doyen de Coucy; Ribaut, chanoine doyen de Vailly; Lefèvre, ancien doyen de Condé; Renard, chanoine curé de Seboncourt; Gilson, chanoine curé de Chacrise; Ployon, curé de Rocourt, etc., etc.

Comment pouvait-on espérer de combler peu à peu les vides qui s'étaient faits et qui se faisaient chaque année dans les rangs du clergé, sinon en cherchant à découvrir et à cultiver, au milieu du sol aride et infructueux des campagnes, quelques nouvelles vocations? C'est ce que l'abbé Marprez fit à Vendières, c'est ce qu'il continua de faire, tant qu'il resta dans le ministère des paroisses.

C'était surtout au catéchisme, dans les visites aux écoles, et parmi ses enfants de chœur, que l'abbé Marprez examinait les dispositions favorables à ses vues.

Lorsqu'il remarquait un enfant plus modeste que les autres, priant avec plus de piété, écoutant plus attentivement ses explications ou ses observations, ayant du goût pour les cérémonies de l'église, d'un esprit assez ouvert, d'une mémoire heureuse, travaillant bien à l'école, docile et respectueux à l'égard de ses parents, réservé dans ses paroles, montrant du bon sens dans sa conduite et de la justesse dans ses petits raisonnements, il commençait par beaucoup prier pour lui, le recommandait à la sainte Vierge et à son ange gardien ; puis il l'encourageait à continuer à se bien conduire, lui témoignait de l'amitié, lui prêtait quelques livres qui pouvaient ou l'intéresser, ou le porter à la piété. Enfin, après l'avoir suivi avec soin pendant un an ou deux, ou bien il laissait prendre à cet enfant l'initiative, ou bien il lui demandait s'il serait bien aise d'étudier et d'entrer un jour dans l'état ecclésiastique ; s'il pensait que cela ferait plaisir à ses parents. D'après les réponses de l'enfant, il voyait s'il était à propos ou non de poursuivre son idée première.

L'abbé Marprez était encore plus tôt déterminé, si l'enfant appartenait à une famille chrétienne, ayant de bons sentiments, des mœurs simples et pures, et attachant un grand prix à la bonne éducation.

La pauvreté des parents n'était pas alors un obstacle qui l'arrêtât beaucoup dans ses pieux projets. Tout d'abord il se chargeait de mener lui-même l'enfant assez loin dans la connaissance du latin.

Une chose aurait pu, ce semble, l'embarrasser plus tard : c'était la pension du séminaire. Mais jusqu'à la fin du premier Empire, le prix en fut encore bien modique ; les séminaristes de ces premiers temps, pleins de l'amour de Dieu et comprenant l'esprit de sacrifice, se contentaient de peu ; leurs désirs n'allaient pas au delà des volontés et des exemples de leurs maîtres. Ils savaient qu'ils étaient appelés à une vie pauvre, et trouvaient tout naturel d'en faire l'apprentissage pendant leur séminaire, en y vivant pauvrement. Au reste, quand les termes de la pension venaient à échoir, l'abbé Marprez trouvait dans son secrétaire quelques pièces de cinq francs qu'il y avait peu à peu mises de côté à cette intention ; puis, si cela ne suffisait pas, il allait frapper à la porte de quelqu'une de ces nobles familles du voisinage qui estimaient que le meilleur usage qu'on peut faire de ses richesses, c'est d'en destiner chaque année une portion notable pour être employée en œuvres de charité.

Après diverses tentatives infructueuses auprès de plusieurs enfants de Vendières ou des environs, l'abbé Marprez sentit ranimer ses espérances en portant son attention sur un petit enfant qui providentiellement sans doute avait nom Théodore. C'était véritablement un donque Dieu avait fait à la paroisse et qu'il devait faire ensuite au diocèse. Il réunissait toutes les qualités que nous avons énumérées tout à l'heure, et qui peuvent être considérées comme les premiers indices d'une vocation divine. De temps en temps le curé de Vendières prit cet enfant pour compagnon, dans les courses fréquentes auxquelles l'obligeaient ses fonctions de pasteur. Ces petites promenades n'étaient pas une perte de temps pour Théodore : l'abbé Marprez lui faisait répéter la doctrine chrétienne, lui racontait l'histoire sainte, la vie de Notre-Seigneur Jésus-Christ, et, dans l'occasion, quelques traits de la vie des saints. Théodore goûtait de plus en plus ces pieux et instructifs entretiens. Un jour que la conversation avait été encore plus expansive que d'ordinaire, l'enfant dit tout à coup à son curé étonné : « Qu'est-ce qu'il faut faire pour arriver à être prêtre ? — Pourquoi cette question, mon enfant ? — C'est pour savoir. — A quoi cela vous avancera-t-il quand vous le saurez ? — Je serai bien content. — Pourquoi seriez-vous content ? — Parce qu'alors, si ce n'est pas trop difficile, je ferai tout ce que je pourrai pour devenir prêtre comme vous.—Mais, mon ami, les prêtres ont bien du mal, et puis ils ne sont pas riches. — Cela m'est égal de n'être pas riche, pourvu que je serve bien le bon Dieu. — On peut bien servir Dieu sans être prêtre. — C'est vrai, j'en connais dans le village qui ne sont pas prêtres et qui font bien leur religion. — Vous pourriez faire comme eux, mon enfant, et vous seriez sauvé. — Vous avez raison, Monsieur le curé ; mais ces bons chrétiens dont vous parlez ne disent pas la messe, et moi je voudrais la dire. — Vous y assistez, Théodore, est-ce que cela ne vous suffit pas ? — Oui, j'y assiste ; mais le prêtre tient Jésus-Christ dans ses mains, je voudrais bien avoir ce bonheur ; et puis il confesse et pardonne les péchés. Il prêche, et tout le monde écoute. Je ne vous le cache pas, Monsieur le curé, je voudrais bien faire tout cela ; il me semble que le bon Dieu m'aimerait encore davantage, et que, quand je mourrai, il me donnera une plus belle récompense. »

L'abbé Marprez fut bien touché de ces dernières paroles de Théodore. « Cet enfant est poussé intérieurement par la grâce, se dit-il, ce n'est pas un motif humain qui le guide ; il veut sauver son âme en travaillant au salut des autres : c'est à moi à seconder ses bons désirs. » — Il parla donc à ses parents, et Théodore commença ses études. On peut dire qu'il eut un habile maître, qui sut, comme à Blesmes, parfaitement lui enseigner les éléments de la langue latine. L'enfant travaillait au presbytère ; mais assez souvent les classes se faisaient dans les chemins ; on ne pouvait pas facilement les placer à un autre moment.

Un élève plus jeune et moins déterminé à travailler eût beaucoup perdu en étudiant seul, d'une manière aussi décousue et aussi irrégulière, sans moyen d'émulation, étant d'ailleurs peu surveillé, n'ayant, sous le rapport de la piété, aucun des avantages qu'on trouve dans les maisons d'éducation.

Mais Théodore savait qu'il était toujours sous les yeux de Dieu, et qu'il avait à ses côtés son ange gardien. De plus il ne perdait pas de vue le but de ses études, et n'aspirait qu'après le moment où il serait assez savant pour entrer au séminaire.

L'abbé Marprez conduisit Théodore jusqu'en troisième ; il le présenta alors à Monseigneur de Beaulieu, qui l'examina lui-même, fut enchanté de ses réponses, et l'admit de grand cœur au nombre de ses séminaristes. Théodore devint bientôt le modèle de tous par sa modestie, sa régularité et son application, comme il fut leur émule par ses succès.

La suite a prouvé que le curé de Vendières avait été bien inspiré en favorisant le développement de la vocation du jeune Théodore, et en se chargeant de son éducation (1).

---

(1) M. Jean-Baptiste-Théodore Delabarre était né à Vendières en 1793. Après avoir terminé son cours de théologie, il fut ordonné prêtre, en 1817, et nommé immédiatement vicaire de la cathédrale de Soissons. Puis, la cure de Soissons ayant perdu son pasteur, l'abbé Delabarre fut appelé à le remplacer. Sa manière sage et prudente d'administrer la paroisse, l'espace de trente années ; son désintéressement et sa charité ; l'estime profonde et la vénération dont la population entière ne cessa de l'entourer jusqu'à sa démission et sa mort, le font avec raison regarder comme un des curés que l'on peut proposer à l'imitation de tous ceux qui sont chargés du ministère pastoral.

## CHAPITRE XIX.

Un château dans une paroisse, ou dans le voisinage d'une paroisse, peut être d'une grande ressource pour un curé et pour ses ouailles; comme aussi, lorsque le pasteur est d'un caractère léger, et n'a l'esprit ecclésiastique qu'à un degré médiocre, la fréquentation du château peut du moins indirectement lui devenir on ne peut plus funeste.

L'abbé Marprez n'eut qu'à remercier le Seigneur de la position avantageuse qu'il lui avait faite à Vendières. La petite ville de Montmirail (1) n'en était qu'à une lieue et demie, et son château était possédé par M. Ambroise-

(1) Montmirail ou Montmirel a produit un saint, Jean de Montmirail, mort en 1217, religieux à l'abbaye de Longpont. Sa vie a été dernièrement (1858) écrite par M. Boitel, curé-doyen de Montmirail, et se vend chez Vrayet de Surcy, à Paris. — M. l'abbé Corneaux, curé de Corcy et de Longpont, en prépare une autre qui ne tardera pas à paraître. — C'est aussi à Montmirail qu'est né le fameux Paul de Gondy, cardinal de Retz et coadjuteur de Paris. Il a eu, dit l'abbé Houllier, six pauvres pour parrains et marraines, a été baptisé

Polycarpe de la Rochefoucauld *Surgères*, duc de Doudeauville (1).

Aussi instruit que religieux, aussi charitable qu'éclairé, il ne chercha qu'à faire du bien pendant les quarante-deux ans qui suivirent son exil. Secondé ou inspiré par madame la duchesse sa femme, il avait, en 1801, fondé un hôpital, puis, en 1806, un pensionnat pour élever de jeunes personnes dans la crainte de Dieu et l'amour du devoir (2).

par un Minime de Château-Thierry, et a eu pour précepteur saint Vincent de Paul. On ne voit pas, ajoute le même chanoine, qu'il ait tiré beaucoup de fruit de ces leçons d'humilité. (*État eccl. et civil du diocèse de Soissons.*)

(1) Né en 1765, mort en 1841. Il obtint, en 1780, le titre de duc de Doudeauville, par son mariage avec Bénigne-Augustine-Françoise le Tellier de Montmirail, fille aînée de M. le Tellier de Louvois, marquis de Montmirail, et, en vertu de ce droit d'aînesse, titulaire de la grandesse d'Espagne de première classe, assise sur la terre de Doudeauville, dans le Boulonnais, qui lui provenait des deux maréchaux d'Estrées, ses oncles, morts sans descendance masculine même collatérale. Sous Louis XVIII, le duc de Doudeauville eut la direction générale des postes; sous Charles X, il fut ministre de la maison du roi. (LE SOURD.)—Madame la duchesse de Doudeauville n'est décédée qu'en 1849, âgée de quatre-vingt-cinq ans. C'est seulement après sa mort que M. Sosthène de la Rochefoucauld a pu prendre à son tour, et comme héritier de sa mère, le titre de duc de Doudeauville.

(2) Pour établir le pensionnat, on avait, sous la direction de l'abbé Legris-Duval, réuni des religieuses de divers ordres qui prirent le nom de *Dames de la Paix*. Elles se retirèrent à Meaux en 1810. — Le 3 mai 1822, l'INSTITUT DES DAMES DE NAZARETH fut fondé à Montmirail; madame Rollat

Le curé de Vendières apprit bientôt combien le duc et la duchesse étaient passionnés pour les bonnes œuvres ; il se présenta au château pour y faire visite, et y fut parfaitement accueilli ; on s'intéressa à sa paroisse, et peu après on se chargea des frais de la restauration complète de son presbytère. On lui offrit et on lui donna constamment de l'argent pour ses pauvres, pour ses malades, pour la décoration de son église et pour tous les besoins de la paroisse.

L'abbé Marprez n'était jamais mis dans la pénible nécessité de solliciter, de faire des instances pour arracher quelques francs des pro-

---

en fut la première supérieure. Le P. Roger, jésuite, en rédigea les premières Constitutions, qui furent complétées par le P. Hilaire, de la même Compagnie. Madame la duchesse de Doudeauville céda à ce nouvel Institut, en toute propriété, tous les bâtiments et l'enclos de l'ancien prieuré de Montléan, et transféra dans l'intérieur de la ville de Montmirail l'hôpital et les sœurs de la Charité qu'elle avait primitivement établies à Montléan. — Les Dames de Nazareth ont aujourd'hui pour supérieure générale la Révérende Mère Hélot. Cet Institut, dont la maison mère est à Montmirail (Marne), a aussi des maisons à Oullins, à Péronne et à Boulogne. En Palestine, les Dames de Nazareth ont établi des écoles à Nazareth et à Caïpha, villes de la Galilée. (Voyez la notice que nous avons publiée sur cet Institut dans le « Compte rendu de l'état et de l'œuvre de la Propagation de la foi dans le diocèse de Soissons, pour l'année 1855, » seconde édition.)

priétaires du château; on le mettait à l'aise, et par mille questions on l'obligeait à déclarer tous ses nécessiteux. Les secours ne se faisaient jamais attendre; et ils étaient accordés avec tant de grâce et d'amabilité, que le curé, d'un côté pouvait les recevoir sans rougir, et que de l'autre, il était certain qu'il avait causé en les acceptant une douce satisfaction à ces nobles amis de l'humanité souffrante.

La conversation, la noble réserve et les bonnes manières du curé de Vendières plaisaient beaucoup au château; et on lui témoignait le désir de l'y voir fréquemment. Son couvert y serait toujours mis, lui disait-on amicalement. L'abbé Marprez ne pouvait douter de la sincérité des sentiments de madame la duchesse; mais il savait que le meilleur moyen de ne pas déplaire un jour, c'est de ne pas être importun; aussi n'acceptait-il qu'avec une certaine réserve les invitations souvent réitérées.

Quelquefois il se trouva à table avec de jeunes confrères du voisinage, de la tenue desquels il n'eut pas lieu d'être toujours satisfait. Non-seulement leur air guindé, leurs formes assez étranges et le ton trop élevé de leur voix contrastaient singulièrement avec les manières si calmes, si douces et si polies des autres invités ; mais ils se faisaient surtout remarquer par un goût beaucoup trop prononcé pour les vins fins et les mets délicats qu'ils n'avaient pas connus dans la maison paternelle. L'abbé Marprez éprouvait en ces rencontres une véritable confusion, en voyant rabaisser aux yeux des personnes du monde le caractère sacerdotal ; et il faisait des vœux pour que, lorsqu'on établirait des maisons pour l'éducation des clercs, il y eût dans le règlement un article qui prescrivît de relire et de commenter chaque année un traité sur la *politesse* (1). Il exprimait aussi le désir que l'on en fît strictement observer, dans l'intérieur du séminaire, toutes les règles qui pouvaient y avoir leur application.

En sa qualité d'ancien militaire, le curé de Vendières se permettait de dire franchement

---

(1) On a publié récemment plusieurs ouvrages que les ecclésiastiques pourraient lire avec fruit :

*Correspondance d'un ancien directeur de séminaire avec un jeune prêtre, sur la politesse*, par Mgr Devie, évêque de Belley, in-12.

*Le Guide du jeune prêtre dans une partie de sa vie privée, et dans ses différents rapports avec le monde*, par M. l'abbé Réaume, chanoine théologal de la cathédrale de Meaux ; troisième édition, in-12, chez Lecoffre.

aux confrères qui lui montraient une plus grande confiance ce qui l'avait choqué dans leur manière d'être au château.

Ses avis se résumaient à peu près aux maximes suivantes : « Être prêtre partout, même dans un repas et dans un salon ; — être modeste et réservé plutôt qu'enjoué ; — montrer une grande modération dans le boire et le manger ; — observer beaucoup les autres, pour acquérir, en fait de langage et d'usages du monde, ce qui peut nous manquer ; — ne jamais vouloir agir sans façon avec les personnes d'une condition plus élevée que la nôtre ; — ne pas avoir, à cause du caractère de prêtre dont on est revêtu, des prétentions ridicules sur les égards que l'on nous doit (ou plutôt qu'on ne nous doit pas).

L'abbé Marprez engageait aussi ses jeunes confrères à ne pas se laisser éblouir par le luxe qui brille nécessairement dans les maisons des grands, et surtout à se préserver du ridicule de chercher à introduire au presbytère l'élégance et le confortable du château. Il y a longtemps que le bon la Fontaine a stigmatisé ce travers dans la fable de la Grenouille qui veut se faire aussi grosse que le bœuf :

> Le monde est plein de gens qui ne sont pas plus sages :
> Tout bourgeois veut bâtir comme les grands seigneurs ;
> Tout petit prince a des ambassadeurs;
> Tout marquis veut avoir des pages.

Parmi les honorables convives ou habitués du château de Montmirail se trouvait souvent un prêtre vénérable, l'abbé Legris-Duval (1), celui-là même qui, au péril de sa vie, la veille du 21 janvier, avait été hardiment se présenter à la Commune de Paris : « *Je suis prêtre*, leur avait-il dit, *j'ai appris que Louis XVI était condamné à mort, je viens lui offrir les secours de la religion.* »—Si cet acte de sublime dévouement a été sans effet, l'infortuné monarque ayant accepté auparavant le ministère de l'abbé Edgworth de Firmont, le mérite n'en reste pas moins dans son entier à

(1) Il était né en Bretagne en 1767, et était neveu du P. Querbeuf, jésuite. Il fut successivement élève du collége Louis-le-Grand et du séminaire Saint-Sulpice. Ordonné prêtre en 1790, il exerça secrètement le saint ministère à Versailles. En 1796, il consentit à se charger de l'éducation de M. Sosthène de la Rochefoucauld, pour lequel il composa le *Mentor chrétien* ou *Catéchisme de Fénelon*, 1797. — Ses fonctions de précepteur ne l'empêchaient pas de se livrer à la prédication et à l'exercice du saint tribunal. Ses sermons ont été publiés en deux volumes in-12. Il prêcha plusieurs fois à la cour, refusa un évêché en 1817, et mourut en 1818, à l'âge de cinquante-trois ans.

M. Legris-Duval, et est un de ses titres de gloire devant les hommes comme devant Dieu.

Le beau caractère du curé de Vendières l'avait rempli d'estime pour lui, et les relations les plus amicales s'étaient facilement établies entre ces deux nobles cœurs. L'abbé Legris-Duval lui fit présent de la custode en argent dont il s'était servi à Versailles pendant la Terreur pour porter en cachette la sainte communion aux malades catholiques : précieux souvenir gardé comme une relique par le donataire pendant plus de quarante ans. Cette même custode, l'abbé Marprez l'a léguée par testament à M. Théodore Delabarre, curé-archiprêtre de Soissons, son exécuteur testamentaire. Ce dernier ne l'a pas eue longtemps en sa possession, lui-même n'ayant survécu que peu d'années à son premier bienfaiteur et ami. Par son testament il l'a léguée à l'église cathédrale de Soissons, qui la gardera à toujours avec un saint respect, en mémoire des trois vénérables prêtres qui l'ont possédée les uns après les autres, et dont les saints exemples ont édifié les chanoines leurs confrères et tous les fidèles de la paroisse.

## CHAPITRE XX.

Cependant Mgr de Beaulieu n'oubliait pas celui qu'il se plaisait toujours à appeler son fils premier-né (*filium meum primogenitum*). Le secrétaire de l'évêché, l'abbé Salandre, venait d'être promu à la cure de Château-Thierry. Pour le remplacer à Soissons, le prélat appela auprès de lui l'abbé Marprez (1ᵉʳ mars 1812).

Dans cette nouvelle fonction, l'abbé Marprez fut encore l'homme du devoir, et son bon sens lui fit apercevoir tout de suite la ligne de conduite qu'il devait suivre. Rien n'est plus assujettissant que la charge de secrétaire. Le curé a des moments et des journées libres, le secrétaire n'en a pas. La besogne le commande à chaque instant ; telle et telle expédition ne peut être reculée sans les plus graves inconvénients ; il faut prendre sur son repos, sur la nuit même pour achever ce qui est commencé. On n'a d'autre volonté que celle de l'évêque ou du vicaire général ; on est entre leurs mains un instrument souple et docile. Tel fut l'abbé Marprez. Ayant sa demeure dans le local même du secrétariat, il était toujours à la disposition de l'administration. Non-seulement il se trouvait exactement à son poste à l'heure fixée pour l'ouverture des bureaux et y restait jusqu'au moment de leur fermeture, mais toutes les fois que les affaires paraissaient le demander, il devançait ou prolongeait, de lui-même et sans hésitation, le temps ordinaire de ses séances. Le plus grand ordre régnait dans son cabinet, chaque chose y était à sa place, et les registres et la comptabilité parfaitement tenus. On regrette néanmoins qu'il ne lui soit pas venu à la pensée d'établir un registre spécial où, en trois ou quatre lignes, auraient été consignées sans exception toutes les nominations successives des prêtres du diocèse à une place quelconque. On y aurait trouvé les états de services authentiques des vicaires, des desservants, des chapelains, des aumôniers, etc., etc.; et aujourd'hui ces documents précieux seraient encore consultés avec certitude par ceux qui peuvent s'occuper de l'histoire diocésaine. C'eût été d'ailleurs le moyen de ne pas ensevelir dans un éternel oubli ces respectables confrères, nos prédécesseurs, qui, avant nous, ont travaillé à défricher la vigne du Seigneur, et, on peut le dire, à la sueur de leur front, et dans des temps bien plus difficiles que l'époque où nous vivons. Ce culte de nos ancêtres dans le sacerdoce a quelque chose de touchant, surtout quand la prière pour ces vénérés défunts se joint au souvenir de leur personne.

On peut d'autant plus pardonner cette omission à l'abbé Marprez, qu'il était réellement accablé par le courant des affaires.

Mais c'est une justice à lui rendre que, quelque pressé qu'il fût, il accueillait avec bonté tous ceux qui avaient à lui parler. Il est vrai que quelquefois il voulait qu'on s'expliquât en peu de mots, et qu'il répondait de même; mais en aucun cas il ne montrait de mauvaise humeur contre les personnes. La première éducation qu'il avait reçue dans sa famille et la bonne société qu'il avait fréquentée depuis, lui avaient rendu trop naturelle la pratique de la politesse, pour qu'il se laissât aller à y manquer tant soit peu. Son caractère était vif ; mais sa vivacité n'avait rien de blessant et qui fût contraire aux bons procédés en usage dans le monde comme il faut.

D'ailleurs, pensait-il, ne pas rudoyer un chrétien qui, se soumettant aux règles disciplinaires, vient solliciter une dispense de l'autorité ecclésiastique, — prendre la peine de donner un renseignement à celui qui en a besoin, — expliquer brièvement un point obscur de la législation et se mettre à la portée d'une faible intelligence, — tracer la marche que l'on doit suivre pour obtenir telle grâce : tout cela ne rentre-t-il pas dans les œuvres de miséricorde qu'un prêtre est heureux de pouvoir exercer à l'égard de son prochain ?

Et puis, n'est-il pas à désirer qu'un paysan, un homme du monde ne puissent sortir d'un bureau ecclésiastique sans se souvenir de la manière digne et affable avec laquelle ils ont été reçus, et sans se sentir pénétrés d'un plus grand respect à l'égard de tous ceux qui portent notre saint habit ?

Quand on a pris l'habitude de tout considérer au point de vue de la foi, il devient plus facile de combattre les inclinations moins parfaites de la nature, pour les rendre plus conformes aux préceptes évangéliques. Au reste, ces manières polies de l'abbé Marprez étaient d'autant plus appréciables que jusqu'à l'époque de l'organisation des chemins de fer et de leurs sages règlements d'intérieur, on ne rencontrait d'ordinaire dans les bureaux des diligences, des postes et de toutes les administrations, que des employés et des commis qui semblaient se croire d'une autre nature que le reste du genre humain, regardaient d'un air de hauteur et de mépris ceux qui se présentaient à leur guichet, et n'ouvraient la bouche que pour dire des paroles rudes ou impertinentes. — Ces traditions de mauvais aloi ont en grande partie disparu de la bureaucratie. Si quelques administrations routinières se sont obstinées à les conserver jusqu'ici, il est à croire que les justes plaintes du public les forceront bientôt à y renoncer pour jamais.

La perfection avec laquelle l'abbé Marprez remplissait ses fonctions, ses relations intimes et si douces avec M. de Bully, premier grand-vicaire, les témoignages de confiance que lui donnait chaque jour son Évêque, tout semblait faire présager qu'il ne quitterait plus la ville épiscopale. Toutefois, on n'était pas entièrement rassuré sur ce point. Après vingt années d'une vie active et au grand air, on craignait avec raison que le secrétaire général ne fût pas en état de demeurer longtemps enfermé dans un bureau sans compromettre sa santé.

Pour l'obliger à prendre de l'exercice, on lui avait donné à desservir deux villages voisins de Soissons : Billy et Vénizel; ce fut en vain. Cette vie, forcément sédentaire et trop constamment appliquée, faillit lui être funeste ; on le voyait de jour en jour changer et dépérir.

Mgr de Beaulieu aimait trop son secrétaire pour le laisser dans cette situation périlleuse. Au bout d'un an il lui proposa le doyenné de Flavy le Martel. L'abbé Marprez refusa ce poste honorable, préférant se rapprocher, comme simple desservant, de son ancien doyen, M. Mercier, pour lequel il avait une particulière vénération. Afin de faciliter cet arrangement, l'abbé Daguet (1) fut nommé doyen de Vailly, et M. Marprez lui succéda à la Ferté-Milon, en qualité de curé desservant, le 1$^{er}$ avril 1813.

(1) M. Daguet, né à la Ferté-Milon, après avoir longtemps dirigé le petit collége de cette ville, devint successivement curé de Saint-Nicolas, puis des deux paroisses réunies, celle de la ville et celle de la chaussée. Il fut curé doyen de Vailly, de 1813 à 1836. Nommé chanoine titulaire de la cathédrale, à l'âge de soixante-quinze ans, il mourut à quatre-vingt-dix ans, aimé et estimé de toute la ville de Soissons, qu'il avait constamment charmée par son amabilité et sa candeur.

## CHAPITRE XXI.

La Ferté-Milon, cette petite et intéressante cité qu'habitaient encore un certain nombre de familles remarquables par leur piété, la noblesse des sentiments et la distinction des manières, se trouvait alors dans une situation assez délicate. La paroisse Saint-Nicolas de la Chaussée montrait une jalousie bien prononcée contre celle de Notre-Dame, et réciproquement. L'animosité était dans tous les cœurs. L'esprit d'impartialité du nouveau curé, qui, en desservant tout seul ces deux églises rivales, s'attachait à faire toujours autant pour l'une que pour l'autre, son caractère conciliant mêlé à une certaine fermeté, pacifièrent bientôt les deux partis, à un tel point que les habitants de la ville ne firent plus de difficulté de fréquenter au besoin l'église de la Chaussée, et ceux de la Chaussée l'église de la ville. Aussi l'abbé Marprez fut également aimé dans les deux paroisses.

Il n'y avait pas encore un an qu'il était installé à la Ferté-Milon, lorsque le territoire français fut envahi par les armées de l'Europe entière, conjurée contre l'empereur Napoléon I<sup>er</sup> (1814.) L'effectif de cette sixième coalition, dans laquelle étaient entrés la Russie, la Prusse, l'Autriche, les États d'Allemagne, la Suède, le Danemark, la Hollande, l'Angleterre, l'Espagne et le royaume de Naples, se montait à plus d'un million d'hommes.

Dès le début de cette campagne, plusieurs corps ennemis furent dirigés vers Paris. La frayeur s'empara de toutes les villes environnantes ; chacun se hâta d'enfouir dans la terre ce qu'on avait de plus précieux. En février 1814, un détachement de l'armée prussienne se jeta sur la Ferté-Milon. Le curé courut personnellement les plus grands dangers : son presbytère fut envahi et pillé ; les Prussiens essayèrent d'y mettre le feu en plusieurs endroits ; on trouva des chandelles allumées sous son lit ; lui-même fut poursuivi par des soldats qui, le prenant à la gorge, l'étranglaient presque ; mais l'idée lui étant venue de dénouer tout à coup sa cravate, il la laissa entre leurs mains et parvint ainsi, en fuyant à toutes jambes, à se soustraire à leur fureur. Il trouva momentanément un asile au pensionnat de la famille Tribert, puis chez le chirurgien du lieu, M. Chevalier, son ami. Heureusement pour toute la localité, les Prussiens ne demeurèrent dans la ville que quelques jours.

Les affaires générales changèrent bientôt de face. Les armées coalisées occupèrent Paris ; Napoléon, le 11 avril 1814, se décida à signer son abdication au château de Fontainebleau. Le 12 du même mois, le comte d'Artois, nommé par Louis XVIII lieutenant général du royaume, faisait son entrée dans la capitale, et préparait les voies à son frère. La tranquillité fut rétablie partout, et le curé de la Ferté-Milon continua avec succès l'exercice de son ministère. Il eut la consolation de pouvoir y établir les religieuses dites de Charly (nommées depuis *Dames de Notre-Dame de Bon-Secours*), que venait de fonder la respectable madame Lecomte (1), avec l'aide et les conseils de l'abbé Fidon, curé-doyen de la bourgade où elle demeurait.

L'abbé Marprez avait toutes les qualités qui peuvent faire estimer et respecter un pasteur; néanmoins, pendant les huit années qu'il régit ses deux églises, il eut à supporter les contrariétés que peut avoir à subir tout prêtre qui prend à tâche de défendre les bonnes mœurs contre les attaques du libertinage. La fidélité à son devoir et son zèle furent d'abord récompensés par des chansons. Mais un jour on alla plus loin : un coup de fusil fut tiré contre lui par la fenêtre de la sacristie; la Providence le sauva du danger : la balle alla s'amortir contre une armoire, et le curé n'en reçut aucune atteinte.

Ces contrariétés, ces attaques sourdes ou ouvertes contre un soldat, élevé au sacerdoce et préposé à la garde des âmes, n'étaient pas ca-

(1) M. l'abbé Geoffroy, curé de Fresnoy-le-Grand (Aisne), et dont le talent est connu de tous, va prochainement publier la vie, les exhortations et les écrits de madame Lecomte, sous ce titre : *Esprit de madame Lecomte*, fondatrice de l'Institut de Notre-Dame de Bon-Secours, de Charly. Ce livre sera d'une grande utilité pour toutes les communautés religieuses.

pables de troubler le curé de la Ferté-Milon. Dans son appréciation, le meilleur pasteur n'est pas celui de qui les paroissiens peuvent dire : « Nous avons un excellent curé, il ne nous tourmente pas, il laisse chacun aller tranquillement son chemin. »

Mais s'il arrive un scandale, disait l'abbé Marprez, si des méchants se liguent pour détourner les autres des pratiques religieuses, si un prédicant étranger vient dénaturer la doctrine catholique, si un relâchement considérable s'introduit dans les mœurs, si l'autorité laïque veut empiéter sur les droits de la cure, si un instituteur ne remplit pas ses devoirs, est-ce que le curé ne doit pas intervenir pour éclairer, pour agir, pour résister, pour lutter et essayer de faire triompher la vérité et le bon droit? Et en effet, dans ces circonstances, le curé de la Ferté-Milon se montrait soldat courageux, comme en face de l'ennemi ou dans la mêlée d'un combat.

Ce n'est pas qu'il cherchât à susciter des querelles par pur esprit de contradiction, ou par une susceptibilité déplacée; — au contraire, il aimait la paix, et était disposé à faire des sacrifices pour l'obtenir, mais jamais aux dépens des principes : il ménageait les personnes, mais ne faisait pas bon marché des règles. Il n'entrait dans la voie des concessions que quand elles n'étaient pas au détriment de la religion.

Ce fut à la Ferté-Milon que Mgr de Villèle (1) eut occasion de remarquer pour la première fois l'abbé Marprez, qui le reçut dans son presbytère et lui offrit un déjeuner. Frappé de l'ordre et de la propreté qui régnaient dans toute sa maison, du bon ton de sa conversation, de la politesse et de l'air aisé de ses manières, en un mot, de son savoir-vivre, le prélat ne put s'empêcher d'en témoigner hautement sa satisfaction ; aussi, en lui faisant ses adieux, il lui promit ce que le modeste desservant était loin d'ambitionner : — le premier doyenné vacant.

(1) Mgr Guillaume-Aubin de Villèle, évêque de Soissons, était cousin de M. de Villèle, député et ministre des finances. C'est par erreur que l'*Ami de la Religion* a écrit un jour qu'il était frère du ministre. Mgr de Villèle, installé à Soissons le 1er octobre 1820, a été transféré en 1825 à l'archevêché de Bourges, où il est mort en 1841.

## CHAPITRE XXII.

M<sup>gr</sup> DE VILLÈLE ne tarda pas à trouver une occasion de récompenser le mérite du curé de la Ferté-Milon : le doyen de Vermand, l'abbé Dufour, entièrement découragé, à cause de ses infirmités et du peu de succès de son ministère, ayant cru devoir donner sa démission, pour se retirer dans sa famille à Saint-Quentin, M. Marprez fut choisi pour le remplacer (27 décembre 1821). Mais en lui remettant ses provisions, le bienveillant et gracieux prélat lui dit à demi-voix : « Allez, mais vous n'y resterez pas longtemps (1). » — L'abbé Marprez eût préféré conserver la cure de la Ferté-Milon; il n'accepta

---

(1) Il y a bien des années qu'il est passé en proverbe, qu'à Vermand les doyens sont immortels. En effet, de 1802 à 1860, il n'est pas mort un seul doyen dans ce chef-lieu de canton. »

Vermand que par déférence aux volontés de son évêque : sa maxime était : *Ne rien demander, ne rien refuser.*

Une rude épreuve lui était réservée pendant le trajet qui le conduisit à sa nouvelle résidence. La saison n'était guère favorable pour faire un déménagement; le chariot qui transportait ses meubles versa dans un fossé; quatorze chevaux purent à grand'peine l'en faire sortir; la majeure partie de ses effets fut, ou brisée par le choc, ou endommagée par la pluie qui ne cessait pas de tomber. La perte fut considérable; mais le nouveau doyen se trouva dédommagé par le bon accueil des habitants de Vermand.

Malgré la presque certitude de n'être au milieu d'eux qu'un curé temporaire, il agit comme s'il eût dû y rester jusqu'à la mort. En arrivant, il avait trouvé une église délabrée et dépourvue de tout. Son activité eut bientôt changé la face des choses. Le dallage fut renouvelé; il commanda successivement de nouveaux bancs à mesure qu'il en trouvait les places à louer; et, avec le revenu annuel de la location, il assurait des ressources à la fabrique. La sacristie fut pourvue de linges et d'ornements. L'édifice entier fut remis à neuf, et la propreté qu'il eut soin d'entretenir dans toutes les parties de la maison de Dieu contribua beaucoup à ramener aux saints offices nombre de personnes qui s'en étaient malheureusement éloignées. La dépense totale s'éleva à plus de 7,000 francs; mais le doyen était si fort du goût de tous ses paroissiens, que, soit par le moyen des quêtes faites à l'église et à domicile, soit par des offrandes spontanées, soit par le vote généreux du conseil municipal, la dette fut promptement soldée.

Tout en s'occupant de l'édifice matériel, l'abbé Marprez ne négligeait pas le soin des âmes. Il n'était sorte de moyens qu'il n'employât pour préparer leur retour à Dieu; et l'on vit, dans cette même année de son séjour à Vermand, des hommes bien connus auparavant par leur impiété ou leur indifférence en matière de religion rentrer peu à peu en eux-mêmes, en raison des bons procédés de leur curé, et arriver à Pâques, pleins de foi, à la table sainte pour y recevoir leur Dieu. C'est que, dans ses visites et dans ses fréquents rapports avec ses ouailles, l'abbé Marprez avait le secret d'être bon et aimable sans jamais rien perdre de sa dignité. On le respectait autant qu'on l'aimait ; — aussi, lorsque par l'ordre de son évêque il aura été forcé de quitter Vermand, il ne sera oublié ni par les habitants, ni par les desservants du canton ; et l'on verra de temps en temps les uns et les autres entreprendre tout exprès le long et pénible voyage de Château-Thierry, pour aller vénérer encore, dans son archidiaconé, leur ancien doyen, et recevoir ses conseils, toujours si pleins de sens et de raison.

Le moment approchait où l'obéissance allait rompre des liens si doux pour le pasteur et pour le troupeau.

Depuis un mois l'abbé Marprez était en proie aux douleurs les plus atroces, causées par une violente attaque de goutte, lorsqu'un jour M. de Bully arriva au presbytère sans y être attendu. Était-ce un ami qui venait apporter les consolations de la foi ? pas précisément ; — M. de Bully ignorait l'état de souffrance de son ami. — Mais le vicaire général venait de par l'évêque annoncer au doyen sa nomination de curé-archidiacre de Château-Thierry, par suite de la démission de l'abbé Salandre, appelé par l'archevêque de Paris à un poste de confiance (1).

Ainsi Vermand n'avait possédé que onze mois son bien-aimé doyen. Ce fut une consternation générale; on pleurait, on se lamentait; mais il fallut bien se résigner. Le maire (M. Crappier) voulut, par reconnaissance, rendre un dernier service à celui à qui il était redevable de son retour à Dieu; il se chargea de conduire lui-même à sa destination le nouvel archidiacre avec tout son mobilier. Ce voyage n'était pas sans danger pour l'abbé Marprez, qui était à peine transportable. Une grande inquiétude régnait également dans Château-Thierry. La renommée y avait déjà fait connaître la triste situation de l'archidiacre nommé, qu'on disait être dans un état presque

---

(1) Les archidiacres de Château-Thierry ont été, depuis le Concordat : 1802, M. Petit DeReimpré ; — 1814, M. Salandre ; — 1822, M. Marprez ; — 1834, M. Caby ; — 1853, M. Usson. — Les maires ont été : 1802, M. Houdet ; — 1806, M. Castelnault ; — 1810, M. Dutemple ; — 1811, M. Tannevot des Essarts ; — 1814, M. Dalican ; — 1816, M. Dutemple ; — 1820, M. Vol de Conantray ; — 1830, M. Poan de Sapincourt ; — 1835, le même M. Vol de Conantray. — 1848, M. de Gerbrois.

désespéré. Son arrivée dans la ville ne fit qu'augmenter les craintes, et causa une certaine agitation parmi ceux qui se trouvèrent sur son passage... Dans le fond de la voiture qui le transportait, on apercevait une figure pâle et allongée, des yeux caves et abattus...., un malade enfin qui ne pouvait presque pas se mouvoir..... et qu'il fallait se hâter de remettre dans son lit. Aussi, dans toute la ville, prophétisait-on sa mort prochaine (1).

(1) Le mot de l'entrepreneur des pompes funèbres est à citer : « En voilà un, dit-il, qui ne tardera pas à passer entre mes jambes, » faisant allusion aux tentures d'étoffes noires que l'on place sur les jambages de la porte de l'église.

## CHAPITRE XXIII.

La Providence avait sur Château-Thierry des desseins de miséricorde. La main divine qui frappe et afflige est la même qui console et guérit. L'abbé Marprez put prendre possession de son archidiaconé en décembre 1822; et, au bout de quelques semaines, il parut avoir recouvré son ancienne vigueur, et commença à se livrer à toute l'ardeur d'un zèle qui ne devait jamais se ralentir.

Le nouvel archidiacre suivit à Château-Thierry la même marche qu'il avait suivie à Vermand et à la Ferté-Milon : ses premiers soins se portèrent sur le temple matériel, sur les objets extérieurs du culte. L'église de Saint-Crépin, sans être absolument remarquable et sans pouvoir rivaliser par ses proportions et son architecture avec celle d'Essommes, sa voisine, n'en a pas moins une importance relative. L'abbé Marprez s'attacha à approprier et à embellir l'intérieur de l'édifice autant que la science architectonique de l'époque pouvait le lui permettre (1). Le maître-autel était en bois, il en substitua un autre en marbre. Une poutre énorme défigurait le chœur, il la fit disparaître. Il renouvela en partie le mobilier, acheta des ornements, et fit régner partout l'ordre et la propreté.

A un homme de goût comme l'abbé Marprez, un besoin se faisait surtout sentir. Les cloches de Saint-Crépin n'étaient pas dignes d'un chef-lieu d'arrondissement. L'archidiacre qui, dans sa jeunesse, avait eu la satisfaction d'ouïr de ses oreilles le célèbre carillon de Saint-Jean des Vignes de Soissons ; lui qui, en 1799, avait entendu la vibrante sonnerie des cloches de Mantoue ; lui qui, tout récemment encore, avait été si émerveillé de la nouvelle sonnerie de la

---

(1) Depuis, un de ses successeurs, M. l'abbé Usson, par une ingénieuse combinaison, a dégagé le chœur des boiseries qui dérobaient la vue de l'autel au public placé dans la nef, et l'empêchaient de suivre la suite des cérémonies liturgiques.

cathédrale de Soissons aux fêtes solennelles, voulait au moins doter son église de Saint-Crépin de quatre cloches d'une force convenable et d'une harmonie irréprochable. La dépense effrayait le conseil de fabrique ; la restauration de l'intérieur de l'église avait épuisé toutes les ressources. Mais de quoi ne vient-on pas à bout avec un zèle actif et persévérant ? Le curé se chargea lui-même de recueillir les fonds nécessaires à l'exécution de son pieux dessein ; il se présenta en personne dans toutes les maisons de la ville et jusque dans les hameaux ; par son air affable et ouvert, par ses manières engageantes, il détermina tous les paroissiens à rehausser par quelques sacrifices la majesté et la pompe des solennités religieuses : 11,000 francs d'offrandes volontaires furent le magnifique résultat de sa quête à domicile. Aussitôt, quatre cloches furent fondues. Malheureusement, l'oreille délicate et exercée de l'archidiacre remarqua ce dont personne ne s'était aperçu : la justesse du son laissait quelque chose à désirer ; sur-le-champ et sans hésiter, il fit casser et refondre les cloches que l'art réprouvait, et, grâce à son goût difficile, Château-Thierry possède maintenant une sonnerie que les pays d'alentour lui envient.—L'archidiacre en fut si satisfait, que, en véritable amateur, il allait quelquefois sur les montagnes voisines et se couchait à terre pour jouir à son aise des sons harmonieux des cloches de son église.

Quant aux offices, la règle invariable qu'il établit et de laquelle il ne se départit jamais, fut de *les commencer toujours à une heure fixe,* sans les retarder d'une seule minute, sous quelque prétexte que ce fût : lui-même donnait l'exemple de l'exactitude en arrivant le premier ; et par là il habituait ses vicaires et tous les employés de l'église à n'être jamais en retard. Les fidèles, de leur côté, remarquant la ponctualité de leur curé, et sachant bientôt par expérience qu'on ne les attendait pas, mais que le dernier coup de cloche était, comme dans une cathédrale, le signal irrévocable de l'office, prenaient l'habitude de se hâter, et se faisaient un point d'honneur d'être à leur poste quand le chant commençait.

Persuadé qu'un des devoirs les plus essentiels pour un curé, c'est le soin de la jeunesse, il mettait la plus grande importance à faire lui-même et à faire faire les catéchismes. Il s'y croyait d'autant plus obligé, que les enfants, une fois qu'ils ont fait leur première communion, se montrent d'ordinaire peu soucieux de continuer à étudier la religion.

Afin d'établir leur instruction religieuse sur une base solide, l'abbé Marprez exigeait impérieusement qu'ils sussent parfaitement toute la lettre du catéchisme diocésain (1), sans en passer une seule ligne. Puis, pour les mettre presque dans l'impossibilité d'oublier jamais ces notions du christianisme, si admirablement résumées dans ce livre élémentaire, il faisait souvent répéter à la suite les chapitres appris précédemment, et qui avaient déjà été récités plusieurs fois.—Pour les moins intelligents, il insistait particulièrement sur les actes du chrétien, les actes de la communion et les vérités les plus essentielles renfermées dans le petit catéchisme.

Mais, soit pour les enfants plus âgés, soit

---

(1) M. Marprez avait vu tous les curés d'avant la Révolution faire apprendre exactement, et faire réciter *uno tenore* les demandes et les réponses de chaque chapitre.

pour les moins âgés ; le curé de Château-Thierry avait grand soin de s'assurer qu'ils comprenaient les mots et les phrases de chaque leçon. A ce dessein, il les faisait parler tour à tour et soutenait leur attention par maintes interrogations et sous-demandes qui piquaient leur curiosité. On ne s'était pas encore avisé de faire au catéchisme des sermons de vingt-cinq à trente minutes, que les enfants ne peuvent ni suivre, ni retenir.

Le synode de Reims tenu par Mgr Gousset en 1850, établit les vrais principes sur la matière des catéchismes et sur l'âge des enfants qui doivent y être admis : « Statuimus ut, saltem diebus dominicis, *omnes pueri* utriusque sexus, *in quibus jam apparet usus rationis,* fidei rudimenta et obedientiam erga Deum et parentes diligenter ab iis, ad quos spectat, edoceantur. Quum autem munus istud incumbat potissimum animarum rectoribus, parochis et capellanis, hos omnes et singulos teneri volumus et declaramus, cunctis diebus dominicis, hora commodiori, diœcesis catechismum exponere, aut exponendum per vicarium aut alium clericum curare sibi subditis *pueris et juvenibus*, quorum et ANIMO et MEMORIÆ *præcipua illius capita* INCULCARI SATAGENT. » (Synod. Remens. anno 1850, chap. XI.)

Le concile de Paris prescrit aussi aux curés de catéchiser les enfants *dès le bas âge* : Pueros *a teneris annis*, nec solum quum ad primam synaxim præparandi erunt, sed etiam *multo ante*, ad catechesim convocent ac paterne suscipiant. (Concile de Paris en 1849.)

Mais si l'intelligence des jeunes enfants a besoin d'être initiée aux mystères de la foi, d'un autre côté, il faut se rappeler que leur cœur recèle le germe de toutes les passions, et qu'on doit de bonne heure les prémunir contre leurs attaques. Or, c'est par la piété et les pratiques religieuses qu'on réussira à conserver longtemps leur innocence, et qu'on les formera peu à peu aux vertus de leur âge. Aussi l'abbé Marprez surveillait avec un amour de mère ces petits enfants qui sont pleins de bonne volonté pour donner à Dieu leur cœur et observer ses commandements. Voilà pourquoi il appela de tous ses vœux la pieuse et philanthropique fondation de Frères pour l'instruction de la jeunesse. En attendant, il y suppléait de son mieux par des visites aux écoles et aux parents.

Il ne négligeait jamais de se conformer par rapport aux enfants à l'ancien usage, encore en vigueur dans le diocèse, de les confesser *une fois par an*, dès qu'ils avaient atteint l'âge de discrétion. — Depuis, sous Mgr de Simony, ont été publiés (1837) de nouveaux statuts diocésains qui prescrivent avec raison de confesser les enfants au moins *quatre fois chaque année*. « Il est d'une extrême importance, dit le prélat, de les accoutumer de bonne heure à fréquenter les sacrements. La confession contribue efficacement à les conserver dans l'innocence, ou à rompre les habitudes vicieuses qui autrement prendraient racine dans leur cœur. » Aussi le synode tenu par Mgr de Garsignies en 1854 ordonne-t-il de *préparer les enfants à recevoir l'absolution, même avant l'époque de leur première communion,* afin de les faire rentrer en grâce avec Dieu, s'ils avaient eu le malheur de l'offenser grièvement :

« Pueri usum rationis adepti *ter aut quater in anno ad sacrum tribunal vocentur ;* si autem aliquos deprehenderit confessarius jam peccati mortalis labe contaminatos, eos quamprimum ad absolutionem disponat, nec exspectet donec ad primam communionem admittantur. » (Synodus Suess., anno 1854, cap. xiv, n. 23.)

En enseignant ainsi le catéchisme aux enfants et en conservant leur cœur pur, l'abbé Marprez les préparait admirablement à la plus grande action de leur vie, la première communion.

On se plaint avec raison qu'aujourd'hui même, en matière de religion, l'ignorance est profonde chez la plupart des personnes du monde. Il faut sans doute en rejeter la faute sur le manque d'instruction religieuse. Car il est probable que si les enfants, *depuis l'âge de sept ans* jus-qu'à quatorze ans, étaient soigneusement catéchisés, confessés et formés à la piété, ils auraient une solide instruction religieuse, et que l'on en verrait un plus grand nombre continuer à fréquenter les sacrements et à suivre les offices des dimanches et fêtes (1).

(1) En Savoie, on fait le catéchisme aux enfants quatre ans avant leur première communion et encore quatre ans après. — De plus, les prônes des dimanches sont de vrais catéchismes. Les curés ont la facilité et l'habitude de poser des questions auxquelles les assistants tiennent à honneur de répondre. — Nous avons en France quarante mille prêtres, et cependant l'enseignement religieux est presque sans résultat! On

L'abbé Marprez sentait parfaitement l'utilité des catéchismes de persévérance (1), tels qu'ils sont aujourd'hui établis dans beaucoup de paroisses. Mais alors la chose n'était pas facile à introduire, Il restait tant de préjugés à vaincre, chez des hommes témoins des scandales, des profanations et des apostasies de la Révolution ! C'était déjà beaucoup d'obtenir que des parents dépourvus de convictions religieuses, confiassent à un prêtre leurs enfants pendant les deux années de préparation à la première communion.

A l'époque du premier Empire, sous l'épiscopat de Mgr de Beaulieu, des tentatives furent faites dans la cathédrale de Soissons pour réunir les enfants qui avaient été admis à la table sainte l'année précédente. Le premier

---

pèche donc par la méthode : car les catéchismes se font partout très-régulièrement. Mais, au sortir des catéchismes, les enfants comprennent-ils les articles du symbole ? possèdent-ils bien les preuves de la religion ? savent-ils clairement ce qui est ordonné ou défendu par les commandements ? sont-ils exercés à répondre aux principales objections qu'ils entendront faire contre la religion ? etc.

(1) Prima communione peracta, *omni ope atque industria* charitatis, et puellas et juvenes ipsos rursus advocare enitantur, et in addiscenda magis in dies doctrina christiana, in sacramentis frequentandis, in pietate excolenda, fideliter perseverare adhortentur. (Concile de Paris en 1849.)

dimanche de l'ouverture du catéchisme de persévérance, vingt garçons seulement s'y trouvèrent réunis ; le dimanche suivant on en comptait cinq de moins. Quinze jours après un seul persévérant se présenta. Et M. l'abbé Étienne Lefèvre, aujourd'hui chanoine titulaire et alors diacre, montra un zèle si grand et un si admirable dévouement, que, chaque dimanche jusqu'à la fête de l'Assomption de la sainte Vierge, c'est-à-dire pendant neuf mois entiers, il vint à la cathédrale expliquer d'une manière fort intéressante les preuves de la religion à son seul et unique auditeur (1). Néanmoins, cette persévérance du digne catéchiste n'attira pas un enfant de plus à ses doctes et paternelles leçons, tant les parents étaient alors peu désireux que l'on donnât à leurs enfants une instruction religieuse plus étendue !

(1) Dix ans après, cet enfant a été honoré du sacerdoce. Devenu ensuite chanoine titulaire de Soissons, il a vu arriver avec bonheur, au même chapitre de la cathédrale, son ancien catéchiste, qui lui sert encore chaque jour de modèle dans l'accomplissement des devoirs canoniaux.

## CHAPITRE XXIV.

Quoique, en arrivant à Château-Thierry, l'abbé Marprez eût plus de cinquante ans, et vingt ans d'exercice du ministère, il continua à écrire ses sermons et à les apprendre par cœur. On l'écoutait volontiers, pour deux raisons : il était court, et il se mettait à la portée de son auditoire, parlant toujours très-clairement, et traitant les vérités au point de vue pratique. — Le peuple, avec son gros bon sens, n'est jamais sympathique ni à la métaphysique qui se perd dans les nues, ni à cette éloquence filandreuse qui obscurcit tout en allongeant indéfiniment son argumentation ou ses considérations, au risque de faire fuir les auditeurs ou d'en diminuer singulièrement le nombre. Le curé sans doute est dans son droit s'il veut prêcher tout seul, pourvu qu'il mette tous ses soins à remplir dignement cet important ministère « Jus habet parochus per seipsum, si velit, prædicationis munus obire, » dit M. Bouix.

Quant à l'abbé Marprez, il ne voyait aucun inconvénient à faire entrer en tour ses vicaires pour le ministère de la parole. Les condamner au mutisme pendant leur stage auprès de leur archidiacre, lui eût paru un procédé trop étrange et tout à fait contraire à l'usage, à l'esprit de l'Église, et à l'intention de l'évêque, qui veut que les anciens initient peu à peu les jeunes prêtres à toutes les fonctions du ministère pastoral (1) : seulement, dans leur intérêt et dans celui de ses ouailles, il tâchait de leur persuader de travailler sérieusement leurs instructions, de ne pas avoir la présomption de croire qu'ils feront d'excellents sermons s'ils attendent au dernier moment pour les prépa-

---

(1) Parochos monemus ut vicarios honorent ut Christi sacerdotes, diligant ut fratres, sublevent ut cooperatores, et præcipuam sollicitudinis ac *laboris partem* libenti animo amplectantur. — *Juniores* præsertim sacerdotes sedula ac paterna foveant charitate, ipsosque ecclesiasticarum virtutum exemplis, et longioris experientiæ consiliis, *ad munia rite obeunda* informent. (Concile de Paris, 1849.)

rer (1) ; qu'il ne faut pas tenter Dieu, et qu'une trop grande confiance en ses talents naturels est souvent punie par la sécheresse et la stérilité du ministère de la parole. Ensuite il exigeait généralement que ses vicaires lui communiquassent leurs instructions avant de les prononcer en public (2). Une diatribe assez maladroite débitée un jour, sous son prédécesseur, par un vicaire inexpérimenté, ayant causé une certaine émotion dans la ville, avait déterminé M. Salandre à prendre cette sage mesure, que conserva religieusement son successeur.

L'abbé Marprez connaissait trop bien les lois qui l'obligent à instruire son peuple pour souffrir quelque négligence sur ce point important, il se rappelait et rappelait à ses vicaires et aux prêtres de son doyenné les prescriptions du saint concile de Trente : « Les curés

---

(1) Labor ingens concionibus publice ad populum habendis impensus. — Nam si is forte magna dicendi vi præditus, ne sic quidem ab assiduo labore expedire se potest. (S. Chrysost.)

(2) On voit souvent les jeunes prêtres aborder des sujets délicats qu'oseraient à peine traiter les anciens du sacerdoce. Ils adressent aussi de durs reproches aux assistants, d'un air assuré et hautain, tandis qu'ils ne devraient se faire remarquer que par leur timidité, leur réserve et leur modestie.

et tous ceux qui ont à gouverner des églises paroissiales ou qui ont charge d'âmes, auront soin, au moins tous les dimanches et les fêtes solennelles, de pourvoir par eux-mêmes ou par d'autres personnes capables, s'ils en sont légitimement empêchés, à la nourriture spirituelle des peuples qui leur sont confiés, selon la portée de chacun, leur enseignant ce qu'il est nécessaire à tous de savoir pour le salut, leur parlant brièvement, et en termes clairs, des vices qu'ils doivent éviter et des vertus qu'ils doivent pratiquer, pour échapper aux peines éternelles et obtenir la gloire céleste. Que si quelqu'un néglige de s'en acquitter, les évêques ne doivent pas laisser d'y étendre leurs soins et leur vigilance pastorale, de peur que ces paroles ne se vérifient : *Les petits enfants ont demandé du pain, et il n'y avait personne pour leur en rompre*. Si donc, après avoir été avertis par l'évêque, ils manquent *pendant trois mois* à s'acquitter de ce devoir, ils y seront contraints par les censures ecclésiastiques ou par d'autres voies, selon la prudence de l'évêque, tellement que, s'il le juge à propos, il sera pris sur le revenu des bénéfices une rétribution honnête pour celui qu'on chargera d'en remplir les fonctions, jusqu'à ce que le titulaire lui-même, reconnaissant sa faute, s'acquitte de son propre devoir : *Ubi ab episcopo moniti trium mensium spatio muneri suo defuerint, per censuras ecclesiasticas, seu alias, ad ipsius episcopi arbitrium cogantur.....* (Sess. V. *De reform.*, cap. 2.)

L'abbé Marprez montrait encore à ses jeunes confrères cette décision terrible qu'il avait trouvée dans les Conférences d'Angers : « Un curé qui ne prêche presque jamais ou rarement seulement, est dans l'habitude de péché mortel (1), et aucun prêtre ne peut l'absoudre sans se rendre complice de son péché, et le prendre sur soi-même. Nous ne craignons pas, continue le conférencier, d'être démenti sur ce point par aucun théologien, du moins que nous sachions. L'Écriture, les Pères, les con-

---

(1) Est sententia communiter recepta, GRAVITER PECCARE parochum, qui sive per *unum mensem continuum,* sive PER TRES MENSES NON CONTINUOS, nec per se, nec per alios prædicat, (BOUIX *De parocho.*)

Ad officium parochi pertinet parochianos suos in doctrina christiana erudire ; et sic MORTALITER PECCABIT parochus qui nimium negligens fuerit in hujusmodi doctrina christiana edocenda. (BARBOSA.)

ciles, tout parle, et effraye ces pasteurs muets, qui n'osent ouvrir la bouche. »

« Nous portons le même jugement d'un curé qui ne ferait que lire le prône. Ce ne fut jamais là prêcher, et un curé est tenu de le faire. »

Depuis, les conciles ne se sont pas exprimés moins clairement.

Le synode, tenu à Soissons en 1854 rend les doyens responsables des manquements des curés par rapport à la prédication : « Si qui vero huic gravissimo muneri desint, sciant Decani sui esse delinquentes primo monere ; et, si non corrigantur, nobis deferre, etiam *pœnis canonicis,* si opus sit, ad officium suum *compellendos.* »

Le concile de Paris en 1849 est encore plus sévère ; il déclare suspens le curé qui, dans le cours d'une année, se sera abstenu de prêcher *pendant treize dimanches continus ou non continus :* « Contra eos qui per tredecim dominicas in anno sive continuas sive interruptas, illud neglexerint, *pœnam suspensionis decernimus.* »

Si l'abbé Marprez trouvait dans son doyenné quelque curé qui, soit par timidité, soit par défaut de mémoire ou de capacité, ou par l'effet d'une longue, déplorable, et inexplicable habitude, ne fût plus en état de porter convenablement la parole devant le peuple, il le pressait, il le conjurait de remplacer du moins la prédication par un catéchisme ou par une lecture faite posément, distinctement, et accompagnée autant que possible d'un court commentaire ou d'une glose à la portée du peuple (1).

C'est ainsi que, par ses exemples et ceux de ses vicaires, l'archidiacre de Château-Thierry maintint, autant qu'il était en lui, les vraies doctrines concernant l'obligation de la prédication, parmi tous les curés dont il était le chef officiel ou plutôt le père.

(1) C'est ce que les statuts diocésains ont prescrit depuis : *Nous enjoignons* à tous curés et desservants de faire, à la messe paroissiale, tous les dimanches, lecture au moins de l'Evangile. *Cette lecture sera suivie d'une instruction* courte, proportionnée à l'intelligence des paroissiens, et propre à l'édification du peuple. — On pourra substituer à l'instruction un catéchisme raisonné. — Celui qui, par défaut de temps, de mémoire ou de talent, ne peut parler en public, suppléera à la prédication en faisant distinctement et posément lecture ou de ce qu'il aura écrit lui-même, ou de quelques-uns des livres les plus propres à instruire et à édifier. (*Statuts du diocèse de Soissons*, 1837.)

# CHAPITRE XXV.

L'abbé Marprez ne se bornait pas à nourrir ses ouailles du pain de la parole, il s'efforçait de ne pas laisser manquer du pain matériel les nécessiteux de sa paroisse. La confiance qu'il inspirait le rendait souvent le dépositaire et le dispensateur de nombreuses aumônes. Il y ajoutait toujours de nouvelles ressources en puisant largement dans sa propre bourse. Plus d'une fois, lorsque les besoins lui parurent fort pressants, il lui est arrivé de donner jusqu'à sa dernière pièce de cinq francs. Il répétait souvent qu'on n'est pas curé pour amasser de l'argent ou acquérir des biens, ni pour enrichir de ce qui vient de l'autel ses parents ou ses héritiers, ni pour briller par le luxe de son ameublement ou la somptuosité de sa table. De tous les revenus et droits qui sont attribués au curé en raison de sa charge pastorale, après qu'il en a été distrait ce qui est nécessaire pour sa nourriture, son entretien, la tenue de sa maison, selon les convenances de sa position, ou pour exercer une charitable hospitalité, ou en vue d'une sage prévoyance pour l'avenir, ce qui reste, disait-il, doit être employé au soulagement des pauvres et des malades, ou à d'autres bonnes œuvres. Tel est l'esprit de l'Église; telles sont les prescriptions des saints canons (1).

---

(1) On sait que les biens possédés par les clercs peuvent être compris sous la dénomination de *biens ecclésiastiques* et de *biens patrimoniaux*.

1° Les *biens ecclésiastiques* sont maintenant en France le traitement fait par le gouvernement, en compensation des biens du clergé, vendus, à la Révolution, par la Nation et à son profit. Quelques théologiens regardent aussi comme biens ecclésiastiques les suppléments de traitement votés par les communes. — Après que les clercs, curés, chanoines, etc., ont pris sur ces biens ce qui leur est nécessaire pour leur honnête entretien, le superflu doit être employé soit en aumônes, soit en œuvres pies.

2° Les *biens patrimoniaux* sont ceux qui viennent de la famille, par héritage, donation, etc., et qui ordinairement retournent à la famille. — Les clers ont la libre disposition des *biens patrimoniaux*. — Il en est de même de ceux qu'on appelle *quasi patrimoniaux*, c'est-à-dire de ceux acquis par une industrie personnelle, étrangère au ministère

Aussi, l'abbé Marprez éprouvait une tristesse profonde lorsqu'il entendait dire qu'un prêtre était mort riche, que ses coffres avaient été trouvés remplis d'argent et de billets de banque ; que la succession de l'un était évaluée à près de 100,000 francs ; qu'un autre, sans avoir songé à faire des œuvres pies, à s'assurer des prières, laissait à des parents éloignés qu'il connaissait à peine, une fortune de 600,000 francs ! De tels héritages lui parais-

---

ecclésiastique. — On peut également disposer des *biens parcimoniaux*, c'est-à-dire ceux que l'on déduit de son bénéfice, en vivant avec plus d'économie qu'on ne le fait communément, et en se refusant ce que l'on pourrait s'accorder très-légitimement.

Enfin, il y a encore une autre sorte de biens qu'on appelle *quasi ecclésiastiques*. Ce sont les rétributions et honoraires reçus à l'occasion de quelque fonction ecclésiastique que l'on remplit sans y être tenu en vertu d'un bénéfice, comme les honoraires de messes et des prédications, et aussi tout ce qu'on appelle le *casuel*, accordé en vertu d'un service personnel non obligatoire. — Quoique le clerc en ait la libre disposition, il doit paraître convenable que ce qui vient de l'Eglise retourne à l'Eglise, à moins que les parents du prêtre ne soient dans le besoin.

« Certum est quod beneficiarii tenentur *sub mortali* reditus superfluos suæ sustentationi in usus pios aut in pauperes elargiri. » (S. LIGUORI.)

« Parum refert utrum quis damnetur ad inferos quia peccavit contra justitiam, an vero quia peccavit contra charitatem, non bene distribuendo facultates suas ecclesiasticas. » (BELLARMIN.)

« Omnino (clericis) interdicit ne reditibus ecclesiæ consanguineos familiaresve suos augere studeant. » (*Concile de Trente.*)

saient un scandale et un déshonneur pour le sacerdoce !

N'y a-t-il pas toujours dans une paroisse, dans un arrondissement, dans un diocèse, quelque fondation à faire pour l'utilité de la société ? N'y a-t-il pas des orphelins à recueillir, des sourds-muets et des aveugles à instruire, des malades à soigner et à préparer au redoutable passage de cette vie à l'éternité ?

Et, quant aux œuvres purement spirituelles, si l'on jouit d'une grande aisance, si l'on a fait d'importantes économies... ne peut-on pas contribuer à fonder, par exemple, l'œuvre des Missions (1), pour faire donner, à des époques

(1) « Depuis longtemps les missions sont connues dans l'Église, et elles y ont fait de grands biens. Les pasteurs locaux n'ont pas toujours les moyens de s'accréditer dans leurs paroisses ; mais, indépendamment de tout fait particulier, il résulte de la commune expérience qu'il est des désordres auxquels les pasteurs ordinaires ne peuvent porter remède. Les pasteurs sont les hommes de tous les jours et de tous les instants ; on est accoutumé à les voir et à les entendre ; leurs discours et leurs conseils ne font plus la même impression. Un étranger qui survient, et qui, par sa situation, se trouve en quelque sorte dégagé de tout intérêt humain et local, ramène plus aisément les esprits et les cœurs à la pratique des vertus. De là s'est introduit l'usage des missions qui ont produit, en différentes occurrences, des effets aussi heureux pour l'État que pour la religion. » (*Rapport du ministre des cultes, Portalis, à Napoléon I$^{er}$, le 4 août 1806.*) — Dans le diocèse de Soissons, une ordonnance épiscopale règle qu'il y aura une mission tous les dix ans dans chaque paroisse.

régulières, des retraites paroissiales, sans causer trop de frais au pasteur de la localité, et même en facilitant au missionnaire le moyen de payer au curé sa pension alimentaire? Ne peut-on pas établir une école de Sœurs religieuses ou de Frères des écoles chrétiennes, ou une maison de garde-malades, ou un hôpital de Petites Sœurs des pauvres? Ne peut-on pas assurer à perpétuité des bourses dans un orphelinat, dans un grand ou dans un petit séminaire, ou bien laisser des fonds pour les pauvres honteux, ou pour les œuvres admirables (1) de la Propagation de la foi, de la Sainte-Enfance et des Écoles d'Orient? N'est-ce pas celui qui est revêtu du sacerdoce qui doit pouvoir se dire avec vérité : *Oculus fui cæco, et pes claudo. Pater eram pauperum.* (Job. XXIX, 15.)

(1) Une autre OEuvre bien intéressante que n'a pas connue l'abbé Marprez, mais qui aurait eu toutes ses sympathies, a été récemment organisée sous la présidence de Mgr l'évêque de Soissons : c'est l'OEUVRE DE L'ADOPTION DES ORPHELINS qui se charge de l'éducation des jeunes enfants privés de père et de mère. Ceux que l'OEuvre a adoptés sont élevés jusqu'à l'âge de huit ans dans des familles chrétiennes ; à partir de cet âge, on les forme, dans l'abbaye de Prémontré, aux travaux de la vie agricole. — La souscription annuelle n'est que de 50 centimes : bien faible sacrifice que bientôt chaque bon chrétien voudra s'imposer.

Avec quel calme et quel doux sentiment d'espérance mourrait un ecclésiastique, un curé qui auraient employé à quelques-unes des bonnes œuvres que nous venons d'énumérer le superflu des revenus de la cure ou de leurs propres économies !

Et au contraire, un ministre du Seigneur pourrait-il songer sans frémir à cette parole de Jésus-Christ : « J'ai eu faim, et vous ne m'avez pas donné à manger, etc. »

« Esurivi, et non dedistis mihi manducare ; sitivi, et non dedistis mihi potum ; hospes eram, et non collegistis me ; nudus, et non cooperuistis me; infirmus et in carcere, et non visitastis me. » (Matt. xxxv, 42.)

A l'exemple des saints, l'abbé Marprez n'a jamais rien amassé. Il employait tout son superflu à l'avantage du prochain. Et non-seulement son argent, mais sa maison même étaient à la disposition des nécessiteux. Pendant plusieurs années, il recueillit chez lui une femme fort âgée dont les infirmités pouvaient inspirer de la répugnance. S'il mit à son admission la condition qu'elle ne s'occuperait jamais de la préparation des aliments, c'est qu'il devait ces égards aux nombreux confrères qui demandaient fréquemment à partager ses modestes repas.

Partout où il a exercé les fonctions de curé, son presbytère a été ouvert à tous les ecclésiastiques en voyage ; il les recevait comme des frères, et témoignait sa peine à ceux qui n'osaient pas profiter de son aimable et cordiale hospitalité.

Les séminaristes même de ses anciennes paroisses, l'abbé Marprez les invitait généreusement à venir passer chez lui une partie de leurs vacances ; il faisait pour eux, dans l'occasion, des sacrifices qui étaient au-dessus de ses forces, leur donnant jusqu'à plusieurs centaines de francs pour fournir à leur entretien ou pour les aider à payer leur pension. Et quand il avait une fois adopté quelqu'un, il ne l'abandonnait plus. Sa bourse, comme son cœur, lui était toujours ouverte.

Ayant reçu de Dieu des inclinations si généreuses, les *ladres* étaient pour lui un mystère qu'il ne pouvait comprendre. « Avoir et ne rien donner, répétait-il quelquefois avec un profond sentiment de tristesse, entasser dans un coffre économies sur économies, trésors sur trésors, revenus sur revenus, quelle déplorable habitude ! quel méprisable système ! Avoir et ne rien donner ! un prêtre être avare !... un curé être un homme d'argent !... *Stulte*, ajoutait-il avec force, en répétant les paroles de l'Évangile, *stulte, hac nocte animam tuam repetunt a te. Quæ autem parasti, cujus erunt?* (Luc xii, 20.) Tu seras la risée de tes héritiers. Ils s'enivreront sur ton cercueil ! ils plaideront pour ne pas mettre une pierre sur ta tombe ! ils se serviront de ce qui vient de l'autel pour commettre de nouvelles iniquités contre le Seigneur. «

La disposition que l'abbé Marprez avait à donner ne le rendait pas avide à recevoir. Persuadé qu'un ecclésiastique doit tout faire pour se conserver la liberté de parler et d'agir selon sa conscience, et que l'acceptation des faveurs des personnes opulentes enchaîne cette liberté, c'était toujours avec une certaine répugnance qu'il recevait pour lui-même un présent ; et il s'est plus d'une fois félicité d'avoir pu les refuser, en faisant adroitement agréer ses excuses.

## CHAPITRE XXVI.

Au détachement des biens de ce monde, l'abbé Marprez joignait le détachement et l'abnégation de sa personne. Un curé, dans sa pensée, ne s'appartient plus. — Il doit être tout entier à ses ouailles, la nuit comme le jour, et leur sacrifier au besoin tous ses moments et sa vie même, si la charité le demandait. *Ego autem libentissime impendam et superimpendar ipse pro animabus vestris.* (II Cor. xii, 15.) Aussi regardait-il comme un des plus essentiels devoirs de la charge pastorale, la visite des malades. A moins d'une impossibilité absolue, il ne se déchargea jamais de ce soin sur personne. Il les visitait lui-même chaque jour.

Sa foi lui découvrait dans un malade une âme qui n'est séparée que par un point d'une éternité bienheureuse ou d'une éternité malheureuse. La visite du pasteur peut la sauver, comme sa négligence et son apathie seront peut-être la cause de sa damnation. Le curé répond devant Dieu de toutes les âmes de sa paroisse. Quel terrible compte à rendre! Quelle responsabilité, si un malade meurt sans confession!

Un pasteur qui ne visiterait pas les malades pourrait être juridiquement dénoncé à l'autorité épiscopale, et dépossédé de sa cure. (Voy. les *Analecta juris pontificii*, p. 1767.)

Si au contraire le curé pouvait avoir le bonheur de réconcilier un pécheur et de lui procurer l'entrée du ciel, quel ami, quel puissant intercesseur n'aurait-il pas auprès de Dieu!

Ce fut surtout durant l'épidémie de 1832 que l'on admira la charité, le courage et le dévouement de l'archidiacre de Château-Thierry. On le trouvait partout, consolant par ses paroles et aidant de ses aumônes. L'abbé Marprez redoutait réellement le choléra, que l'on croyait alors contagieux comme la peste; mais cette frayeur naturelle et involontaire n'eut aucune influence sur sa conduite. « La place d'un soldat, disait-il, est sur le champ de bataille, et celle d'un curé est au lit des mourants. » — Une fois même, un moribond, les lèvres écumantes et le corps tout contracté par les crampes et les convulsions, lui saisit subitement la main et la pressa dans les siennes pendant tout le temps que dura sa confession ; le bon pasteur resta calme, et ne tenta aucun effort pour se soustraire à ce contact, qui pouvait, croyait-on, lui inoculer la maladie et le conduire à la mort.

L'archidiacre trouvait accès dans toutes les maisons, aucune porte ne lui était fermée, parce qu'il n'était pour personne un inconnu, un étranger. Son arrivée chez un malade n'était pas nécessairement l'annonce d'une mort prochaine. C'était la visite d'un ami, d'un père, que l'on avait vu plus d'une fois déjà, et dont on savait apprécier l'excessive bonté. Et en effet, se faisant tout à tous, comme l'Apôtre, pour les gagner tous à Jésus-Christ, il avait l'usage de visiter chaque semaine quelques-uns de ses paroissiens. Il ne dédaignait pas même de s'asseoir de temps en temps à la table des personnes du monde (1). Mais il n'oubliait pas pour cela les maximes des Pères et les règles tracées par les canons (2). C'était toujours pour lui une occasion de faire honorer la religion, de détruire quelques préjugés, d'inspirer de bons sentiments, et de préparer de loin la conversion de ceux qui le recevaient. Parmi les personnes de la société qu'il avait pour habitude de fréquenter, toutes ne pratiquaient pas la religion, quelques-unes même avaient à peine la foi ; et cependant il s'attachait à entretenir avec elles les meilleurs rapports, les comblait de politesses, toujours dans le but secret de les ramener un jour à Dieu, à force d'amabilités. Et en effet, le moment fatal était-il arrivé, un coup d'œil bien amical, un mot affec-

---

(1) La famille Tribert, mesdemoiselles Soyer et Desprez, la famille Vol de Conantray, le colonel Malherbes, la vicomtesse Dumoulin, madame des Courtils, mademoiselle Marchais, etc.

(2) Vocati ad convivium, modeste, temperanterque se gerant, memincrintque verborum beati Hieronymi ad Nepotianum : —facile contemnitur clericus qui sæpè vocatus ad prandium, ire non recusat. Nunquam petentes, raro accipiamus rogati — Denique, ita se in conviviis sive suis sive aliorum habeant, ut a conviviis, ad obeunda ea quæ occurrere possint sui muneris sacra negotia non sint imperati. (Synod. de Saint-Omer en 1583.)

tueux, suffisaient pour les déterminer à recevoir les sacrements : — « Colonel (1), nous avons une âme à sauver, » dit-il à un officier de ses amis en lui serrant la main, et le colonel se confessa. — « Président (2), il ne faut pas mourir sans les secours de la religion, » et le magistrat mit aussitôt sa conscience en règle. — On pourrait citer beaucoup d'autres faits analogues, qui témoignent hautement de la sagesse et de l'habileté du vénérable curé-archidiacre de Château-Thierry.

---

(1) Le colonel Malherbes. — (2) M. Amable Desprez, président du tribunal de Château-Thierry, frère de mademoiselle Desprez, fondatrice du bel établissement des Chesnaux pour l'admission de dames en qualité de pensionnaires. Mademoiselle Desprez et plusieurs autres personnes pieuses de Château-Thierry ont réuni leurs aumônes pour fonder à perpétuité une école du soir, qui est tenue par un Frère des écoles chrétiennes.

## CHAPITRE XXVII.

Mais si le digne curé s'efforçait de ramener au christianisme les personnes de sa paroisse, il n'oubliait pas de former aux vertus sacerdotales les prêtres que, au sortir de leur ordination, on lui donnait pour collaborateurs et pour vicaires.—Aussitôt après leur promotion au sacerdoce, le premier conseil qu'il leur donnait était de s'abstenir, à l'occasion de leur première messe, de tout appareil, de tout faste, de toute dépense extraordinaire qui rappelassent les festins de noces des personnes du monde :

« Missæ primæ convivia, si quæ sint, non sumptuosis dapibus, profusioribusque epulis splendescant, sed parcis tantum sumptibus, modicoque apparatu celebrentur. (Concile de Toulouse, 1590.)

Il exigeait de ses vicaires, et impérieusement, si on l'y forçait, la plus stricte exactitude dans l'exercice de leurs fonctions ; il ne voulait pas qu'ils sortissent de la ville sans son autorisation, et cela, dans l'intérêt de ses paroissiens. Du reste, il avait pour eux une grande affection, une véritable tendresse, aussi bien que pour les jeunes desservants du voisinage, que par sa générosité il attirait souvent chez lui. Avant même que des conférences fussent régulièrement établies par l'autorité épiscopale, il appelait chez lui, plusieurs fois par an, les prêtres du doyenné, pour discuter les points de morale les plus embarrassants. C'était surtout dans ces réunions qu'il leur communiquait, sans prétention, les fruits de sa longue expérience. Il leur apprenait à être humbles, modestes et réservés dans leurs paroles et dans leurs manières.

Persuadé que le costume ecclésiastique est un préservatif contre beaucoup de dangers, il témoignait sa surprise à ceux qui le quittaient sur le moindre prétexte. Quand il apercevait des confrères qui affectaient une telle mondanité dans leur chevelure qu'on les aurait crus volontiers sortant de l'officine d'un perruquier ou d'un parfumeur, ou d'autres qui négligeaient de se faire faire la tonsure, cette couronne si honorable pour le clerc, et qui révèle à tous sa royale dignité, il ne manquait pas de leur remettre en mémoire les règles canoniques qui, depuis bien des siècles, ont assujetti les ecclésiastiques à la porter, et ont même déterminé les proportions qu'elle devait avoir selon l'ordre dont on était revêtu (1).

(1) Les anciens synodes entraient, par rapport à la tenue des clercs, dans les plus petits détails et exigeaient rigoureusement l'obéissance aux règles qui y étaient adoptées. Ces clercs sincèrement pieux recevaient avec une humble soumission les remontrances de leurs supérieurs, ne connaissaient pas la susceptibilité, et se rendaient facilement aux observations de leurs maîtres. Voici quelques-unes des dispositions du *synode de Beauvais* tenu en 1646 :

« Défendons à tous ceux qui ont été admis aux ordres, d'avoir leurs *cheveux si longs que leurs oreilles en soient cachées*, d'aller sans tonsure cléricale, de paraître sans soutane au lieu de leur demeure... *sous peine, pour chaque fois* qu'ils contreviendront en quelque point au présent article, d'un écu applicable aux pauvres étudiants de leur archidiaconé. »

« Non oportet clericos comam nutrire, sed, attonso capite, *patentibus auribus* et secundum Aaron talarem vestem inducre. » (*Conc. de Carthag.*)

In clericorum ornatu vestituque. *nihil novum* appetatur, nihil inane, nihil *exquisitum*, nihil *sumptuosum*, nulla ostentatio, nullus luxus. (*Synod. Amer.*)

Le vénérable M. Bouvier, dernier évêque du Mans, quand

L'abbé Marprez s'efforçait aussi d'inspirer aux curés l'amour de leur presbytère et de leur paroisse, leur conseillait de ne pas s'en absenter sans une absolue nécessité et sans avoir pourvu au moyen d'administrer les sacrements à ceux qui pourraient en avoir

il apercevait au chœur un séminariste qui avait la chevelure ou trop longue, ou arrangée à la manière des gens du monde, le mandait après l'office, et lui enjoignait de se faire couper les cheveux et d'en *faire disparaître les marques de mondanité*, qui pourraient même le rendre ridicule ou méprisable aux yeux de ceux qui vivent dans le siècle.

« Nous ordonnons aux clercs constitués dans les ordres de se faire raser la tonsure sur le haut de la tête, comme c'est l'usage, une fois par semaine, ou deux fois par mois. (Statuts Synod. d'Étienne Poncher, évêque de Paris, de 1503 à 1529.)

» Porter toujours une tonsure apparente et proportionnée à l'ordre qu'ils ont reçu, avec les cheveux courts et conformes à la modestie de leur état.... de composer tellement leur extérieur qu'on les distingue aisément des personnes laïques... » (Synod. de Laon en 1683 et 1696.)

» *Leur modestie extérieure doit aussi paraître dans leurs cheveux ;* nous leur ordonnons de les avoir toujours courts et avec une tonsure bien marquée au haut de la tête, *conforme au degré de l'ordre dont ils sont honorés, telle qu'elle est figurée à la fin de notre Rituel.* » (Synod. de Boulogne en 1744.)

Tonsurâ clericali, pro qualitate gradus et ordinis sui, in capitis vertice apertè conspicuâ semper insigniantur. (Concile de Reims en 1583.)

Tonsuram seu coronam in capitis vertice conspicuam, et justæ, pro ordinis sui gradu, magnitudinis semper gerant. (Synod. de Saint-Omer en 1583.)

En 1844, le 25 octobre, M. Affre, archevêque de Paris a renouvelé ces prescriptions : « Tout clerc engagé dans les ordres sacrés est tenu de porter la tonsure. »

besoin (1). Il leur témoignait combien il était peu édifiant de ne trouver presque jamais un curé chez lui, et de le rencontrer fréquemment errant sur les grands chemins, et allant en quête de distractions et de plaisirs. Aux assemblées plus nombreuses des calendes, l'archidiacre veillait à ce que, au milieu de l'abondance d'un repas convenablement servi, on gardât les règles d'une édifiante sobriété. C'est ainsi qu'il n'a jamais souffert qu'on prît un second verre de liqueur, dès là qu'on avait cru pouvoir en accepter un premier. Ses avis étaient toujours bien reçus, parce qu'on savait que c'était le cœur qui les inspirait.

D'un caractère franc et ouvert, plutôt porté à la gaieté qu'à la tristesse, l'abbé Marprez applaudissait volontiers à un bon mot, à une jovialité qui ne nuisait à personne ; mais il faisait

---

(1) Benoît XIV, pendant qu'il était archevêque de Bologne, défendait expressément à chacun de ses curés de s'absenter un seul jour tout entier, sans laisser quelqu'un à leur place, pour les suppléer, à cause des accidents qui peuvent arriver, comme maladies imprévues, morts subites, etc. — Beaucoup de statuts diocésains ont fait les mêmes défenses et les mêmes prescriptions. — Bossuet avait pris des mesures très-sévères contre les absences arbitraires des curés de son diocèse. — Chacun connaît le surnom significatif que les confrères donnent aux curés que l'on rencontre sur tous les chemins.

une guerre ouverte aux esprits goguenards, aux gros rieurs (1), qui mettaient tout leur savoir faire à se moquer de leurs confrères (2), à tendre des piéges à leur simplicité, à tourner tout en ridicule, à trouver partout matière de grosse ou de plate plaisanterie, et qui avaient assez peu de cœur pour aimer mieux, dans une occasion donnée, perdre un ancien et bon ami que de renoncer à dire un mot piquant. D'ailleurs il arrive plus d'une fois que ces mauvais plaisants, à force de vouloir toujours faire de l'esprit, finissent par ne dire que des sottises. L'archidiacre tâchait de faire comprendre à tous que cette manière d'agir n'est pas toujours

---

(1) Ridere et rideri sæcularibus relinque; gravitas tuam personam decet. (S. Jérome.)—Risus sanctorum, non cachinnatio verborum, sed rationabile gaudium. (S. Chrysostome.)

(2) « Je ne déteste rien tant, disait Bossuet, que l'esprit de moquerie. » —S. François de Sales : « C'est une des plus mauvaises conditions qu'un esprit peut avoir, que d'être moqueur. Dieu hait extrêmement ce vice, et en a fait jadis des étranges punitions. Rien n'est si contraire à la charité, et beaucoup plus à la dévotion, que le mépris et le contemnement du prochain. Or, la dérision et moquerie ne se fait jamais sans ce mépris : c'est pourquoi elle est un fort grand péché, en sorte que les docteurs ont raison de dire que la moquerie est la plus mauvaise sorte d'offense que l'on puisse faire au prochain par les paroles, parce que les autres offenses se font avec quelque estime de celui qui est offensé, et celle-ci se fait avec mépris et contemnement. » (Introduct. à la vie dévote, IIIe partie, ch. xxvii.)

de bon goût, et que, s'y livrer habituellement, c'est vouloir rendre impossible l'union et la charité entre les membres de la grande famille sacerdotale. Les prêtres, disait-il, qui, par la sainteté de leur caractère, ont l'obligation stricte de présenter aux gens du monde un modèle des vertus chrétiennes, devraient ne pas dédaigner, à leur tour, de reproduire, dans leurs manières et leurs discours, le bon ton des personnes bien élevées.

La médisance était bannie de la table et du salon du curé de Château-Thierry. Toutes les règles de la charité et de la bienséance y étaient fidèlement observées. Si par hasard il entendait une parole qui attaquât tant soit peu l'autorité, il fermait brusquement la bouche à celui qui l'avait laissé échapper. L'abbé Marprez ne respectait pas seulement ses supérieurs ecclésiastiques; il respectait et tenait à faire respecter des autres tous ceux qui étaient élevés en dignité. Aussi avait-il toutes sortes d'égards pour les magistrats et les personnes qui tenaient un certain rang dans la ville. Il ne laissait pas s'écouler un temps trop considérable sans les visiter; il saisissait les occasions de leur être agréable, et les disposait par là à le seconder dans les projets qu'il pouvait former dans l'intérêt de ses ouailles. Une vie trop concentrée dans l'intérieur d'un presbytère ne lui paraissait pas le meilleur moyen de travailler à l'amélioration d'une paroisse. Et en effet, pour peu qu'on veuille réfléchir, il ne sera pas difficile de décider quel est le curé qui remplit mieux sa charge de pasteur, ou bien celui qui fait à peu près tous les ans ses visites paroissiales (1), entre successivement dans la demeure de tous ses paroissiens, s'informe avec intérêt de ce qu'ils sont et de ce qu'ils font, *cognoscit oves nominatim*, les encourage par de bonnes paroles, les presse quand il croit que le moment est opportun, s'ingénie pour créer des bonnes œuvres, ou pour soutenir celles qui ont été commencées avant lui, en un mot, se fait tout à tous comme l'Apôtre, pour les gagner tous à Jésus-Christ.

Ou bien celui qui mène une vie de reclus,

---

(1) Diligenter agnosce vultum pecoris tui, tuosque greges considera. (Prov. xxvii.) — Ego sum pastor bonus, et cognosco oves meas, et cognoscunt me meæ. (S. Jean, x.)

qui n'entre dans une maison que lorsqu'il y a un moribond, qu'on ne voit dans les rues de sa paroisse que lorsqu'il préside un enterrement, qui ne parle à personne, qui ne visite personne, qui a toujours un air (1) refrogné, qui, sous prétexte d'étude, ne se laisse aborder par aucun de ceux qui ont besoin de lui demander un conseil, de lui confier une peine, etc., etc.

Assurément, sans qu'on s'en doute, l'amour-propre, la bizarrerie, l'égoïsme, une certaine nonchalance jouent un grand rôle dans cet amour exagéré de la retraite. On se cache à soi-même le véritable motif de sa conduite.

Ce n'est pas ainsi qu'agissaient les hommes vraiment apostoliques. Leur cœur, embrasé de l'amour de Dieu, les poussait irrésistiblement à s'occuper avec activité, adresse et bienveillance, des âmes du prochain, dont le salut leur était confié. Tel était aussi l'abbé Marprez. Aussi tous les prêtres qui ont été en relation avec ce digne curé, en leur qualité ou de vi-

---

(1) Un saint triste est un triste saint. (S. François de Sales.) — Gaudete in Domino semper, iterum dico, gaudete. (S. Paul aux Philipp. IV, 4.)

caires de Saint-Crépin, ou de chapelains de l'Hôtel-Dieu (1), ou de desservants dans son doyenné, se félicitent encore aujourd'hui, comme d'une faveur du ciel, d'avoir eu quelque temps sous les yeux, dans la personne de leur archidiacre, le modèle d'un curé vertueux, plein de foi et de zèle, administrant bien une paroisse. Et en effet, porté par caractère à l'exactitude, disposition que le séjour des camps n'avait fait que fortifier, jamais on ne le vit, pour quoi que ce fut, le moins du monde en retard. A l'imitation du respectable vicaire général M. Henry Delaloge, il ne se couchait pas qu'il n'eût répondu à toutes les lettres qu'il avait reçues dans cette même journée. Il

---

(1) Voici les noms des prêtres qui ont été vicaires de M. Marprez à Château-Thierry : *Vicaires de la paroisse*: MM. DELAPLACE, doyen de Flavy, puis chanoine titulaire, grand chantre, official, secrétaire général de l'évêché;— DEFRANCE, décédé;—LEFÈVRE, curé de Puisieux;—CARON, décédé;—BERRIOT, curé d'Essommes, puis admis à la retraite; — BONNAIRE, uré de Nogent-l'Artaud, puis aumônier des Célestines aux Chêsneaux, curé de Juvincourt. — Les *chapelains de l'Hôtel-Dieu* ont été : MM. VIGUOINE, archiprêtre de Vervins, chanoine honoraire de Soissons; — BONNAIRE, doyen de Marle; — RIBAUT, doyen de Vailly, chanoine honoraire; — MAVRÉ, missionnaire apostolique, chanoine de Blois, et aujourd'hui de la société des Pères de Sion;— CORNILUS, curé de Mont-Saint-Père; — GUINCOURT, curé d'Itancourt; — LAMANT, chapelain de Montreuil; — POTTELAIN, curé d'Englancourt.

entretenait de fréquentes relations avec l'évêché et le secrétariat, pour tout ce qui avait rapport à son archidiaconé : budgets à dresser, registres de paroisses à visiter ou à envoyer, dispenses à demander ou à accorder, cas douteux à résoudre, enquêtes à entreprendre, faveurs à solliciter, offrandes de l'œuvre de la Propagation de la foi à recueillir, bordereaux à dresser, sommes et cotisations à faire parvenir, comptes à établir ; tout était fait à point nommé, au grand contentement tant de ses supérieurs que de ceux qui étaient placés sous sa juridiction ou sous sa surveillance. On peut l'affirmer sans crainte d'être démenti, M. Marprez était le vrai type d'un doyen actif et consciencieux.

# CHAPITRE XXVIII.

Dès le premier moment où l'abbé Marprez fut élevé à la dignité décanale (1), il en com-

---

(1) Hæc præcipua sunt decanorum officia, quæ archipresbyteris pro regionibus, in quibus sedem habent, æque incumbunt, videlicet :

1º Ut clericis in omnibus se præbeant exemplum bonorum operum, in doctrina, in integritate, in castitate, in gravitate, in modestia, in charitate, forma facti cleri ex animo.

2º Ut sedulo inspiciant *an alii parochi* cæterique presbyteri *suis rite fungantur officiis*, sacros canones et synodales constitutiones accurate servantes ; an rectores animarum *resideant, infirmos frequenter invisant*, ac periculosi ægrotantibus sacramenta ministrent, eisdem morientibus, in quantum possibile est, pie assistentes ; an *omnibus diebus saltem dominicis, plebes sibi commissas* pro sua et earum capacitate *pascant salutaribus verbis*, et pueris doctrinæ christianæ rudimenta exponant, foveantque ac augeant pietatem fidelium.....

3º Ut *de vita et moribus presbyterorum* suæ regionis, de subortis, tum inter hunc et ipsum rectorem, tum inter parochum et magistratus aut parochianos difficultatibus, nec non de abusibus apud clerum seu fideles grassantibus nobis rationem diligenter et exacte reddant. (*Synodi Remensis statuta*, anno 1850, p. 6 et 7.)

prit parfaitement les engagements (1). Il sentit qu'il ajoutait à sa qualité de pasteur d'un troupeau celle d'être l'interprète naturel et obligé des volontés de l'évêque et le soutien de son administration. Mais en même temps il prit pour règle invariable de rester l'ami, le père et le défenseur des desservants, ses confrères. Toujours il se souvint de cette parole de l'a-

(1) 2. Archipresbyterorum et decanorum officia describuntur titulis 15 et 16 statutorum nostræ diœcesis. Perquirant omnes hæc prædicta statuta : archipresbyteri et decani ut sua in pastores et populum jura et munera rememorentur, rectores vero parochiarum et alii de clero, ut suas erga archipresbyterum et decanos obligationes recognoscant.

3. Cum voluerimus archipresbyteros et decanos aliqua nostræ auctoritatis parte indui, videant omnes, et præsertim parochi, ut decanorum præeminentiam et auctoritatem ex animo agnoscant, eisque perpetuo et ubique, maxime autem in parochiarum visitatione vel in aliquo officio obeundo, specialem honorem exhibeant.

4. *Sciant ergo decani se* universo sui districtus populo, et *præsertim parochis et sacerdotibus tanquam speculatores et consiliarios a Nobis præfici*. Quare si forsan a Nobis mittantur, vel aliquod sui muneris officium impleturi sint, se omnino liberos habeant; sint memores se Nostram gerere Personam, et totum mandatum tam fortiter quam suaviter exequantur.

5. Omnino prohibemus ne unquam temere et leviter de officiis peractis aut peragendis interpellentur vel irrideantur.— Volumus serio tractari quidquid serio tractamus.

6. Curent vero decani ut negotia ipsis commissa, quæ secreto geri debent, non palam, sed caute et prudenter gerantur. Præcaveant ne cum cæteris de gestis aut agendis confabulentur, et aliis quam Nobis aut jus ad hoc habentibus rem patefaciant.

pôtre saint Pierre : *Non dominantes in cleris*, et jamais on ne remarqua en lui ni hauteur, ni fierté, ni suffisance.

Ce fut par le seul fait de son aménité et de sa franchise qu'il acquit une légitime et durable influence. Elle lui servait à entretenir entre tous ses prêtres une parfaite cordialité ; il ne voulait pas que l'on fît bande à part, et il faisait en sorte que l'on fût uni par les liens

Persuasum habere volumus nunquam fieri posse ut sive mandata, sive a Nobis secreto quæsita, aliis et præsertim iis de quibus agitur tradantur et revelentur.

7. Caveant autem decani ne, inaudita altera parte, inconsultoque parocho loci, quidpiam decernant: curentque ut nihil, quantum fieri potest, de pastorum sacerdotumve auctoritate detrahatur.

8. Ut archidiaconi, archipresbyteri et decani officia quæ ipsis incumbunt facilius expleant, mandamus ut, semel singulis trienniis, omnes parochias sui districtus solemniter visitent, ita ut parochiæ pro quoque districtu visitandæ in tres partes dividantur, quarum una pars in unoquoque anno visitetur.

9. De hac visitatione solemni, prævia ad parochum monitio habeatur, et, quantum fieri poterit, Missa cantetur.— Quisque decanus, si quando judicaverit æquum et utile, poterit sine ulla monitione parochias sui districtus visitare.

10. Visitationem suam instituat decanus cum timore Domini et absque ullo humano respectu personarumve acceptione, memor se momentoso hoc in opere quasi Nostrum implere officium, strictamque ea de causa supremo Judici rationem esse redditurum.

11. Quisque visitator fidelem visitationis suæ relationem, juxta litteras quasimprimi mandavimus, ad Nos quamprimum transmittere tenetur. (*Acta et Statuta synodi Suessionensis*, anno 1854.)

de la plus inaltérable charité. Lui-même aimait ses prêtres comme ses enfants, il s'intéressait à leur bien-être, était plein de sollicitude pour leur supplément de traitement, s'enquérait de la salubrité et de la convenance de leur presbytère, de leurs rapports avec les autorités locales, rétablissait la paix si elle était tant soit peu altérée; et, quand la chose lui était possible, il travaillait à obtenir pour ses curés ce qui pouvait encore leur manquer : tant il considérait le canton comme une famille dont il était le chef et le protecteur.

Le point délicat pour un doyen, point qui est quelquefois pour lui une source de désagréments, c'est la surveillance qu'en qualité de délégué de l'évêque (1), il est de son devoir d'exercer sur les curés et sur les paroisses. Cependant quelle administration peut fonctionner sans une surveillance bien organisée et sans une dépendance des inférieurs à l'égard de ceux qui ont un grade plus élevé ? Tous les corps religieux n'ont-ils pas des inspecteurs, des visiteurs ? Et l'évêque lui-même n'est-il pas, se-

---

(1) 170. — Les curés auxquels nous aurons conféré le titre et les fonctions de doyens, *surveilleront* les paroisses du

lon la force de son nom, l'inspecteur (a) par excellence ? Et ne pouvant voir tout par ses propres yeux, surtout dans un vaste diocèse, ne faut-il pas qu'il s'assure par des hommes de son choix et de conscience, c'est-à-dire par les doyens ruraux, de l'exécution de ses

doyenné, et s'assureront en particulier : 1º si le service paroissial est fait avec exactitude; si les offices sont célébrés avec décence; 2º si l'église est entretenue avec soin, la sacristie pourvue et les fonts baptismaux convenablement tenus; 3º si la fabrique est légalement constituée; si les comptes sont exactement rendus; si les registres, tant de paroisse que de fabrique, sont en bon ordre; 4º si les curés et autres ecclésiastiques sont exacts à remplir tous leurs devoirs conformément aux statuts et règlements du diocèse; 6º *si leur vie est en tout conforme aux saintes règles.*

171. — Ils rechercheront les moyens d'assurer le bien-être des ecclésiastiques, et feront en particulier les démarches nécessaires pour procurer aux curés et desservants le logement et les indemnités et supplément auxquels ils pourraient avoir droit.

172. — Ils convoqueront, *chaque année*, pour les calendes et la distribution des saintes huiles, tous les curés et desservants des succursales du doyenné.

174. — Ils feront, tous les trois ans au moins, la visite de chacune des églises du doyenné, et en dresseront le procès-verbal pour nous le transmettre. A la retraite de 1859, Monseigneur a prescrit de faire cette visite tous les deux ans.

175. — Ils prendront connaissance des objets en litige ou à régler; ils en dresseront des informations pour nous les transmettre avec leur avis.

176. — Ils seront surveillants des écoles, veilleront à la conduite régulière des maîtres.....

(a) Ἐπίσκοπος dérive de ἐπισκέπτομαι, inspecter, visiter, examiner.

ordonnances, de la fidélité à suivre le tarif (a) approuvé, de l'assiduité à assister aux conférences ecclésiastiques et à y apporter le travail dévolu à chacun? L'abbé Marprez tenait sans doute à remplir ce pénible et difficile devoir, et le remplissait en effet, afin de n'être pas soumis à l'anathème de la sainte Écriture : *Canes muti et non valentes latrare…*; mais conformément au précepte de Notre-Seigneur : « Si peccaverit frater tuus, vade et corripe eum inter te et ipsum solum ; si te audierit, lucratus es fratrem tuum » (Matth. xviii, 15), il savait, par de charitables et discrets avertissements, donnés en temps opportun, arrêter une impru-

---

177. — Ils nous transmettront, au commencement de chaque année, le dénombrement des ecclésiastiques du doyenné et l'état de situation de chacune des églises du doyenné relativement aux objets confiés à leur surveillance, avec indication des abus à réformer, des améliorations à effectuer, et toutes les observations qu'ils jugeront convenables.

179. — Ils nous informeront sans délai des décès ou accidents importants relatifs aux ecclésiastiques exerçant ou simplement domiciliés dans le doyenné; et ils pourvoiront provisoirement au desservice des églises devenues vacantes, en en confiant le soin aux curés voisins, de quoi ils nous rendront aussitôt compte.

181. — Le promoteur du doyenné sera *chargé, concurremment avec le doyen, de nous informer de tout ce qui peut intéresser la foi, les mœurs ou l'honneur du saint ministère.* (Statuts du diocèse de Soissons.)

(a) Si, dans la perception des honoraires, le curé dépassait

dence, faire cesser une fréquentation, prévenir un scandale ou éloigner une disgrâce. Entre autres choses, il recommandait aux curés de ne pas mener avec eux leur servante dans des réunions ou parties de plaisir, ou quand ils allaient prendre un repas chez leurs confrères, ou dans une maison étrangère (1). — Rien de ce qui se passait dans le canton ne lui était inconnu : mais, toujours plein de bienveillance et de charité pour ses frères dans le sacerdoce, il pesait tout dans la balance du sanctuaire, et discernait avec une rare sagesse ce qu'il était à propos de taire et ce que la conscience l'obligeait de faire connaître. Il savait parfaitement que l'autorité veut être éclairée, mais jamais flattée. Était-il chargé d'une enquête, il en prévenait celui qui en était l'objet, et lui don-

---

le tarif approuvé par l'évêque ou par l'usage légitime des lieux, *il serait obligé de restituer l'excédant*, n'ayant aucun titre qui puisse justifier cette exaction. (Cardin. GOUSSET, *Morale*, I, p. 318.)

Les droits *casuels* ne peuvent être perçus légalement qu'en vertu d'un règlement épiscopal, approuvé par le gouvernement. Les fabriques ni les curés ne peuvent établir d'eux-mêmes des tarifs pour la perception des droits. (M. ANDRÉ.)

(1) *Non ancillas cum eis ad convivia, quantumvis honesta, etiam vocati accedant, aut etiam ad forum, multoque minus ad tabernas.* (Synod. de Saint-Omer en 1583.)

nait tous les moyens de se justifier. Acquérait-il la triste certitude d'avoir découvert un coupable, et un coupable non repentant ou manquant toujours à ses promesses d'amendement, il le faisait connaître à l'évêque. *Si autem te non audierit, dic Ecclesiæ.* (Matth, XVIII, 16, 17.) Il laissait l'autorité sévir, mais son bon cœur lui suggérait encore des paroles propres à produire le repentir et à provoquer la réparation des fautes (1).

En sa qualité de haut dignitaire et d'homme

---

(1) Le dernier synode tenu à Reims, en 1788, par M. Talleyrand Périgord s'exprime ainsi : « La principale fonction des doyens ruraux, c'est d'avoir sur la conduite des curés, vicaires et autres ecclésiastiques de leur district, une inspection et une vigilance continuelle, qui soit prudente, charitable, exempte de prévention et de soupçons injustes. Si dans leur arrondissement ils découvraient quelque chose contre le bon ordre ou propre à causer du scandale, ils nous en instruiront par des voies promptes et sûres, et cependant ils s'efferceront d'y remédier par leurs conseils et leurs remontrances, qu'ils feront dans un esprit de douceur et de charité. La confiance que nous aurons toujours en leurs avis et la prudence avec laquelle nous en userons doivent les engager à nous les donner avec la plus grande exactitude. Les ecclésiastiques qui, par leur conduite, les forceraient de nous en donner de désavantageux, auraient tort de se plaindre d'eux, puisque c'est le devoir de leur charge, et qu'ils se rendraient coupables devant Dieu de tout le mal qui resterait sans remède par leur silence, ou par des ménagements et des considérations particulières. Il serait d'ailleurs injuste de blâmer cette surveillance ; il n'est point d'état où elle ne soit établie ; et le bon ordre l'exige pour l'état ecclésiastique autant que pour tout autre. »

de grande expérience, l'abbé Marprez fut souvent consulté par de jeunes confrères qui venaient d'être promus au sacerdoce, sur la question de savoir s'il leur était avantageux ou non, d'avoir avec eux, dans le presbytère, quelques-uns de leurs parents.

Voici quelle était sur ce point important la manière de voir de l'archidiacre de Château-Thierry :

« Une *mère*, qui est réservée, discrète, pleine de bon sens, qui sait rester à sa place, et ne veut pas dominer chez son fils, peut devenir d'une grande utilité au jeune prêtre qui est à son début dans la vie sacerdotale. Son âge et sa prudence protégent la vertu et la réputation de son fils, et sa seule présence éloigne les personnes qui pourraient tendre des piéges à son inexpérience.

» Également un *père*, qui serait reconnu par tout le village comme digne d'estime et de respect, peut contribuer indirectement à concilier au pasteur la bienveillance des paroissiens. Mais ces qualités indispensables, ajoutait-il en soupirant, qu'on les trouve rarement réunies dans les pères et les mères des curés !

» Que de fois n'ai-je pas au contraire rencontré des mères légères, prétentieuses, ambitieuses, hautaines, désireuses de tout savoir, d'une grande intempérance de langue, d'un esprit dominateur, parcimonieuses, avares ; ayant la volonté de régenter le curé et de gouverner la paroisse ; ou bien des pères au langage grossier, de mœurs douteuses, peu accoutumés à la sobriété, ayant même un penchant marqué pour la boisson, esprits chagrins et critiques, vrai tourment des curés et de leurs ouailles ! »

Les pères et les mères de cette sorte, l'abbé Marprez conseillait de les éloigner pour toujours de la maison curiale, où ils ne pourraient que nuire considérablement au succès du ministère pastoral.

Quant aux *sœurs* du curé, disait-il, si elles ne sont pas d'un esprit mûr, n'ont pas des goûts sérieux, et ne renoncent pas franchement et de bon cœur au mariage, leur résidence à la cure n'est pas sans de graves inconvénients. On en a vu qui, profitant des absences momentanées d'un frère trop confiant, nouaient des intrigues et se rendaient coupables de honteux désordres. — D'autres, sans tomber dans ces excès, affectent des airs de grandes dames, se rendent ridicules par la recherche de leur toilette, la fierté de leurs manières, l'aigreur de leur caractère, et sont loin d'être le modèle des jeunes filles du village.

Les *nièces* sont encore plus dangereuses que les sœurs. Leur tendre jeunesse et les grâces naturelles à cet âge empêchent le pasteur d'apercevoir ou de corriger des défauts trop réels dont il s'expose à être un jour la dupe. On en a vu qui faisaient de nombreuses emplètes chez les marchands, à l'insu et au compte de leur oncle. D'autres se sont fait enlever nuitamment, et ont été, pendant de longues années, un sujet de scandale et l'objet des conversations et des malédictions de toute une commune !

Est-il mieux, lui demandait-on encore, que plusieurs parents ou parentes habitent ensemble le presbytère et prêtent ainsi au curé le concours de leur bonne volonté et de leur savoir faire ?

Non, répondait franchement l'abbé Marprez : car aucune paroisse ne voit de bon œil affluer au presbytère des parents qu'elle sera forcée de nourrir et de défrayer sans motif.

De plus, leur présence habituelle amoindrit tant soit peu le pasteur, en faisant trop connaître d'où il sort, et avec quelle espèce de personnes il a été élevé. De leur côté, les pauvres et les malades manifestent leur mécontentement : ils craignent, avec raison, de voir tourner au profit de la parenté les ressources et les aumônes qu'ils avaient droit d'attendre du superflu de leur curé.

D'après toutes ces considérations, l'abbé Marprez concluait qu'il faut réfléchir beaucoup, et bien peser le pour et le contre, avant de se décider à prendre au presbytère ses parents ou ses parentes, qui finissent toujours par dominer, et qu'on ne peut que très-difficilement éconduire, une fois qu'ils se sont habitués à vivre chez le curé et à ses dépens.

Malgré toutes les éminentes qualités de l'archidiacre de Château-Thierry, nous savons qu'il est possible de relever chez lui, dans l'exercice du ministère pastoral, quelques actes un peu excentriques et que nous sommes loin de proposer à l'imitation de nos confrères. Le zèle de l'abbé Marprez a pu quelquefois paraître trop impétueux ; on lui reproche quelques apostrophes directes à ceux ou celles qui interrompaient le chant de la préface ou du *Pater* (1), ou contre ceux qui laissaient paraître de la légèreté pendant ses prédications ; il s'est aussi laissé aller à quelques vivacités contre des enfants dissipés dans le lieu saint ou contre des employés peu dignes de leurs nobles fonctions.

En avouant ces quelques fautes de fragilité, qui tenaient bien plus à l'impétuosité de son caractère qu'elles n'étaient l'effet d'une volonté réfléchie, nous dirons avec Horace : *Ubi plura nitent... non ego vaucis offendar maculis.*

Et en effet, qui a plus de droits à l'indulgence que M. Marprez, dont nous avons tous connu l'excessive bonté, les saintes vertus privées et le zèle incessant pour la conversion de ses chers paroissiens ?

(1) « Madame Mai, quand vous aurez fini, je continuerai. »

## CHAPITRE XXIX.

---

Depuis quelques années, l'abbé Marprez se sentant vieillir, voulait faire entendre à son peuple une voix nouvelle qui fût capable de toucher les cœurs et de les ramener à Dieu. Ayant appris qu'un célèbre prédicateur avait produit un salutaire ébranlement dans plusieurs villes de France, il l'invita à venir passer à Château-Thierry les dernières semaines du Carême de 1829.

Les fruits ne furent pas entièrement en rapport avec le talent de l'orateur et les espérances du curé. Toutefois il put rester dans l'esprit des nombreux auditeurs un souvenir utile, celui de la hauteur à laquelle peut s'élever l'éloquence chrétienne, quand elle puise ses inspirations dans une profonde conviction, jointe à une science solide de la théologie. — Ce qui du moins ne peut être contesté, c'est que cette station quadragésimale procura à l'archidiacre l'occasion de faire de véritables actes de vertu.

Le prédicateur était à la vérité un prêtre d'un très-grand mérite; mais il paraît que, malgré sa piété, il n'avait pas suffisamment travaillé à réprimer son humeur pointilleuse. Le digne archidiacre eut habituellement à essuyer le feu roulant de ses mots piquants et satiriques. Cependant quoiqu'il fût profondément blessé de ses persifflages, il s'efforça toujours d'étouffer en lui-même son juste mécontentement, et offrit au Seigneur, comme expiation de ses fautes, les saillies déplacées de celui qu'il avait appelé à son aide pour évangéliser son peuple et le convertir.

Toutefois, ces scènes peu agréables et trop souvent renouvelées produisirent peu à peu chez le vénérable pasteur un profond découragement qui ne fut pas sans influence sur sa démission, que nous lui verrons donner un peu plus tard.

Les agitations de l'époque y eurent aussi leur part. Dans les dernières années de la Restauration, les esprits s'aigrissaient contre ce qu'on appelait le *parti prêtre*. On faisait revivre d'anciennes préventions; on multipliait les calomnies; on montrait de la défiance pour les actes les plus légitimes du clergé. — Quand l'orage éclata, en juillet 1830, il y eut contre les ecclésiastiques une réaction d'autant plus grande qu'on les avait crus longtemps favorisés par le pouvoir. Le curé de Château-Thierry, comme beaucoup de ses confrères, eut d'abord à subir les tracasseries de quelques hommes exaltés par l'effervescence révolutionnaire. Pendant la nuit, une faible lumière est aperçue dans sa chambre (c'était celle d'une veilleuse). La populace en conclut qu'il y a au presbytère un rassemblement clandestin en faveur de la branche déchue;

un coup de pistolet est tiré dans les volets.....
quelques heures après, un groupe de furieux
veut forcer la maison curiale, et s'emparer de
vive force des clefs de l'église pour aller planter sur la tour de Saint-Crépin le drapeau tricolore.

Dans cette circonstance critique, l'abbé Marprez se conduisit avec beaucoup de sagesse et
de circonspection ; il laissa faire ce qu'il ne
pouvait empêcher ; et comme il était fort aimé
de la presque totalité des habitants, on fit dès
le lendemain des recherches actives ; les émeutiers qui avaient jeté le trouble dans le presbytère furent bientôt découverts ; on mit en
prison le plus coupable, et la tranquillité du
bon curé fut assurée.

Très-peu de temps après ce petit événement,
l'abbé Marprez trouva le moyen d'augmenter encore, au profit de la religion, sa popularité. Voici à quelle occasion : la municipalité de Château-Thierry, pour occuper les
ouvriers et leur donner le moyen de gagner
leur vie, résolut l'établissement du champ de
Mars sur l'ancien lit de la Marne. Le curé
se mêla aux travailleurs, fit manœuvrer la

brouette, et jeta dans l'abîme qu'on voulait combler quelques *pelletées* de terre, aux applaudissements de tous les assistants qu'il vint, les jours suivants, encourager encore par sa présence et ses générosités.

## CHAPITRE XXX.

Nous sommes arrivé à un moment de la vie de l'abbé Marprez qui n'est pas, humainement parlant, sans difficulté pour sa mémoire, du moins aux yeux de certaines personnes. En cette circonstance nous dirons franchement notre pensée, soit pour l'excuser, soit, s'il y a lieu, pour le blâmer. Voici le fait dont tous pourront, dans l'occasion, tirer quelque profit pour leur propre conduite.

Le passage, à Château-Thierry, du roi Louis-Philippe, accompagné des princes ses enfants et du maréchal Soult, ministre de la guerre (8 juin 1831), fut une occasion toute naturelle pour attirer l'attention du monarque sur les services militaires de l'ancien caporal pendant les campagnes d'Italie. La situation était des plus délicates. L'abbé Marprez risquait fort de déplaire à de très-légitimes susceptibilités, et de paraître, par trop d'empressement, abandonner les convictions qu'il partageait quelques mois auparavant avec les plus distingués et les plus sensés de ses paroissiens.... Beaucoup d'autres, à la place de l'archidiacre, auraient été aussi embarrassés que lui, et se seraient peut-être encore moins bien tirés d'affaire. L'excellent curé, déjà peu satisfait, en sa qualité d'ex-militaire, de ce que Charles X eût si facilement laissé tomber la couronne de sa tête, fut, il faut l'avouer, comme fasciné tant par les avances de Louis-Philippe que par la présence et l'affabilité de son général. C'est ce qui explique le discours qu'il crut pouvoir prononcer pour complimenter le roi des Français :

« Sire, je viens déposer aux pieds de Votre Majesté l'hommage du respectueux dévouement du clergé de Château-Thierry. Il est facile, Sire, le dévouement, quand il a *pour principe, la conscience; pour motif, les vertus* de celui qui en est l'objet; *et pour fin, l'avenir d'un grand peuple*. Vivez, Sire, vivez longtemps pour la prospérité, le bonheur et la gloire de notre chère patrie! »

« C'est en professant de tels sentiments, répondit Louis-Philippe, que le clergé facilitera au gouvernement les moyens de lui accorder l'appui auquel il a droit, et qu'il est dans mes sentiments et dans mon devoir de lui accorder. »

La harangue de l'archidiacre avait beaucoup plu au prince; mais elle fut vivement critiquée, et avec raison, par une partie des auditeurs. L'abbé Marprez n'était pas demeuré dans les limites du vrai.

De son côté, Soult eut quelques entretiens particuliers avec le curé de Château-Thierry, qui avait conservé le souvenir de plusieurs épisodes intéressants de sa campagne d'Italie.

L'archidiacre n'eut pas de peine à se faire reconnaître comme l'un des soldats du maréchal, et on les vit tous les deux, dans le jardin du collége où le roi logeait, se promener bras dessus bras dessous, comme de vieux camarades. L'ancien militaire, après lui avoir rappelé quelques circonstances du siége de Gênes et la part qu'y avait prise le général :

« Vous avez fait cela, maréchal, dit-il en terminant, et vous vous êtes couvert de gloire. »
— Soult parut fort touché de l'admiration du curé pour ses exploits ; il le prit par la main et le conduisit à Louis-Philippe, à qui il indiqua les titres que ce brave soldat avait à sa bienveillance.

Le vénérable curé fut invité deux fois à prendre place à la table royale. Il s'y présenta portant sur sa poitrine les *couleurs nationales* (1). Le roi eut pour lui des attentions toutes particulières ; et, dans le cours de la conversation, il lui offrit un canonicat au chapitre de Saint-Denis, ou un poste honorable dans la capitale. L'archidiacre déclara qu'il tenait à ne pas quitter son diocèse. Il fut facile de voir qu'une seule chose pouvait lui être agréable, c'était la décoration de la Légion d'honneur. On lui fit en conséquence rédiger une note contenant ses états de service et les actes de bravoure par lesquels il s'était signalé ; et, peu de temps après le retour de Soult à Paris, l'abbé Marprez reçut la croix et son brevet. — Cette

---

(1) *Annuaire* du départ. de l'Aisne, année 1832.

récompense fut vue de mauvais œil par certaines personnes, uniquement à cause de la circonstance où elle avait été donnée. Tous néanmoins convenaient qu'elle avait été méritée, et qu'elle était très-justement accordée.

On pourra tirer des faits de ce chapitre cette conclusion : que, particulièrement dans les pays qui changent souvent de gouvernement, les ecclésiastiques doivent songer avant tout à la dignité de leur ministère et au salut des peuples dont ils sont chargés. Une grande réserve dans leurs paroles sur tous les actes de la puissance civile, quelle qu'elle soit, leur conservera l'estime de leurs ouailles, et les préservera de ces désagréments et de ces tracasseries propres à entraver leurs saintes fonctions et les efforts de leur zèle apostolique.

## CHAPITRE XXXI.

Les désagréments personnels que l'abbé Marprez éprouva à Château-Thierry, à l'occasion de sa promotion au grade de chevalier de la Légion d'honneur, ne ralentirent pas son zèle pour sa paroisse, et ne l'empêchèrent pas de mener à bonne fin une œuvre qu'il avait fort à cœur; c'était la fondation de classes dirigées par les Frères des écoles chrétiennes.

Il y avait près de vingt ans qu'une arrière petite-nièce du bon la Fontaine, madame Apolline-Aubert d'Aubigny, vicomtesse Dumoulin, avait mis à la disposition de la ville une somme de 36,000 francs, pour l'établissement de trois Frères. Le conseil municipal, par d'inexplicables préjugés et des motifs puisés dans la philosophie haineuse du xviii$^e$ siècle, avait long-temps refusé la donation, laquelle était sur le point de faire retour aux héritiers. Les efforts réunis de l'abbé Marprez et du maire de Château-Thierry triomphèrent enfin de tous les obstacles. Déjà une ordonnance royale, en date du 9 juin 1830, avait autorisé l'acceptation. La ville avait acheté une maison spacieuse pour cette destination; mais on était encore arrêté par les frais d'installation, dont le conseil ne consentait pas à se charger. La pieuse et charitable fondatrice ajouta pour cet objet 4,300 francs, et l'école des Frères put s'ouvrir le 17 octobre 1831.

Dans la huitaine qui suivit l'ouverture des écoles des Frères, madame Dumoulin mourut, et alla recevoir la récompense de ses bonnes œuvres.

Longtemps avant de fonder une école pour les garçons, la vicomtesse Dumoulin avait porté sa sollicitude sur les jeunes personnes appartenant à la classe ouvrière. La nouvelle communauté religieuse établie par la mère Lecomte, pour l'instruction des jeunes filles, ayant envoyé en 1814 une petite colonie à Château-Thierry, madame Dumoulin avait voulu consolider cet établissement naissant et faciliter son extension. Dans ce but, sur un fonds de 24,000 fr., elle assura à la nouvelle maison une rente de 1,200 fr. (1), avec charge :

1° De recevoir gratuitement, comme pensionnaire, une jeune fille de la classe pauvre, et ayant des parents religieux. (On doit donner la préférence à celles qui sont nées à Château-Thierry ou à Montigny-la-Croix, lieu de la naissance de madame Dumoulin.)

2° De consacrer une somme de 200 fr. pour fournir des vêtements et des livres aux enfants indigentes qui fréquenteront les classes de l'établissement.

3° De faire dire chaque année deux messes pour le repos de l'âme de M. et de madame Dumoulin.

Les intentions de la pieuse vicomtesse ont été et sont chaque année religieusement exécutées par les Soeurs de Notre-Dame de bon Secours, nom que porte aujourd'hui la com-

(1) Les rentes ayant été réduites par le gouvernement, le fonds primitif ne produit plus annuellement que 934 fr. Une nouvelle et prochaine réduction diminuera encore les ressources que la fondatrice croyait avoir assurées. Le revenu, s'il eût pu être établi sur des biens-fonds, n'aurait fait que s'accroître, après certaines périodes d'années, par l'accroissement successif des redevances des fermiers.

munauté de la mère Lecomte. L'abbé Marprez avait été d'autant plus satisfait de trouver ces Sœurs établies dans le chef-lieu de son archidiaconé que déjà, lorsqu'il était curé de la Ferté-Milon, il avait été à même d'apprécier la sage direction qu'elles savaient imprimer aux écoles gratuites et aux pensionnats. — Le curé de Château-Thierry avait trop de bon sens pour vouloir que l'on fît des savantes en histoire, en arithmétique, en broderies, de jeunes enfants, dont les unes sont destinées au petit commerce, les autres gagneront leur vie par un travail assidu, ou dans l'état de domesticité. Il ne pouvait s'empêcher de blâmer en lui-même ces examinateurs trop exigeants, qui, en posant des questions telles qu'on pourrait en faire dans un lycée ou dans une école normale, mettaient par là même les maîtresses dans la nécessité d'enseigner à ces mêmes enfants des choses superflues, au préjudice de connaissances mieux appropriées à leur position. — Une lecture soignée, une écriture lisible, l'orthographe, les quatre premières règles de l'arithmétique avec leur application usuelle, la tenue d'un livret de comptes, recettes et dépenses; exercer les élèves à faire le ménage, à tenir leurs effets et toute la maison dans un grand état d'ordre et de propreté ; leur apprendre à tricoter et à repasser ; à travailler le linge et à le *raccommoder* ; leur faire confectionner tous les vêtements à leur usage : voilà ce qui lui paraissait essentiel et très-suffisant pour l'éducation des jeunes filles.

Mais il voulait *par dessus tout et avant tout* qu'on les formât aux vertus de leur sexe : à la piété, à la réserve, à la modestie dans leur démarche, leur tenue et leur habillement; qu'on leur inspirât le goût du travail et l'horreur de la négligence ou de l'oisiveté ; qu'on les habituât à la patience, au support mutuel, à l'idée du dévouement, qualités indispensables à l'épouse et à la mère de famille.

Pour leur rendre plus facile la pratique de toutes ces vertus, il demandait qu'on les instruisît à fond sur les dogmes, l'histoire et la morale du christianisme, seule base solide, seul motif péremptoire de la moralité des actions humaines.

Il recommandait aux respectables Sœurs de surveiller elles-mêmes, et en personne, leurs externes, à la sortie des classes, et d'exiger strictement qu'elles regagnassent la demeure de leurs parents, en *marchant posément, modestement et en rangs,* dans les rues de la ville, se gardant bien de courir çà et là, et de faire retentir la voie publique de leurs criailleries. Il leur faisait comprendre que les habitants éprouveraient un trop juste mécontentement, s'ils voyaient leurs enfants sortir en désordre et sans retenue, et seraient naturellement portés à *n'avoir pas une bien haute idée du caractère, de la fermeté, de l'habileté et de l'influence des maîtresses* qui négligeraient constamment ce point essentiel de l'éducation des jeunes filles.

Le digne archidiacre avait la satisfaction de voir que ses avis étaient goûtés; et il remerciait souvent le Seigneur de lui avoir donné pour les écoles de Château-Thierry des religieuses aussi remplies de l'esprit de leur état, et qui mettaient si bien en pratique les leçons et les idées de la mère Lecomte, leur vénérée fondatrice.

## CHAPITRE XXXII.

M. Marprez avait fait et faisait encore beaucoup de bien à Château-Thierry. Excellent administrateur, esclave volontaire de l'obligation de la résidence, curé remarquable en son genre, il avait pour lui les sympathies des autorités et des familles les plus distinguées de la ville. Rien ne paraissait devoir lui faire bientôt quitter un ministère qui lui apportait de grandes consolations. — Néanmoins, son humilité et sa conscience timorée le portaient à penser qu'un pasteur plus jeune et plus instruit produirait encore des fruits plus abondants dans la paroisse.

D'ailleurs, déjà plus que sexagénaire, il désirait une position, où, libre de tout souci étranger, il pût, dans l'exercice continuel du recueillement et de la prière, se préparer à sa dernière heure. Il demanda donc à Mgr de Simony, son évêque, de vouloir bien lui échanger ses lettres de curé-archidiacre contre celles de chanoine de sa cathédrale. Le saint prélat se rendit à des désirs aussi légitimes, et, le 10 juillet 1834, M. Marprez, à l'âge de soixante-deux ans, (1) prit possession du canonicat titulaire devenu vacant par la mort de l'ancien doyen de Ribemont, l'abbé Noiron.

Mgr de Simony ne fut pas longtemps sans s'apercevoir que, dans le respectable curé démissionnaire, il y avait encore quelque chose de la verdeur et de la force de l'âge mûr. Il ne tarda donc pas à lui confier l'institution des clercs-laïques, charge qu'il cumula longtemps avec celle, non moins lourde alors, de trésorier de la fabrique.—Toutefois ce qui frappa davantage le zélé Pontife, ce fut le parti qu'on pouvait tirer du nouveau chanoine pour remplir un office bien important dans la cathédrale, et qui était resté à peu près vacant depuis la

(1) Les lettres d'institution de M. Marprez sont du 7 juillet. — A la même séance capitulaire eut lieu l'installation, comme chanoine titulaire, de M. Petit DeReimpré, ancien curé de Blérancourt et oncle de M. Petit DeReimpré, notaire à Soissons.

démission de l'abbé Desprez (1), dernier grand chantre en titre depuis le Concordat.

MM. Marchand, Traizet et Henri-Amable Brayer-Pinton avaient à la vérité rempli successivement cette charge, et avaient été, dans l'*Ordo* diocésain, honorés de la qualification de *præcentor*; mais cette dénomination n'accusait rien autre chose qu'une commission verbale; ils ne reçurent jamais de leur évêque les lettres et provisions authentiques de la dignité de grand chantre.

Au moment de l'entrée du nouveau chanoine dans le chapitre, en 1834, la compagnie comptait encore trois ou quatre membres plus anciens, qui possédaient parfaitement la science du plain-chant. Mais d'abord leur voix était si

---

(1) M. Remi Desprez, chantre, *cantor*, n'est décédé que le 16 juin 1818; mais quelques années avant sa mort il s'était démis de sa charge.—Le chanoine qui, depuis, a présidé le chœur, a été nommé *préchantre* (præcentor). La dénomination de *cantor* (c'est-à-dire le chantre par excellence, celui qui est au-dessus de tous les chantres, à qui aucun chantre ne peut être comparé), était celle adoptée dans l'ancien chapitre de Saint-Gervais de Soissons. Le *cantor* ne paraissait au banc cantoral qu'aux fêtes solennelles. Les deux chanoines qui suppléaient le *chantre* portaient le nom de *choristæ*. Dans le Rituel de Nivelon, au xiiie siècle, il est fait mention d'un *succentor*. — Le mot *præcentor* a été consacré par le dernier concile de Soissons (1849).

faible, qu'à peine pouvaient-ils se faire entendre, même dans le chœur ; ensuite Mgr de Simony pensait avec raison que, pour être un grand chantre digne de ce nom, il fallait tout autre chose que la science du chant. L'esprit d'organisation, des vues arrêtées, de la suite dans les idées, une grande fermeté pour poursuivre l'exécution de ce qu'on a une fois résolu : voilà les qualités essentielles d'un grand chantre de cathédrale. Le prélat les trouva réunies dans l'abbé Marprez. Il lui parut l'homme éminemment propre à ressusciter les anciennes traditions capitulaires, et à reconquérir, pour les offices, les cérémonies et les chants, la réputation de décence, de précision et de douce harmonie qui ont été longtemps une des gloires de l'église de Soissons. Aussi la promotion du nouveau grand chantre (10 septembre 1835) *dans la plénitude de ses droits et de son autorité,* CUM OMNIBUS JURIBUS ET PERTINENTIIS UNIVERSIS (1), a-t-elle été vivement

---

(1) Cantoriam seu dignitatem cantoris in insigni ecclesia cathedrali tibi tanquam sufficienti, capaci et idoneo dedimus et contulimus, damusque et conferimus, teque de eadem, *cum omnibus juribus et pertinentiis universis* providimus et providemus per præsentes. (*Lettres d'institution.*)

applaudie. Pour le chœur de la cathédrale de Soissons, elle fut presque une révolution. Et en effet, le goût du chant et de la musique était comme inué chez l'abbé Marprez. La profession de son père avait, dès la plus tendre enfance, habitué son oreille à la plus grande justesse. Une note tant soit peu fausse ou faiblement attaquée, lui causait des mouvements d'impatience qu'il n'était pas toujours maître de réprimer. Chez lui, une voix pleine, forte et sonore donnait à tout ce qu'il était chargé de chanter une grâce particulière : chacun sait qu'on écoutait avec satisfaction ses intonations, toujours si justes et si mélodieuses.

Quel amateur de chant religieux n'a pas conservé le souvenir de ces préfaces si délicieusement modulées, de l'*Adjuva nos*, du *Domine non secundum*, au Salut des quarante heures ; de ces reprises devant le trône pontifical, le bâton cantoral en main, de l'antienne de *Magnificat* aux premières Vêpres de nos grandes solennités, et de ce magnifique répons bref de la Pentecôte, *Terra mota est*, qu'il s'était adjugé et réservé à lui seul, et qu'il chantait avec tant d'aplomb, de force et de majesté, comme pour célébrer plus dignement, pensait-il, le grand anniversaire de la fondation de l'Église chrétienne?

Bien capable sans contredit d'entonner toute espèce de pièce de chant, sans direction étrangère, il réclamait, il exigeait toujours le secours d'un instrument, orgue ou ophicléide, afin d'être mis dans l'impossibilité de se tromper de la moindre fraction d'un ton. Du reste, foulant aux pieds les considérations qu'aurait pu lui suggérer un amour-propre mal placé, non-seulement il permettait, mais il commandait qu'on le détonnât, si parfois (ce qui était presque sans exemple) il s'était tant soit peu trompé dans une intonation (1).

(1) L'importance de la justesse des intonations, dans tout chœur bien organisé, est également bien appréciée dans les ordres religieux. Chez les Bénédictins et les Chartreux, le religieux qui s'est trompé en chantant, fait une génuflexion pour témoigner le repentir de sa faute. — A la Trappe, si celui qui entonne un psaume l'a pris ou trop haut ou trop bas, aussitôt, à la médiante ou médiation du premier verset, on reprend le véritable ton. — Et le chantre, qui a troublé les autres par son intonation fausse, quitte immédiatement sa place, va au milieu du chœur, se prosterne tout de son long, pour demander pardon à la majesté du Très-Haut qu'il a offensée, ou par ignorance, ou par négligence, et il reste dans cette attitude de pénitent jusqu'à ce que celui qui préside le chœur lui ait donné le signal de se relever. — Un semblable usage aurait aujourd'hui de la peine à être introduit dans les chapitres des cathédrales.

Le grand chantre, avec sa foi vive, sentait que rien n'est petit dans le culte de Dieu ; aussi, quel zèle intelligent n'avait-il pas pour faire exécuter la psalmodie d'après les règles bien déterminées (1), telles qu'elles étaient généralement admises de son temps ! Souvent il faisait chanter devant lui par les chantres de la cathédrale des psaumes entiers, pour les rompre au système auquel il les assujettissait, ou bien il choisissait les versets les plus difficiles à exécuter, et les leur faisait répéter plusieurs fois de suite, jusqu'à ce que leur exécution ne laissât plus rien à désirer.

Quoique l'abbé Marprez fût de petite stature, que le poids des ans et des travaux eût

---

(1) Ce sont celles qui ont été depuis rappelées et développées par M. l'abbé Petit, supérieur du grand séminaire de Verdun, dans son remarquable ouvrage : « Dissertation sur la psalmodie et les autres parties du chant grégorien, dans leurs rapports avec l'accentuation latine. » in-8° de 400 pages. Paris, chez Didron, 1855. — L'édition rémo-cambraisienne des livres de chant romain a adopté un autre système. — On peut encore consulter sur ce sujet « l'Esthétique » du R. P. Lambillote, et « Pratique du Chant grégorien, » par le R. P. Lambillotte; — et la « Théorie générale de l'Accentuation latine, » par MM. Henri Weil et Louis Benloew, professeurs de Faculté. Paris, Auguste Durand, 1855, un vol in-8°. — *Lettres à M. l'abbé Petit sur l'emploi des notes brèves*, par le P. Dufour. In-8°, chez Adrien Le Clere.

affaissé sa tête sur sa poitrine, et que son corps fût comme « ramassé dans sa courte grosseur, » néanmoins le sentiment de sa dignité de prêtre et de l'importance de sa charge rejaillissait sur son visage, et tout, dans sa personne et son maintien, commandait le respect.

A ces qualités, si précieuses pour le dignitaire qui est appelé à imposer à un nombreux personnel et à diriger une masse d'exécutants, ajoutez un coup d'œil d'aigle qui lui faisait apercevoir sur-le-champ, dans toutes les parties du chœur, les moindres manquements à la discipline ou aux cérémonies ; ajoutez cette force de volonté qui ne le laissait jamais reculer devant une attaque, jamais transiger avec ce qu'il regardait comme son devoir : grondant, et au besoin grondant fort, ses plus intimes amis, quand il les voyait s'écarter tant soit peu de la ligne qu'en vertu de sa charge il leur avait tracée : — « Je ne souffrirai jamais, disait-il dans son langage énergique, que qui que ce soit marche sur ma chape. » Enfants de chœur, chantres, serpentiste, organistes, séminaristes, directeurs de maîtrise, choristes, tous recevaient tour à tour ses franches et brusques admonitions, de vive voix, par lettres, en plein chapitre ou en particulier. Après cela, faut-il s'étonner si, pendant les longues années de son grand cantorat, il parvint à maintenir tout ce qui l'entourait dans une crainte révérencieuse? On y regardait à deux fois avant de se décider à un manquement.

Par une conduite aussi constamment ferme, l'abbé Marprez remplit à l'avance toute la signification du mot que le dernier concile de Soissons a inséré dans ses décrets : *In quolibet capitulo expedit* UT SIT PRÆCENTOR QUI-CHORUM REGAT.

## CHAPITRE XXXIII.

---

Ce qui faisait à l'abbé Marprez beaucoup de peine, dont il parlait souvent, et dont il ne pouvait se rendre compte, c'était le peu de zèle que la plupart des ecclésiastiques mettent à se rendre capables de chanter juste. Déjà le cardinal Bona avait déploré en ces termes le laisser-aller de son temps : Pudet me plerosque ecclesiasticos viros totius vitæ cursu in cantu versari, ipsum vero cantum, quod turpe est, ignorare. — Selon l'abbé Marprez, on prenait trop facilement son parti sur ce point important. — « Nous en savons bien assez, et nous en saurons toujours assez, » — lui avait-on répondu quelquefois, quand il avait hasardé sur ce point une observation à de jeunes prêtres. De telles réponses lui paraissaient d'autant plus inexplicables, qu'il avait la conviction qu'avec tant soit peu de bonne volonté et d'application, et avec l'aide d'un instrument quelconque, un orgue, par exemple, si facile à acquérir aujourd'hui, les plus arriérés ou ceux qui semblent avoir le moins d'aptitude pour le chant, pouvaient se former peu à peu l'oreille, adoucir et diriger les sons d'une voix rauque, et arriver à une exécution supportable.

Comment se fait-il donc, disait-il souvent, que des prêtres se résignent si facilement à chanter d'une manière ridicule les paroles sacrées de l'Écriture ou de la liturgie? On en voit sourire, quand ils ont entonné quelque morceau de travers, comme s'ils s'applaudissaient de leur ignorance, comme si chanter juste était indigne d'un bon théologien, d'un savant canoniste ou d'un profond penseur. D'ailleurs, quand il s'agit d'un chanoine, ajoutait-il, la chose devient plus grave et plus sérieuse. Non-seulement nous devons assister au chœur, mais nous sommes obligés d'y chanter; autrement nous ne satisfaisons pas à notre devoir rigoureux : *sacra Congregatio Concilii censuit canonicos non solum canonicis horis interesse, sed etiam* PER SEIPSOS PSALLERE TENERI (1) NEQUE ALIAS SUÆ OBLIGATIONI SATISFACERE (ann. 1667).

On peut dire que, sur ce point essentiel, les conciles sont unanimes, et font aux chanoines une obligation stricte de suivre l'office, de mêler leur voix à celles des chantres sans qu'il leur soit permis de s'occuper de rien autre chose, même de lire des livres de piété (2).

(1) Benoît XIV, dans sa Bulle *Cum super oblatus*, ne parle pas autrement. — Et dans le bref *Dilecte fili*, adressé au patriarche d'Aquilée en 1748 : Notum facias Nos decernere atque statuere *canonicos choro quidem adsistentes, minime vero canentes psallentesve, nullo pacto ex præbendis facere fructus suos, atque restitutioni obnoxios esse ac fore.* — La sacrée Congrégation des rites, consultée en 1841 par l'archevêque de Cambrai, pour savoir si, depuis le concordat de 1801, les chanoines étaient encore obligés de chanter, a déclaré que les chanoines qui ne chantaient pas au chœur, *obligationi non satisfacere.*

(2) In choro cum psallitur, canonici omnes qui in choro fuerint, psallant ; nec sint in sedibus suis otiosi. (Conc. de Cambrai, 1565.) — Sciant canonici se muneri deesse, nec facere fructus suos, *si suam aliorum vocibus et cantibus vocem non immisceant*, et neglecto choro vel canere omittant vel tacite pronuncient. (Concile d'Embrun, 1727.) — Quum psallendi gratia conveniant, *juncta ac clausa labia tenere non debent,*

« Les chanoines étant tenus à chanter au chœur, disent les Conférences d'Angers, *sont conséquemment obligés d'apprendre le chant ecclésiastique*, dans la proportion du talent que Dieu leur a donné, et *assez pour se mêler au chant et le soutenir.* »

D'autres canonistes poussent beaucoup plus loin les conséquences : Advertendum est, ait Scarfantonius, quod ipsi (canonici) *teneantur, ex vi sui muneris, addiscere cantum* quem vocamus Gregorianum, et peccare eos *qui tam notabiliter male canunt, ut risum excitent vel perturbationem aut fastidium causent ;* ita ut sed omnes, præsertim qui majori fung untur honore, in psalmis, hymnis et canticis Deo alacriter modulentur. (Concile de Bâle, 1435.)—Nemo, dum horæ in communi publice cantantur, legat vel dicat privatim officium (Concile de Bâle, 1435.)

In choro non libros legat aliquis; officium privatim non recitet; *omnes* divina officia et preces, devote, attente et graviter in choro *simul cantent* nec maneant otiosi, sed sint modeste compositi, ut ad devotionem populus et ad exaudiendas orationes Deus excitari possit. (Concile de Narbonne, 1609.)

*Canonicos* choro assistentes gravitatem servare, scripturas quaslibet aut *libros minime legere*, nec privatim officium recitare statuimus, *sed* eos *labiis apertis* in psalmis, hymnis et canticis, Deo alacriter modulari, etc. (Concile de Bordeaux, 1624.)

In choro *nullum librum, etiam precum, teneant aut legant;* sed *omnes* concordi voce *psallere studeant.* (Concile de Narbonne, 1551.).

*ab hac obligatione non eximat juvenilis vel senilis ætas* (1) : quia quum susceperint onus quo convenienter fungi nesciebant, *tenentur vel addiscere ea* sine quibus, ut par est, *munus suum obire* non possunt, *vel illud dimittere.* Aussi le concile de Bordeaux, tenu en 1624, prescrit-il aux évêques et aux chapitres de la province, avant qu'ils admettent un chanoine à jouir de sa prébende, de lui faire subir un examen sérieux, non-seulement sur ses mœurs et sur sa science théologique, mais encore *sur son habileté à chanter le plain-chant; le tout sous peine de nullité de la collation du bénéfice:* Quare nos episcopos, cathedralium capitulum, aut alios, ad quorum electionem seu collationem canonicatus et beneficia cathedralium, quomodocunque spectant, *nullos dein-*

---

(1) Les chanoines âgés qui auraient longtemps négligé le chant, ne doivent pas craindre que leurs efforts soient inutiles. Nous avons connu à Soissons un chanoine qui, jusqu'à l'âge de cinquante-sept ans, n'avait aucune notion du plain-chant, et qui détonnait en rendant les antiennes qui lui étaient imposées par le chantre. La mort d'un confrère l'obligea tout à coup à tenir le chœur. Aussitôt il acheta un orgue et se mit à apprendre ce qu'il aurait dû savoir trente ans plus tôt. — A force d'application et de bon vouloir, il est arrivé à faire passablement, *à peu d'exceptions près*, toutes les intonations qui sont de sa charge.

*ceps ad hujusmodi canonicatus* (1) *assumere, nisi quos, præhabito eorumdem in* Capitulo *examine, iis virtutibus, scientia et experientia,* NOTITIA-

---

(1) Un chanoine qui passait pour habile en beaucoup de choses, et qui chantait fort mal, dit un jour naïvement à ses confrères : « Si je voulais, en six jours je saurais le plain-chant. — Eh bien ! lui répondit-on, mettez-vous-y et apprenez-le. — Je m'en garderai bien, répliqua ledit chanoine, avec cet air de dédain qui lui était familier. » Et cependant cet ecclésiastique avait une grande piété, et de plus il se disait théologien, canoniste, grand lecteur des saints Pères et des livres ascétiques, etc.!!! — C'était celui-là même qui disait avec humeur : On m'a ôté de mon doyenné, et on ne m'a fait venir à la cathédrale que pour *grogner des antiennes!!!*

Parole vraiment regrettable!... mais qui est évidemment le fruit fatal d'une inintelligente éducation cléricale. C'est que, en effet, à une certaine époque, *heureusement bien éloignée de nous,* on était dans les séminaires enclin à penser que l'assistance et la participation active aux saints offices sont un temps perdu. La plupart des séminaristes ne portaient à l'église que leur corps... en se réservant toutefois, pour leur usage particulier, les yeux, la bouche et les oreilles. — Aux jours de dimanches et de fêtes, le chœur se remplissait à la vérité de nombreux élèves, lesquels, s'ils eussent été instruits et exercés, auraient pu produire de merveilleux effets de chant, de manière à attirer habituellement à l'église une assistance considérable ; mais, semblables à ces idoles dont parle le prophète-roi, leurs lèvres restaient closes, et ils étaient indifférents à ce qui se faisait autour d'eux : *Os habent et non loquentur; oculos habent et non videbunt; aures habent et non audient.* (Ps. 113.) On avait la réputation de fervent, lorsque, au lieu de suivre l'office, on lisait l'*Imitation de Notre-Seigneur* ou une vie de saint. — On passait pour *studieux,* quand on étudiait à l'église un sermon de Bourdaloue ou de Bossuet, ou de Massillon.... c'était ce que l'on appelait *savoir employer son temps.* Telles étaient alors les traditions antica-

QUE ET USU CANTUS ET PSALMODIÆ PRÆCELLEE *probaverint;* — electiones et *collationes alite factas,* amodo et ex eo tempore *nullas esse* penitus et irritas declarantes.

noniques de quelques séminaires. On ne se rendait au chœur que comme certaines personnes vont aux réunions profanes... pour y *faire tapisserie!!!* — Faut-il s'étonner après cela qe ces mêmes clercs, devenus curés, aient laissé tomber le cul: divin dans leurs paroisses? et que, devenus chanoines, ils aiet pris si fort à dégoût les saints offices. — Aujourd'hui veut-o sérieusement faire retrouver aux peuples le chemin de l'église non-seulement il faut former les *clercs* à la vertu, et leur enseigner la théologie et le droit canon ; mais *il y a de pls nécessité indispensable* de leur inspirer l'estime, l'amour t le goût du chant et des offices; et de faire en sorte que tos mettent leur bonheur à chanter et à suivre dans leur live toutes les parties de la messe ou des vêpres, sans jamas demeurer étrangers aux prescriptions et à l'ordonnance e la sainte liturgie.

## CHAPITRE XXXIV.

De telles conclusions ne seront certainement pas du goût de tout le monde... mais ces textes d'un canoniste et d'un concile provincial auraient déjà un résultat satisfaisant, si désormais on sortait de l'indifférence où beaucoup de chapitres sont jusqu'ici restés par rapport aux chants liturgiques, faute d'avoir compris de quelle influence sont des morceaux bien exécutés pour attirer les fidèles dans le temple du Seigneur. N'est-ce pas par le moyen des chants parfaitement préparés, et par des cérémonies bien étudiées que les Bourdoise et et les Olier (1) avaient, dans le XVIIe siècle,

(1) L'étude des cérémonies et du chant ecclésiastique formait une partie essentielle de l'instruction qu'on recevait alors à Paris dans le séminaire (Saint-Sulpice); et l'usage

ranimé la piété du clergé, et ramené le peuple dans les églises? Ne sont-ce pas encore aujourd'hui les curés qui savent le plain-chant et la musique, qui parviennent plus facilement à retenir chaque dimanche une jeunesse d'élite autour des saints autels, et la préservent ainsi des plus grands dangers? Qui a entendu, sans en être touché et ému jusqu'aux larmes, les chants des exercices de l'Archiconfrérie de Notre-Dame des Victoires, à Paris? Quel fidèle n'a pas été ravi d'un office bien exécuté, comme il l'est ordinairement dans les paroisses gouvernées par un curé intelligent et zélé.

La cause première du triste état du chant dans beaucoup d'églises, l'abbé Marprez croyait l'avoir trouvée, ainsi que le remède qu'il fallait y apporter. Il avait toujours remarqué que généralement les prêtres qui ne

---

était d'avoir *un maître de chant*, qui venait *tous les jours y faire plusieurs leçons*. (*Vie de M. Olier*, par l'abbé Faillon.) — Comment se fait-il qu'aujourd'hui il soit passé *en proverbe* que, pour être reçu dans certaine communauté, une des trois conditions est de *ne pas savoir chanter?* Pure plaisanterie, sans doute, mais à laquelle ont donné occasion bon nombre de membres de cette compagnie, en ne mettant aucune importance à apprendre le plain-chant, et en se glorifiant presque de *leur ignorance* sur cet objet important de la science ecclésiastique.

savaient pas le plain-chant étaient ceux qui, n'ayant pas été enfants de chœur dans leur paroisse natale, n'en avaient pas reçu, dès le jeune âge, les premières leçons ; et qu'au contraire, ceux qui avaient eu cet avantage dans leur enfance, n'éprouvaient aucune difficulté pour exécuter les chants de l'Église. De là, il concluait naturellement que le meilleur moyen pour que désormais aucun ecclésiastique n'ignorât le chant (1), c'était que, dès

(1) Rien ne serait plus facile que *d'enseigner à tous les élèves les principes de la musique*, et de les habituer peu à peu à exécuter exactement et avec ensemble, d'abord tous les *chants usuels* : l'ordinaire des messes des différents rites, les antiennes à la Vierge, les hymnes et les antiennes des vêpres et des saluts, les litanies de la sainte Vierge. — — Ensuite, on les exercerait à la psalmodie d'après des règles sûres et rationnelles. — Enfin, on attaquerait des morceaux plus difficiles : les introïts, les offertoires et les graduels. — Quand les enfants verraient qu'on met de l'importance aux chants d'église, quand ils commenceraient eux-mêmes à en apprécier la beauté simple et majestueuse, une louable émulation s'établirait bientôt entre tous ; ils suivraient avec plaisir les différentes parties des offices, auxquels ils prendraient une part active, et où ils sentiraient leur piété se nourrir et se fortifier. — De cette manière, et en moins de quatre ans, tous les élèves sauraient la musique et le plain-chant et ne l'oublieraient plus pendant le reste de leur vie. — On pourrait en outre faciliter l'*étude de l'orgue* à ceux qui y montreraient de l'aptitude. — Lorsque, plus tard, ces mêmes jeunes gens auraient été promus au sacerdoce et placés à la tête d'une paroisse, ils s'attacheraient très-certainement, dans leurs petites églises, à reproduire, autant qu'il serait en leur pouvoir, ce

l'entrée dans les petits séminaires, lorsque les élèves ne sont encore âgés que de 9 à 14 ans (de la septième à la quatrième), on leur en enseignât avec soin la pratique et les principes, dans des classes faites régulièrement par un maître capable. — Exercés ainsi pendant les premières années, les élèves prendraient né-

---

dont ils auraient été témoins dans les chapelles de leurs séminaires. Et les peuples accourraient aux offices et aux pieux exercices de persévérance, parce que l'on aurait su les rendre intéressants par des chants bien exécutés. — Qui ignore, dans le diocèse de Soissons, ce qui se passe à Landouzy-la-Ville ? Par le moyen de la *musique*, *que son zélé pasteur*, M. *l'abbé Martin*, *a enseignée à toute sa paroisse*, il est parvenu à rassembler à l'église, l'après-midi des dimanches et fêtes, la plus grande partie de ses ouailles : jeunes gens, jeunes personnes, femmes mariées, hommes mariés, et jusqu'à des vieillards.

Un professeur d'orgue, M. Hanon, vient de publier (1860) un ouvrage pour faciliter l'accompagnement des chants dans les paroisses rurales. En voici le titre : *Système nouveau, pratique et populaire pour apprendre à accompagner tout plain-chant à première vue, au moyen d'un clavier transpositeur, sans savoir la musique et sans qu'il soit nécessaire de recourir à aucun maître.* In-4°, prix net : 5 fr. 50 cent., franco par la poste. S'adresser, par lettre affranchie, à M. Hanon, à Boulogne-sur-mer (Pas-de-Calais). — Chacun pourra juger après essai. — On se demande naturellement s'il ne serait pas tout aussi facile d'enseigner la musique et l'accompagnement *par principes*, au lieu d'en faire un pur mécanisme qui, quelquefois, mettra en défaut l'accompagnateur ? — Peut-être le procédé de M. Hanon est-il propre à rendre plus intelligible l'enseignement des principes d'harmonie, lorsque quelqu'un ne voudra plus s'en tenir à la routine.

cessairement du goût pour le chant; ils s'y perfectionneraient pendant le reste de leurs études, sans prendre d'autre peine que celle de participer aux répétitions hebdomadaires, et de prêter ensuite de bonne grâce leur concours à l'exécution des diverses pièces de musique et de plain-chant, qui s'exécutent dans les offices. Avec une telle organisation, répétait souvent l'abbé Marprez, nous n'aurions dans la suite presque aucun prêtre qui ne sût chanter décemment les louanges du Seigneur. N'est-ce pas une honte, ajoutait-il avec vivacité, qu'en matière de chant, un curé en sache beaucoup moins qu'un clerc-laïque. Déjà, quand il était doyen ou archidiacre, il avait souvent éprouvé une vive peine, lorsqu'il lui arrivait du grand séminaire des vicaires (1) qui, ignorant la pratique du plain-chant, étaient un objet de distraction ou de risée pour ses paroissiens.

La cathédrale de Soissons elle-même ne donna pas toujours, sur ce point, à l'abbé Marprez, pleine et entière satisfaction; et ce

(1) « Que vous apprend-on donc au séminaire? leur disait-il vivement; vous ne savez pas même chanter une préface! »

qu'il y entendit quelquefois ne fit que le confirmer dans les idées exposées ci-dessus, et qui étaient fréquemment l'objet de ses conversations. C'est qu'en effet, notre grand chantre était tout entier à sa charge ; il ne croyait pas même sa tâche accomplie, quand il quittait l'office. Rentré chez lui, il s'en préoccupait encore.

On venait de recréer la maîtrise sur de plus larges bases et avec un personnel beaucoup plus nombreux (1836 et années suivantes). Le grand chantre n'épargna ni temps ni peines pour aider le nouveau directeur à former ces jeunes enfants à cette bonne tenue, à cet ensemble dans les mouvements, à cette modestie et cette piété qui ont été, pendant les vingt dernières années, comme un des apanages de la maîtrise de Soissons. On vit alors ce respectable septuagénaire multiplier ses courses à la cathédrale et à l'établissement, pour être témoin des exercices de cérémonies. Il encourageait les jeunes élèves par ses paroles, et, de temps en temps, par des récompenses. Souvent il honora de sa présence les classes de musique et de plain-chant. Jamais il ne manqua aux répétitions qui précédaient l'exécution des messes de nos grandes solennités.

De plus, pendant quatorze années consécutives, il consacra tous ses moments libres à relire, à annoter, à corriger les anciens cahiers de cérémonies, faits déjà avec beaucoup de soin par l'abbé Henri-Amable Brayer-Pinton, mais qui étaient susceptibles de perfectionnements. Il se chargea lui-même de la rédaction d'un livre spécial pour les enfants de chœur; il y entra dans les moindres détails, afin de mieux assurer l'exécution uniforme des prescriptions de la liturgie (1). En outre, il disposa, sur de nombreuses feuilles détachées, de petits cérémoniaux, destinés à guider ses confrères ou les séminaristes, dans les fonc-

---

(1) Pour se mettre au courant des cérémonies romaines, on peut étudier: *Cérémonial romain*, par M. de CONNY, in-8°, chez Jouby, 1858. — *Cérémonial selon le rit romain*, d'après Baldeschi et Favrel, par le R. P. LEVAVASSEUR, 2ᵉ édit., fort volume in-12 de 1030 pages, chez Lecoffre, 1859.—*Cérémonial romain*, par M. FALISE, in-8°, chez Jouby, 1853.—*Pratique de la liturgie sacrée* selon le rit romain, par DE HERDT, traduction de M. MAUPIED, deux gros volumes in-8° de 1344 pages, chez Gaumé, 1859. — *Ceremoniale episcoporum* avec le commentaire de Catalan, deux volumes in-4°, chez Jouby, 50 fr.

tions spéciales qui pouvaient leur être dévolues.

A mesure que revenaient dans le cours de l'année les diverses solennités, il revoyait, plusieurs jours à l'avance, les dispositions générales et tout ce qui devait y être fait de particulier ; il en écrivait le programme, l'affichait au tableau d'intabulation et le notifiait en temps opportun aux organistes, aux chantres et à tous ceux qui devaient y remplir quelque fonction, tant il avait l'esprit de prévoyance et d'organisation !

Deux fois, dans l'exercice de sa charge, l'abbé Marprez parut dépasser son but et étendre son zèle au delà de ses attributions; mais ce fut encore pour lui une occasion de montrer combien sa vertu était solide et ses intentions pures.

Voulant donner plus d'éclat et de majesté à la psalmodie, le grand chantre avait cru devoir essayer de composer une collection complète de faux-bourdons. A dire vrai, ses connaissances musicales n'étaient pas en rapport avec ses désirs. L'œuvre fut inexécutable et propre à dénaturer et à éteindre les voix si douces et si mélodieuses des enfants de chœur du chapitre. Mgr de Simony, informé à temps, donna au directeur de la maîtrise l'embarrassante commission d'avertir le vénérable compositeur qu'il se donnait une peine inutile. Aux premiers mots de l'envoyé, le grand chantre, avec un calme et un sang-froid bien dignes d'admiration, prend sur son bureau le résultat de ses pénibles labeurs, et livre sans hésiter aux flammes ses contre-points tout entiers. Exemple bien rare d'abnégation personnelle et d'esprit de sacrifice !

Le second excès de zèle que l'on peut encore blâmer dans l'abbé Marprez, c'est d'avoir changé, au sacre de Mgr de Garsignies, évêque de Soissons, le chant de plusieurs répons du Pontifical, pour y substituer une notation qui fût plus en rapport avec le mode d'exécution adopté alors dans le diocèse. Voici comment, le 7 mars 1848, M. l'abbé Caron, de Saint-Sulpice, grand maître des cérémonies, rendait compte de ses impressions, dans un article qu'il fit insérer dans le tome 136, n° 4503, de l'*Ami de la Religion* :
« A la cérémonie du sacre de Mgr de Gar-

signies (28 février 1848), on n'a dit qu'une *messe basse*, mais on y a chanté le *Veni Creator*, le *Te Deum*, et les deux antiennes *Unguentum* et *Firmetur*, notées dans le Pontifical. Le chant de ces antiennes, consacré par l'autorité de plus de six siècles, n'a pas été du goût du grand chantre de la cathédrale; il y a substitué un nouveau chant, bien compassé et bien lourd, ou *plombé*, comme il l'appelle, pour essayer de faire oublier les sons à la fois graves, touchants et gracieux des antiennes romaines. *Barbarus has segetes!* Il a pu avoir quelques approbateurs parmi ses exécutants; mais plusieurs évêques et autres ecclésiastiques, qui connaissent l'ancien chant, n'ont pas témoigné leur sympathie pour cette bizarre innovation. »

La leçon était un peu dure. M. Marprez la comprit, et ne répliqua pas. Elle servira d'avertissement à tous les grands chantres futurs qui auront à organiser, dans leur basilique, la solennité d'une consécration épiscopale.

A part ces deux faits qui ne sont que des manières de voir, n'ayant rien de répréhensible en elles-mêmes, et qui avaient pour motif le zèle de la maison de Dieu, on peut affirmer que, durant les dix-sept dernières années de sa vie, l'abbé Marprez a été le type le plus parfait qu'on puisse trouver du vrai grand chantre de cathédrale. Puissent ceux qui rempliront à l'avenir la même charge ne rester jamais au-dessous de la perfection du genre, dont nous avons été les *heureux témoins !*

## CHAPITRE XXXV.

Si nous venons maintenant à considérer l'abbé Marprez comme simple chanoine, quel nouveau sujet pour tous d'édification et d'admiration! Qui a jamais mieux compris que lui l'esprit de l'Église dans l'établissement de ce premier degré de la hiérarchie diocésaine?

Il vénérait les chanoines, ses confrères, ces anciens du sanctuaire qui, après avoir consumé leurs forces dans l'exercice actif du ministère évangélique, après avoir travaillé directement au salut des âmes qui leur étaient confiées, venaient consacrer à *l'apostolat de la prière* les jours de grâce que leur accordait la bonté du Seigneur. Oui, aux yeux de M. Marprez, un chapitre de cathédrale, c'était Moïse avec Hur et Aaron sur la montagne, élevant vers le ciel des mains suppliantes, priant Dieu avec ferveur, et obtenant par leur persévérance une victoire complète sur les Amalécites. Tandis que, depuis de trop nombreuses années, la plupart des églises sont demeurées désertes le jour comme la nuit, et que leurs voûtes ne retentissent plus des louanges du Très-Haut, les cathédrales seules, avec quelques rares maisons religieuses, rendent au Dieu créateur et à Jésus-Christ notre rédempteur, ce culte public et solennel qui rassemble, comme en une seule voix, les actions de grâces et les supplications de toute la terre. Le chœur de Saint-Gervais présentait à l'abbé Marprez l'image de cette vision où le Seigneur découvrit au prophète, fils d'Amos, la majesté de son trône, et lui fit voir les séraphins se voilant la face par respect et criant l'un à l'autre : « Saint, saint, saint est le Seigneur Dieu des armées ; la terre est remplie de l'éclat de sa gloire. » (ISAIE, VI.) Il comparait encore les divins offices à l'échelle de Jacob ; et plein de confiance en la parole infaillible du bon Maître : « Demandez et vous recevrez, frappez et on vous ouvrira, » il était persuadé que, en retour des prières quotidiennes et ferventes des membres du chapitre, descendaient, sur le premier pasteur et sur tout le diocèse, des grâces innombrables de conversion et de persévérance.

Ainsi pensaient les Pères de l'Église :

« Lorsque Dieu voit un certain nombre de personnes, confondant leurs vœux dans une même prière, il éprouverait une sorte de honte à ne pas l'exaucer, dit S. Chrysostome, *Quasi pudore commovetur Deus, quum multitudinem ad precationem concordem atque conspirantem cernit.* — Il est impossible, dit saint Thomas, que Dieu n'exauce pas les prières faites en commun, *impossibile est preces multorum non exaudiri, si ex multis orationibus fiat quasi una.* »

Pour l'abbé Marprez, l'office était tout : *Hoc est enim omnis homo.* C'était la préoccupation de sa vie, l'objet habituel et constant de ses pensées. Une journée où il n'aurait pas assisté au chœur eût été une journée perdue. Il fallait une absolue et impérieuse nécessité pour le déterminer à s'en absenter, même un seul jour. Et quelle admirable ponctualité pour les offices ! Toujours il arrivait le premier, malgré les infirmités et la pesanteur de l'âge. Dans la crainte de se tromper sur les heures de la journée et d'être par là involontairement en retard, il usait d'une industrie qui lui était commune avec son vénérable confrère, l'abbé Daguet : elle consistait à maintenir sa pendule en avance d'une quinzaine de minutes, sur l'heure véritable ; et, s'en tenant à cette indication de convention, il partait de chez lui, avant que l'on eût commencé à sonner à la cathédrale. Et si, par hasard, au moment fixé, il se trouvait à converser avec quelqu'un, il se levait le premier, montrait du doigt l'aiguille inexorable, et congédiait en souriant les plus respectables compagnies, pour ne pas manquer à son devoir.

Quelle noble gravité, lorsqu'il sortait de la sacristie pour se rendre à sa stalle ! Comme on lisait sur son visage les pieux sentiments qui remplissaient son cœur ! Quelle attention à se conformer aux moindres prescriptions canoniques ! Le vit-on jamais, pendant le saint sacrifice où le chant des psaumes, se servir d'un livre étranger à l'office qui se célébrait ? Les petites heures, il ne les a jamais récitées durant la messe conventuelle. Sur ce point, comme sur tous les autres, il se soumettait avec simplicité aux canons de l'Église, et ne croyait pas qu'on honore Dieu beaucoup mieux, et qu'on travaille plus efficacement à la sanctification de son âme, en n'assistant que de corps aux saints offices, tandis que l'on occupe son esprit à des lectures de fantaisie. Pour lui, il chantait avec cœur toutes les paroles liturgiques et avait l'intime conviction que c'était là le meilleur moyen d'être agréable à Dieu et d'édifier le prochain.

Comme sa dévotion envers la sainte Eucharistie se manifestait chaque jour dans son attitude si respectueuse pendant l'oblation des saints mystères! Mais surtout, dans les cérémonies où l'on exposait le très-Saint-Sacrement, quelle expression de foi vive, quand il fixait par instants ses yeux sur l'ostensoir renfermant la divine hostie! — Plus d'une fois, on l'a vu prolonger son adoration deux heures de suite au sépulcre, ou au sanctuaire, plutôt que de laisser sans adorateurs le Dieu caché, qu'oubliaient ceux qui étaient désignés pour remplacer, au bout d'une demi-heure, le vénérable vieillard.

Un *tableau du saint sacrifice*, que l'abbé Marprez avait vu chez un de ses confrères, l'avait vivement impressionné. C'était la reproduction de celui qu'avait fait faire M. Olier, et qui représente le prêtre au moment de l'élévation, offrant l'auguste victime au Père éternel, dans toutes les intentions de l'Église du ciel, de la terre et du purgatoire, selon cette pensée de l'auteur de l'Imitation : *Quando sacerdos celebrat, Deum honorat, angelos lætificat, Ecclesiam ædificat, vivos adjuvat, defunctis requiem præstat.* Le pieux chanoine avouait que, depuis ce jour, il avait senti sa dévotion s'accroître ; et que, quand il était à l'autel, la seule pensée que l'Église triomphante, l'Église militante et l'Église souffrante étaient attentives à la grande action dont il était le ministre, le remplissait d'un saint respect, et lui faisait faire d'incessants efforts, pour que le fruit d'un si grand sacrement ne fût pas perdu ou amoindri par sa faute.

Telle était l'idée qu'il s'était faite du sacrifice de nos autels et des nobles fonctions canoniales. Et cette idée était juste et n'avait rien d'exagéré.

C'était celle de Bossuet lui-même qui, comme on le sait, avait été chanoine de la cathédrale de Metz, pendant dix-sept ans, et de qui un auteur moderne (1) a écrit :

« L'assiduité au chœur, tant aux offices de la nuit qu'à ceux du jour, avait moins frappé, peut-être, tout le clergé de l'Église de Metz, que le sentiment de douce joie, d'ineffable contentement dont ces pieux devoirs inondaient son âme, ce que rendaient manifeste pour tous son maintien, la sérénité, la bénigne et radieuse expression de son visage.

» Le soir, au premier bruit de la sonnerie de Saint-Étienne, prompt à prendre congé de sa famille : « *Je m'en vais à Matines,* » (disait-il à ses deux sœurs, avec un visage épanoui, et un accent de douce joie.) L'une d'elles aimait, dans un âge avancé, à redire cet adieu, n'ayant pu l'oublier jamais. »

Le même auteur ajoute :

« Combien encore le touchait le chant des

---

(1) *Études sur la vie de Bossuet, jusqu'à son entrée en fonctions en qualité de précepteur du Dauphin* (1627-1670), par M. A. Floquet, correspondant de l'Institut, 3 vol. in-8º. Paris, Firmin Didot, 1855. (Ouvrage fort intéressant, malgré son style un peu rocailleux et ses continuelles et fatigantes inversions.)

psaumes ! Sous les voûtes sonores, sous les arceaux élancés de cette belle et spacieuse cathédrale de Metz, entendre retentir les cantiques de David ; les entendre, et ne mêler pas aux chants du chœur sa voix mâle, grave, mais douce et touchante tout ensemble, Bossuet ne l'aurait pu faire. Les sentiments qui inspirèrent au saint Roi ces chants divins étant chez Bossuet, vifs, profonds, intimes ; ses transports, ses élévations vers Dieu devenant propres au pieux et sensible prêtre; chanter les psaumes, *psallere*, aurait-ce pu n'être pour lui que les réciter seulement et les redire par un effort de mémoire ? Non ! non ! Bossuet, en cette action, ressentant tout ce qu'avait ressenti David ; les mêmes affections échauffant son cœur et électrisant son génie ; psalmiste, lui aussi, en ces instants, s'il nous est permis de nous exprimer ainsi, le cri de son âme s'élançait vers Dieu, tendre, exalté, pressant comme celui du Roi-prophète. Ce que, dans la suite, il devait dire, avec tant d'éloquence, des dispositions de cœur et d'esprit dans lesquelles il convient de chanter ces cantiques sacrés, nous sera à jamais une révélation de celles dans lesquelles il s'associa aux élévations du saint Roi et à ses prières. Dans sa *Dissertation sur les psaumes*, dans l'affectueuse *dédicace* qu'il en fit aux chanoines de Meaux, combien on le voit désireux de faire part aux prêtres, ses coopérateurs, aux fidèles de son diocèse, du bonheur intime qu'il doit à ces chants sacrés ! Jamais dans le cœur du vieil évêque ne s'était affaiblie l'admiration passionnée du jeune archidiacre de Metz. »

Ces mêmes sentiments, ces saints élancements vers le Très-Haut, l'abbé Marprez les éprouvait en chantant les cantiques du Roi-prophète. Néanmoins, afin de pouvoir pénétrer davantage le sens de ces hymnes sacrés, il ne manqua pas, dès qu'il fut en possession du canonicat, de reprendre un projet, formé en vain longtemps auparavant, mais que les nombreuses occupations du ministère l'avaient forcé d'ajourner : celui de se remettre à étudier peu à peu les psaumes, en les lisant et relisant dans un bon commentateur. Cette étude fut pour lui, pendant les heures qu'avec ses confrères il consacrait à la divine psalmodie, une source inépuisable de douces jouissances et un aliment à sa piété.

## CHAPITRE XXXVI.

Dans ses pieux exercices journaliers, l'abbé Marprez n'était pas moins édifiant que dans ses fonctions de chanoine. Il y employait chaque jour trois heures consécutives, depuis son lever (5 heures du matin même en hiver) jusqu'à huit heures. Ces exercices comprenaient son oraison, son examen de prévoyance, la lecture spirituelle, l'abrégé de la vie du saint du lendemain, le chapelet et quelques pages de la sainte Écriture.

Pour se fortifier dans sa résolution de ne jamais omettre la méditation du matin, il aimait à se rappeler cette parole du P. Nouet : « Si vous êtes homme d'oraison, mon cher frère, rendez grâces à Dieu de cette faveur; si vous ne l'êtes pas, travaillez au plus tôt à le devenir. »

Et encore ces autres sentences :

« Sans la prière mentale, la vie spirituelle est impossible. »

« On n'est bon prêtre que par l'oraison. » Quum video hominem non amantem orandi studium, continuo mihi palam est eum nihil egregium in anima possidere. » (Saint Chrysostome.)

C'était à la fin de sa méditation qu'il parcourait, d'un coup d'œil rapide, toute sa journée, se rappelant les fautes de la veille, renouvelant ses résolutions, prévoyant les occasions de relâchement, les sacrifices qu'il ferait au Seigneur, les actes de vertu qu'il pourrait pratiquer (1).

Il ne mettait pas moins d'importance à la lecture spirituelle : « C'est l'huile de la lampe de l'oraison, » disait saint François de Sales.— Ces deux exercices sont corrélatifs.

« Qui vult cum Deo esse, frequenter debet

---

(1) Revolve in animo tuo quantum profeceris, utrum sis insolentior aut humilior, affabilior vel austerior, mansuetior aut gravior, liberalior aut avarior. Pierre de Blois.

orare et legere. Nam quum oramus, ipsi cum Deo loquimur. Quum vero legimus, Deus nobiscum loquitur. Omnis profectus ex lectione et oratione procedit. » (Saint Isidore.)

Son chapelet lui était bien cher. C'était le chapelet qui avait été son bréviaire au milieu des camps, sa sauvegarde dans le choc des batailles, sa consolation dans les souffrances et la détresse. Il n'eût pas voulu, pour quoi que ce fût, en omettre un seul jour la récitation.

Pour l'Écriture sainte, il avait plusieurs méthodes ou pour lire une fois chaque année la Bible tout entière, ou au moins pour en étudier quelque partie plus essentielle.

Une première année, il lisait la Bible en français, dans l'ordre où la sainte Église en a disposé les livres, et il ne se servait alors d'aucune espèce de commentaire.

Une autre année, il la lisait en suivant les indications du P. Lamy, modifiées par le célèbre abbé Carron (1).

D'autres fois, il consacrait l'année entière à

---

(1) Comme ce plan peut être très-utile aux ecclésiastiques, nous le donnerons tout entier à la fin de ce volume.

lire, avec quelque commentaire, une portion notable de l'Écriture, soit les épîtres de saint Paul, dans le P. de Picquigny, édition en français, soit les psaumes du père Berthier, soit le nouveau Testament avec les réflexions du P. Lallemant.

L'abbé Marprez n'était pas un savant et ne voulait pas le devenir. — Conformément aux principes contenus dans les deux premiers chapitres du premier livre de l'Imitation, il cherchait Dieu dans la Bible, ainsi que la connaissance du cœur des hommes et de son propre cœur. Il laissait à de plus jeunes et à de plus habiles le soin d'approfondir les endroits obscurs ; il s'attachait à goûter, à savourer tout ce qu'il comprenait plus facilement et à en tirer pour lui-même des conséquences pratiques.

On s'étonnera peut-être que ce vénérable chanoine n'ait pas préféré répartir ses exercices spirituels tout le long de la journée. — Mais c'était, nous devons le dire, de dessein formé qu'il les réunissait tous en une seule séance. Convaincu que, sans la méditation quotidienne, et sans de solides lectures, le ministre du Seigneur n'est bientôt plus qu'un sel affadi, à peu près inutile à lui-même et aux autres, il avait voulu que, pour ces exercices de première nécessité, il y eût presque impossibilité de les omettre. Or., l'expérience lui avait appris qu'il n'en est pas d'un ecclésiastique vivant dans le monde, comme du religieux fixé dans une communauté, où la cloche, faisant cesser toute occupation, lève tous les obstacles à l'accomplissement de la règle. Un prêtre demeurant en ville est exposé, dans le cours de la journée, à voir sa retraite forcée par des visites dont il ne peut à l'avance déterminer la durée, et qui pourraient, en se prolongeant, le contraindre à négliger quelquefois, malgré lui, les pratiques qui sont le soutien de la piété. Par le mode invariable qu'il avait adopté, M. Marprez ne laissait jamais manquer son âme de sa nourriture spirituelle.—Si, malgré ses sévères précautions, le temps de ces premiers actes religieux venait cependant à lui être dérobé, sa persévérante volonté savait le retrouver. Un jour, une voiture particulière le prend chez lui, avant l'aurore, pour le conduire à une distribution de prix dans l'arrondissement; il n'est de retour qu'à dix heures du soir. Comme il n'a vait pas eu le temps de faire dans la matin[ée] ses oraisons et lectures accoutumées, il ne [se] coucha qu'à une heure du matin, après avo[ir] accompli les prescriptions de son règleme[nt] privé. Quelle fidélité! Quel courage! il ava[it] alors soixante-dix-huit ans.

De quelle édification pour le clergé entier [du] diocèse était encore l'abbé Marprez, à l'époqu[e] de ces utiles retraites pastorales qui réunissen[t] chaque année, plus de deux cents prêtres da[ns] le vaste local du grand séminaire! Au milie[u] des allées et venues, peu silencieuses, et mêm[e] (il faut le dire) beaucoup trop bruyantes, [de] tant de confrères qui ne se sont pas vus depu[is] longtemps et qui trouvent les récréations tr[op] courtes, tant est grand le désir qu'ils ont [de] s'épancher auprès de leurs amis et de recevo[ir] leurs conseils, le chanoine-grand-chant[re] était loin de se laisser distraire; son attitud[e] était grave, sérieuse, recueillie. Pendant c[es] six journées où il s'abstenait de paraître [au] chœur, on voyait clairement qu'il s'occupa[it] de sa fin dernière et qu'il était tout entier a[ux] exercices de la retraite. C'était surtout alo[rs] qu'il relisait et méditait les textes que nous avons cités plus haut, et qui l'avaient si fort ému à la veille de son ordination.

Les résolutions qui étaient le fruit de ces saintes méditations, il en maintenait l'exécution dans le cours de l'année, par la pratique constante de la confession, qu'il ne différait jamais au-delà de deux semaines. Au jour et à l'heure fixés, on était assuré de le voir arriver, pour se jeter aux pieds du directeur de son âme.

Il savait d'ailleurs que, s'il eût laissé passer quinze jours sans se confesser, il n'aurait plus été dans les conditions rigoureuses pour gagner les indulgences, et jouir de la faveur de l'autel privilégié où il disait habituellement la sainte messe. Il aurait été bien attristé si, par sa négligence en ce point, les âmes souffrantes du purgatoire, et surtout celles qui sont le plus abandonnées, eussent été privées du suffrage de ses prières et de l'application de l'indulgence plénière, qu'il lui était possible de gagner (1); car

(1) Il ne manquait pas, après la sainte messe, de dire la prière « O bone Jésu.... » à la récitation de laquelle est attachée une indulgence plénière, pourvu que l'on soit confessé et que l'on prie pour les intentions du souverain Pontife.

dans l'expansion de sa charité, il n'hésitait pas à abandonner aux âmes du purgatoire toutes ses indulgences, étant bien assuré que Dieu, qui est souverainement juste, lui accorderait d'autres grâces, en raison même de l'oubli qu'il aurait paru faire de son intérêt personnel, pour ne penser qu'à la délivrance de l'âme de son prochain.

## CHAPITRE XXXVII.

L'abbé Marprez n'était pas moins admirable dans ses relations avec les personnes au milieu desquelles il avait à vivre, et par le zèle qu'il mettait à être utile à leur âme, et par les sacrifices qu'il faisait pour leur soulagement corporel, et par les égards qu'il ne manquait jamais de leur témoigner en toute espèce de circonstance.

Depuis son retour à Soissons, il s'était toujours prêté à entendre les confessions de tous ceux qui lui en témoignaient le désir. Il fut même chargé, pendant dix ans, de la direction spirituelle des Frères des écoles chrétiennes; de sorte que les samedis, et surtout la veille des fêtes, tout accablé qu'il était déjà par la longueur des offices, on le voyait se traîner, soit à l'établissement de ces vertueux instituteurs de l'enfance, soit à sa chapelle, à la cathédrale, pour y rester des heures entières à remplir le consolant mais pénible ministère du tribunal de la réconciliation. S'il cessa de s'y livrer, pendant les deux dernières années de sa vie, ce ne fut que par déférence aux conseils de ses supérieurs.

Son amour pour le prochain le portait encore à une autre espèce de sacrifice. Quoiqu'il n'eût pour tout revenu que la mince et insuffisante prébende du canonicat, non-seulement il parvenait à se suffire à lui-même, mais il cherchait encore tous les moyens possibles de satisfaire son penchant à la générosité. Nous disons avec vérité, *son penchant;* car il aimait à donner, et il était heureux d'avoir trouvé le secret de pouvoir donner. Ce secret, c'était d'abord la pratique constante du précepte même de Notre-Seigneur : *Abneget semetipsum,* c'est-à-dire, qu'à force de se retrancher le nécessaire à lui-même, il lui restait toujours quelque chose pour les autres. Ce secret, c'était l'ordre qu'il mettait dans ses finances. Il comptait avec lui-même, faisait son budget annuel ; et ses désirs, en aucune circonstance, n'allaient au delà de ses ressources. Jamais il n'eut de dettes ; il les avait en horreur, et n'achetait qu'au comptant. En vain des vêtements trop usés semblaient demander à être remplacés, il attendait toujours pour acheter une soutane neuve qu'il eût l'argent pour la payer (1).

Dans le Chapitre, personne ne recevait à sa table aussi souvent que l'abbé Marprez, non-seulement depuis qu'il fut doyen et chef de corps, mais même quand il n'était que simple chanoine. Et cela par le motif de la plus pure charité, et par le désir d'entretenir la bonne harmonie avec ses confrères. Chaque année (qu'on le lui rendît ou qu'on ne le lui rendît pas), il invitait successivement à sa table tous les membres du Chapitre, les directeurs du séminaire, le directeur et les professeurs de la maîtrise et de Saint-Médard, ainsi que les vicaires de la paroisse. Les curés de la ban-

(1) Il se disait à lui-même, dans un langage qui lui était propre : « Mon ami, tu as besoin de telle chose ; eh bien ! tu t'en passeras. »

lieue et un certain nombre d'autres prêtres et de séminaristes avaient aussi leur tour. De tels exemples de désintéressement et de générosité sont rares et peu contagieux (1).

Il n'est pas jusqu'aux petits enfants de certaines familles privilégiées à qui l'abbé Marprez ne voulût donner aussi leurs fêtes. Ces jours-là, le grand-chantre déposait pour un moment la majesté et le sérieux de sa dignité, il redevenait enfant ; et, pendant deux ou trois heures, il savait amuser et faire rire ces innocentes et naïves natures, comme s'il eût été en réalité leur camarade et leur égal. Au jour de l'an, il choisissait toujours, pour les étrennes, des objets appropriés à leur âge et à leurs goûts. A Pâques, leurs œufs rouges leur étaient apportés dès six heures du matin. C'était, pour ce vénérable vieillard, un bonheur que de causer d'agréables surprises à ceux qu'il affectionnait.

Une science qui, de nos jours, se perd de

---

(1) A Autun, MM. les chanoines, dans un but d'instruction et de charité, se reçoivent tour à tour les uns les autres, de quinze jours en quinze jours. Il est convenu que la plus grande frugalité règne dans ces réunions de famille; et cette règle est parfaitement observée.

plus en plus, — et que M. Marprez possédait à un très-haut degré, — c'est la science des convenances. Sans doute le grand-chantre n'égalait pas, par sa valeur personnelle, ces anciens et si remarquables vicaires généraux du diocèse de Soissons, dont se souviendra toujours avec bonheur la génération qui les a connus ; il n'était ni un M. Delaloge, ce vicaire général unissant une belle simplicité aux nobles manières du grand monde ; ni un M. de Bully, type réellement perdu des formes les plus élégantes et de toutes les grâces du langage ; — mais, dans son genre, il ne le cédait à personne, quand il s'agissait d'égards.

Il est vrai que, dans l'exercice momentané de l'une de ses charges, et dans la limite des droits qu'elle lui conférait, on lui trouvait des formes un peu rudes ; — il croyait alors remplir un devoir de conscience ; — mais, dans toute autre circonstance, il était l'aménité même ; il ne voulait faire de peine à personne ; jamais, sous prétexte de franchise, il ne disait un mot désagréable. S'il avait le soupçon d'avoir tant soit peu contristé un confrère, ou même un de ses subordonnés, il faisait toujours la première démarche de réconciliation ; il tendait la main à l'offensé, en lui disant, avec un air de bonté : « Vous ne m'en voulez pas? »—ou bien : « Pas de rancune, surtout. »—Et la paix était faite, et les bons rapports étaient rétablis.

En fait de politesse et de prévenances, il n'était jamais en reste avec personne. Dans les dernières années de sa vie, ne se trouvant pas, à cause de ses infirmités, en état de rendre toutes les visites qu'on aimait à lui faire, il avait soin de faire connaître combien il regrettait de ne pouvoir s'acquitter de ce devoir.

Mais c'était surtout envers les personnes revêtues d'un caractère public que M. Marprez tenait singulièrement à observer toutes les convenances. On va voir combien il fut fidèle aux principes qu'il s'était faits, tant sur cette matière que sur l'obéissance aux lois civiles ou religieuses.

## CHAPITRE XXXVIII.

A mesure que les idées modernes prévalent, l'autorité, quelle qu'elle soit, perd de son prestige. Le magistrat suprême, aussi bien que ceux qu'il emploie dans son gouvernement, subit fatalement le contrôle et la critique du dernier citoyen. La famille n'a plus de chef qui commande et dirige ses destinées. Les caprices de l'enfant sont des ordres que le père et la mère se croient obligés d'exécuter. L'esprit d'indépendance envahirait même le sanctuaire, si l'Église n'avait pas établi, dans le *promitto* de la consécration sacerdotale, une forte barrière que l'on ne peut essayer de briser sans devenir prévaricateur. Mais, malgré cette solennelle promesse, n'est-il pas à craindre que, même dans la tribu sacrée, on ne se ressente un peu de l'esprit de ce siècle de révoltes et de révolutions ? L'abbé Marprez ne participa en aucune manière à ces funestes entraînements. Homme d'ordre et de discipline avant tout, il avait pour principe qu'un prêtre doit honorer et respecter la puissance temporelle et se soumettre aux lois et aux règlements qui en émanent, soit directement, soit par l'intermédiaire des magistrats inférieurs. Il s'en tenait littéralement à la doctrine de saint Paul, et ne cherchait pas de subterfuge pour y échapper (1).

Les effets et les conséquences de cette doctrine, à laquelle il était attaché d'esprit et de cœur, se manifestaient dans tous les actes de sa vie ; aussi les magistrats civils avec qui il s'est trouvé en contact plus fréquent, ont toujours eu à se louer de sa conduite et de ses manières polies et pleines de déférence. Mais

(1) *Omnis anima potestatibus sublimioribus subdita sit : Non est enim potestas nisi a Deo : quæ autem sunt, a Deo ordinatæ sunt. Itaque qui resistit potestati, Dei ordinationi resistit.* « Que tout le monde se soumette aux puissances supérieures, car il n'y a point de puissance qui ne vienne de Dieu, et c'est lui qui a établi toutes celles qui sont sur la terre. Celui donc qui résiste aux puissances résiste à l'ordre de Dieu. » (*Rom.* XIII, 1, 2.)

c'est surtout dans ses rapports avec l'autorité spirituelle, qu'il est utile de considérer l'abbé Marprez. Ce n'était plus seulement du respect qu'il se croyait obligé de témoigner, c'était une profonde vénération, c'était le dévouement le plus absolu. Son obéissance était prompte et entière, c'était presque l'obéissance passive du soldat. Il avait voué une espèce de culte au premier pasteur du diocèse; il en respectait les décisions comme venant de Dieu même; il en exécutait tous les ordres, il prévenait jusqu'à ses désirs. Dans les moindres doutes, il n'hésitait pas à franchir l'escalier de l'évêché pour aller provoquer une solution; il soumettait à l'avance à son évêque ses règlements concernant le chœur et les saints offices; ses projets d'amélioration de la maîtrise, soumise encore, en ce temps-là, à la quasi-juridiction du grand-chantre et à un certain contrôle de la part du Chapitre. Il ne croyait avoir raison qu'autant qu'il avait l'approbation de son évêque; il ne se sentait fort qu'autant qu'il s'appuyait sur l'autorité épiscopale.

Quant à sa soumission aux lois générales

de l'Église, on peut dire qu'elle était sans la moindre réserve. S'il admettait, comme acceptables et permis pour les autres les adoucissements que cette bonne mère apporte à ses lois disciplinaires, en faveur des chrétiens ou plus faibles ou moins courageux, il ne croyait pas devoir se relâcher lui-même, ni modifier ses anciennes et rigoureuses observances. Le carême était pour lui un véritable temps de pénitence, où il s'abstenait des délassements innocents qu'il se permettait en d'autres temps. Pendant les quarante jours du carême, il se privait de viande et de bouillon gras. De plus, comme dans tout le cours de l'année il avait pour habitude de ne prendre aucune nourriture avant midi moins quelques minutes, il se faisait une obligation, pendant la sainte quarantaine, de retarder encore son premier repas, nous aurions pu dire son unique repas, tant était légère la collation (1) qu'il se permettait vers neuf heures du soir, avant son

---

(1) Nous avons souvent assisté à cette espèce de collation, qui consistait invariablement en un seul mets : une salade, — ou une pomme cuite, — ou un peu de fromage blanc, — et rien autre chose.

coucher. Par rapport au jeûne, il poussait si loin la délicatesse et la sévérité que, dans les indispositions, les malaises, les rhumes, cortége obligé de la vieillesse, nous l'avons vu refuser de prendre, entre les repas, les tisanes et boissons que réclamait son état de santé.

## CHAPITRE XXXIX

L'abbé Marprez ne redoutait pas non plus la fatigue. Naturellement laborieux, il était avare de son temps et savait bien employer toutes les heures d'une journée. Des visites prolongées sans utilité et sans but lui étaient désagréables, et, toutes les fois que les convenances ne s'y opposaient pas, il avertissait, le plus poliment possible, les visiteurs ou visiteuses inoccupés et indiscrets, que des affaires pressées ne lui permettaient pas de les entretenir plus longtemps. Il y mettait moins de façons dans les moments où il était occupé à la distribution et à l'envoi, dans tout le diocèse, des *Annales* de la Propagation de la foi. Dans cette circonstance, au seul bruit des pas d'un visiteur inopportun, et sans l'apercevoir encore, il lui criait d'une voix forte : « Je n'ai pas le temps. » — Et le visiteur de s'enfuir au plus vite, en souriant de la bonne simplicité du vieillard.

Pendant qu'il était curé-archidiacre de Château-Thierry, une dame, estimable d'ailleurs par sa vertu, vint plusieurs fois lui dérober un temps précieux, sans avoir rien d'important à lui communiquer. Après avoir supporté ses importunités avec patience, il prit le parti d'arrêter tout court ce flux de paroles inutiles : — « Madame M\*\*\*, lui disait-il dès qu'il la voyait entrer, madame M\*\*\*, que venez-vous faire? Je ne veux pas que vous bavardiez ; dites en peu de mots ce que vous avez à dire. » — Et aussitôt qu'elle avait fini, il ajoutait ce seul mot : « Allez. » — Et madame M\*\*\* se retirait sans murmurer, comprenant mieux que jamais combien doit être respectée la journée d'un prêtre, mais satisfaite néanmoins d'avoir eu un instant d'audience.

Il y a une parole que prononçait quelquefois l'abbé Marprez, et qui semblerait devoir nous laisser une idée moins favorable de sa charité et de sa piété : « Je n'aime pas les saints, » disait-il avec un certain air narquois.—Qu'entendait-il par ce mot, plus qu'étrange dans la bouche d'un prêtre si vertueux, si pieux, si dévoué ? Celui qui s'exerçait avec tant de persévérance à pratiquer les vertus qui font les saints, pouvait-il ne pas aimer ceux qui réunissent toutes les perfections de l'homme, du chrétien et du prêtre ? Assurément non. — Mais c'est qu'il avait, dans le cours de sa longue carrière, rencontré plus d'une sorte de gens que l'on qualifiait du nom de *saints*.... gens d'une conduite régulière, d'une grande fidélité à leurs exercices de dévotion.... confits en *piété*.... faisant force prières.... d'une modestie parfaite.... d'une réserve exemplaire.... et qui en même temps étaient indifférents, froids à l'égard de leurs amis les plus dévoués et les plus démonstratifs.... ne paraissant s'intéresser à personne, ne sachant pas ce que c'est que de faire plaisir à quelqu'un.... ne se gênant jamais pour autrui.... regardant comme un temps perdu de répondre à une lettre, de faire une visite.... pleins d'estime pour leurs propres conceptions.... tenaces dans leurs idées.... d'une grande susceptibilité à l'endroit de leur dignité, de leur charge.... ne souffrant pas la contradiction.... ne ménageant pas l'amour-propre des autres.... ne connaissant pas les égards.... faisant en sorte que tout plie sous leur volonté, même dans les choses les plus indifférentes.... etc., etc.

Voilà les saints que l'abbé Marprez n'aimait pas. — Ami lecteur, les aimez-vous davantage? Qui est-ce qui ne préférerait pas que *ces espèces de saints* fissent un peu moins d'oraison et qu'ils s'entretinssent un peu plus avec leurs frères?... que, sans cesser d'aimer Dieu, ils fussent un peu plus aimables pour leur prochain? *Diliges Dominum Deum tuum ex toto corde tuo... hoc est maximum et primum mandatum. Secundum autem simile est huic : diliges proximum tuum sicut teipsum. In his duobus mandatis universa lex pendet et prophetæ.* S. Matth. xxii, 37. S'ils ont le désir, disait-il, d'embraser leur âme du vrai feu de la charité, qu'ils appliquent donc sur leur cœur les brûlantes épîtres de saint Paul; — et s'ils veulent apprendre à être aimables, qu'ils lisent et relisent la vie, les lettres et les ouvrages de saint François de Sales.

Telles étaient les maximes de M. Marprez sur le genre de sainteté qu'il fallait pratiquer, quand on vivait au milieu du monde.

Avec un caractère aussi franc et aussi loyal, avec un cœur si excellent et si dévoué, une âme aussi élevée, il n'est pas étonnant que tous les évêques de Soissons, sous la paternelle administration desquels il a vécu, l'aient particulièrement estimé et chéri, et qu'ils l'aient comblé de faveurs. Mgr Le Blanc de Beaulieu l'aimait comme son enfant et aurait voulu l'avoir toujours auprès de sa personne.
— Par son savoir-vivre, l'abbé Marprez avait comme séduit Mgr de Villèle, qui s'attacha à lui donner, en toutes circonstances, des marques très-spéciales de sa sympathie et de sa bienveillance. Quant à Mgr de Simony, il avait pour le grand-chantre de sa cathédrale quelque chose qui approchait de la vénération. Il recevait volontiers les communications qu'il venait lui faire; il l'invitait fréquemment à sa table et le plaçait le premier à sa droite, souriait à ses bons mots et écoutait

avec plaisir les épisodes de sa vie militaire. — Bien avant sa promotion à l'épiscopat, Mgr de Garsignies avait été à même d'apprécier les vertus et les rares qualités de ce vétéran du sacerdoce. Le 28 novembre 1850, il le nomma OFFICIAL du diocèse ; — il lui continua toujours sa faveur et son amitié, et, à l'exemple de ses prédécesseurs, il l'appelait souvent à l'évêché pour prendre part aux brillantes réunions des commandants et officiers de la place, et où il savait que l'ancien secrétaire principal d'état-major payerait fort convenablement de sa personne, et honorerait, par la dignité de sa tenue ou par le récit de quelques-uns de ses exploits, la croix qu'il portait sur sa poitrine.

Tant d'amabilité, tant de charité, tant de qualités morales suffiraient sans doute pour ne pas laisser périr dans nos cœurs le souvenir de cet homme vénérable. Nous avons néanmoins à ajouter au tableau des vertus que nous venons de retracer, des preuves nouvelles de l'activité de son zèle apostolique dans l'exercice d'une charge importante que lui confia, vers la fin de sa carrière, l'autorité diocésaine.

# CHAPITRE XL.

L'Œuvre de la Propagation de la foi parmi les nations infidèles est établie dans le diocèse de Soissons depuis l'année 1824. Le vénérable abbé de Bully, de si pieuse mémoire, en eut la direction dès l'origine ; et, pendant les dix-neuf années de son intelligente gestion, il était parvenu à la faire connaître et aimer dans un grand nombre de paroisses. De la modeste offrande de 350 francs qu'il avait obtenue la première année, et qu'il avait vue tomber à 289 francs l'année suivante, M. de Bully était parvenu à recueillir, en 1842, une somme de 10,640 francs. Contraint, par de cruelles et précoces infirmités, de renoncer à s'occuper d'une œuvre qui lui était si chère et qu'il avait si bien organisée, il jeta les yeux sur son ami, le grand-chantre de la cathédrale, et le fit nommer par Mgr de Simony pour le remplacer. Entre les mains de l'abbé Marprez, alors âgé de soixante-douze ans, l'œuvre fut loin de dégénérer. L'année 1843 vit les offrandes s'élever à 11,606 francs. En 1844, elles montèrent à 12,017 francs; en 1847, à 14,424 francs. Si, comme les fonds publics, elles fléchirent dans les années désastreuses de 1848 et 1849, on les vit avec bonheur prendre un nouvel essor, à partir de 1850 ; et, l'année même où le diocèse de Soissons perdit le vénérable trésorier, il avait envoyé au conseil central de Paris la somme de 15,482 francs.

Ce rapide et constant accroissement de pieuses annuités et de dons particuliers est incontestablement, nous le reconnaissons, le résultat du zèle de messieurs les curés qui sont les correspondants et les propagateurs naturels de l'Œuvre dans leurs paroisses respectives; mais n'est-il pas de toute justice d'accorder, pour ce progrès, une large part d'influence à M. Marprez. Et en effet, l'association pour la Propagation de la foi était l'objet habituel de ses pensées, de ses affections, souvent même de ses conversations. Il était rare qu'une année se passât sans qu'il fît imprimer quelqu'une de ces chaleureuses circulaires qu'il envoyait dans toutes les paroisses du diocèse pour provoquer de nouveaux associés.

« Tandis que sous l'influence de systèmes contradictoires, écrivait-il en 1848, notre vieille Europe s'inquiète, s'agite et semble menacée d'une complète dissolution, l'Œuvre de la Propagation de la foi poursuit sa glorieuse mission, et, par de généreux et persévérants efforts, elle multiplie ses pacifiques conquêtes, et rattache ainsi, chaque jour, à la grande famille des chrétiens, des populations jusque-là privées de la vivifiante lumière de l'Évangile. L'Œuvre de la Propagation de la foi est l'œuvre de Dieu par excellence, puisqu'elle est la providentielle continuation de la prédication évangélique destinée, suivant le texte sacré, à se faire entendre jusqu'aux extrémités de la terre. Elle est parvenue déjà à couvrir de ses établissements une grande partie du nouveau monde; elle a ravivé la foi catholique dans les chrétientés retombées, par le malheur des temps, dans une désolante infidélité! ».... « Après

Dieu, ajoutait-il, c'est à l'augmentation successive des ressources de l'Œuvre de la Propagation de la foi, qu'il faut rattacher ses admirables succès, et c'est par leur incessante progression qu'elle atteindra un jour la fin glorieuse que Dieu lui destine ; considération bien propre, tout à la fois, à encourager les associés et à en augmenter le nombre. »

D'autres fois, il faisait appel à la charité de ceux à qui le Seigneur a départi plus abondamment les dons de la fortune, et il les exhortait à en faire profiter l'Œuvre, soit par des dons spéciaux pendant leur vie, soit par des dispositions testamentaires pour le moment de leur mort. « Par ces secours généreux, de nouvelles missions seront établies, et la conversion des populations jusque-là assises dans l'ombre de la mort deviendra un gage de salut pour tous ceux qui auront eu le bonheur d'y concourir. » Dans une autre circulaire, c'était par un tableau vif et animé des succès de nos missionnaires que M. Marprez cherchait à émouvoir et à remplir d'un saint enthousiasme pour l'Œuvre tous les catholiques qui ont du cœur et des sentiments élevés : « La parole de vie, écrivait-il, a pénétré au sein même des nations séparées de l'Église; les États-Unis ont un épiscopat en plein exercice; le culte catholique s'exerce publiquement à Constantinople; Alger voit briller la croix sur ses principales mosquées : une église autrefois célèbre, mais tombée depuis dans le schisme, semble ressusciter à la foi; son territoire se couvre de temples catholiques; des évêques y sont institués.... Ah! qu'ils sont beaux les pieds de ceux qui sont appelés à répandre la foi parmi les nations infidèles! Qu'ils sont heureux d'être ainsi les ambassadeurs de Dieu, pour procurer à tant de pauvres idolâtres la grâce de l'adoption divine et l'ineffable récompense du ciel! »

Quelquefois il cherchait à attendrir par une exposition touchante des besoins des missions : « Que d'affreuses misères à soulager! que de moyens d'instruction à multiplier! que de modestes sanctuaires à élever! quels énormes frais de voyage, non-seulement pour passer de l'Europe au delà des mers, mais encore pour pouvoir se rendre d'une mission à une autre mission! » C'est par ces circulaires, dictées par son cœur et par sa foi, que le directeur-trésorier cherchait à allumer le feu sacré de l'apostolat chez les fidèles du diocèse.

Mais ces élans de sa charité ne lui laissaient pas oublier les limites de son mandat, et il se croyait obligé d'insister souvent sur les conditions rigoureuses sans lesquelles on ne pouvait être un associé vraiment utile. Il repoussait donc sans ménagements ceux qui, simples amateurs de lectures intéressantes, ne voulant que lui acheter les cahiers des *Annales,* prétendaient néanmoins avoir droit à leur envoi régulier, en s'obligeant seulement à en payer le prix vénal, « comme si l'Œuvre de la Propagation de la foi était une entreprise de librairie et non une association toute de dévouement et de charité, destinée à provoquer et à produire les ressources nécessaires aux frais des missions. »

Pendant plusieurs années de suite, il a rappelé dans ses lettres imprimées que, pour avoir droit à recevoir un cahier, il était indispensable de réunir le minimum de 26 francs d'aumônes. En bon administrateur de l'Œuvre, il voulait que les correspondants lui fissent connaître, avant la fin de décembre de chaque année, les paroisses pour lesquelles, faute par elles de remplir les conditions ci-dessus exigées, il conviendrait, soit de restreindre le nombre des cahiers, soit même d'en suspendre l'envoi. Et en effet, les instructions envoyées par les conseils centraux de Paris et de Lyon étant formelles sur ce point, le directeur-trésorier diocésain devait s'y conformer, et ses successeurs devront nécessairement suivre la même marche, s'ils veulent remplir leur devoir.

Jusqu'en 1844, le trésorier s'était contenté de faire connaître aux associés la somme totale des cotisations recueillies dans le diocèse. On désirait quelque chose de plus ; on voulait savoir jusqu'à quel point chaque canton, chaque paroisse contribuait à la bonne œuvre.

A peine l'abbé Marprez fut-il promu à cette charge, qu'il s'empressa de demander et de réunir les documents nécessaires. Son premier compte rendu porte la date du 10 mai 1845. Toutefois, il ne contient encore que les offrandes en masse de chacun des trente-sept doyennés, sans qu'il soit fait aucune mention des paroisses qui ont coopéré, par leur cotisation particulière, à former la somme totale du canton. Mais l'année suivante, messieurs les correspondants s'étant astreints, sur les instances du trésorier, à envoyer au secrétariat des bordereaux plus détaillés, M. Marprez put enfin préciser les offrandes de chaque localité, et proclamer ainsi avec certitude le résultat du zèle ardent et de la générosité toujours croissante des associés. Ce mode d'encouragement produisit les meilleurs effets : d'un côté, les paroisses s'efforcèrent chaque année de se surpasser elles-mêmes ; d'un autre côté, une sainte émulation s'établit entre toutes les communes d'un même canton ; les moins populeuses voulurent égaler en sacrifices celles qui, administrativement parlant, avaient une plus grande importance. Les missions y gagnèrent ; elles reçurent des secours plus abondants.

Mais il ne suffisait pas d'avoir affilié à l'OEuvre un plus grand nombre de paroisses, et d'avoir fixé avec précision les obligations des associés ; il fallait encore, à l'époque fixée par les règlements, faire arriver de toutes les parties du diocèse la totalité des offrandes. C'est ce qui, tous les ans, dans les derniers mois de l'exercice (novembre et décembre), était pour le vénérable vieillard l'objet de vives et inquiètes sollicitudes. Certains recouvrements étaient toujours difficiles à effectuer.... certaines localités étaient toujours en retard pour l'envoi de leurs annuités.... le zélé trésorier devait craindre que, par suite de l'inconstance naturelle à l'homme et de l'inclination que nous avons tous à nous relâcher, la somme totale de l'année présente ne fût inférieure à celle de l'année précédente.

Pour activer le recouvrement des fonds, aucune peine ne lui coûtait; il multipliait ses lettres aux correspondants retardataires : il leur montrait combien il serait fâcheux que leurs paroisses ne fussent pas portées sur le compte rendu du diocèse. Il leur rappelait que c'était en *décembre*, ou au plus tard *dans les premiers jours de janvier*, que les offrandes devaient être, non pas seulement envoyées, mais arrivées à la caisse.

Malgré les instances réitérées de ce pieux septuagénaire, il se trouvait encore quelques correspondants, ou qui semblaient ne pas avoir compris, ou qui manquaient de mémoire, qui confondaient février avec janvier, les derniers jours du mois avec les premiers jours, les calendes de l'année suivante avec les calendes de l'année précédente, et qui, par conséquent, avec des bordereaux embrouillés, envoyaient constamment leurs fonds à une époque où les comptes des conseils centraux de Paris et de Lyon étaient bien et dûment clos et définitivement arrêtés.

Comme il gémissait de ces retards qui se représentaient chaque année ! Comme il s'en plaignait à toutes les personnes qui allaient le visiter ! Après des chants mal exécutés ou des cérémonies mal faites, c'était là une des plus lourdes croix qu'il avait à porter, au déclin de ses jours. Le zélé trésorier éprouvait aussi une peine bien vive, en voyant des curés s'obstiner à *refuser leur modique offrande personnelle,* alors qu'ils n'avaient pu déterminer aucun fidèle de leur paroisse à faire des sacrifices pour le soutien de cette œuvre sublime.

Il lui arriva aussi plus d'une fois de recevoir, de la part de quelques correspondants diocésains, des lettres étonnantes par l'oubli de toutes les convenances. Aux sollicitations pressantes et plusieurs fois réitérées de ce zélé trésorier pour implanter l'Œuvre de la Propagation de la Foi dans des paroisses restées jusque-là indifférentes, des correspondants mal disposés, susceptibles ou peu avisés, au lieu de se servir des avertissements du respectable vieillard pour stimuler leurs paroissiens, et leur faire en quelque sorte honte de leur isolement, à côté d'autres paroisses généreuses et dévouées à nos missionnaires, regardaient ses missives comme des injures personnelles, et répondaient sur le ton d'hommes dont l'amour-propre est blessé (1), et qui rougissent de leur faute sans vouloir l'avouer avec franchise. L'abbé Marprez offrait au Seigneur ces sortes de mortifications non méritées, et n'en continuait pas moins ses tentatives de sainte propagande qui finissaient toujours par produire

(1) On en a même vu qui, par un procédé inqualifiable, et que ne se permet jamais quiconque a les notions les plus rudimentaires du savoir-vivre, remettaient à la poste la lettre même du directeur-trésorier, et la lui renvoyaient comme non avenue. En croyant faire de l'esprit, ces correspondants donnaient lieu de soupçonner chez eux ou une habitude de légèreté dans leurs faits et gestes, ou un manque d'éducation, ou bien une grande âpreté de caractère.

des résultats très-consolants. Somme toute, en mettant dans la balance, d'un côté, la fatigue que lui causait l'enfantement de cette œuvre admirable, et, de l'autre, la satisfaction qu'elle lui apportait, nous ne pouvons pas douter que les consolations ne l'aient de beaucoup emporté sur les peines. Le développement merveilleux qu'a pris dans le diocèse la Propagation de la Foi, sous son intelligente direction, a été évidemment une des joies les plus douces réservées à son honorable vieillesse. Aux yeux du juste Juge, cette belle œuvre a dû ajouter beaucoup à ses mérites.

# CHAPITRE XLI.

Les saintes et nombreuses fonctions que l'abbé Marprez eut à remplir pendant la dernière partie de sa vie laborieuse, ne lui avaient pas laissé oublier le mousquet qu'il avait jadis porté si glorieusement. Jusque dans un âge fort avancé, il conserva des goûts militaires fort prononcés ; la rencontre d'un uniforme lui causait un véritable plaisir ; un simple soldat, un conscrit même, lui inspirait de l'intérêt, et il s'entretenait volontiers avec eux. A Château-Thierry, on l'avait vu plus d'une fois sur les promenades, en compagnie d'un autre curé, ancien militaire comme lui, monter sur une borne ou sur un banc, et y rester assez longtemps, pour être tous deux spectateurs d'une grande revue, ou de l'arrivée de quelques régiments.

Ne pouvant plus manier un sabre, il s'en consolait quelquefois en guerroyant avec sa plume. On peut se souvenir d'avoir lu dans un journal de la localité, l'*Argus soissonnais*, un certain nombre d'articles dont quelques-uns assez piquants, et qui étaient signés par un *ancien militaire*. Cet *ancien militaire* n'était autre que le chanoine-grand-chantre de la cathédrale de Soissons.

Pour perpétuer, du moins dans sa famille, le souvenir de ses campagnes, l'abbé Marprez a rédigé un volume de *Mémoires* (1), dans lequel on trouve des anecdotes très-bien racontées, et des aperçus fort justes sur les faits d'armes dont il avait été témoin et acteur, en Flandre, en Suisse et en Italie.

Précédemment, il avait inséré dans les journaux quelques traits de sa vie militaire. En 1835, il envoya au *Moniteur des villes et des campagnes*, journal rédigé par le baron Hen-

(1) Ces mémoires forment un volume grand in-8° de 414 pages, dont voici le titre : *Souvenirs militaires* (1793-1801). On y trouve quarante-trois lettres adressées à sa famille.

rion, sa propre et véritable histoire, sous le nom déguisé d'Edmond.

La même année, il écrivit, pour le même recueil, sous le titre de *Jérôme ou le soldat chrétien,* un exposé succinct de la vie régulière qu'il s'efforça de mener au milieu de la licence des camps. On voit que, sous la mozette du chanoine, battait encore un cœur martial.

Il y avait surtout un projet que l'abbé Marprez nourrissait, depuis une dizaine d'années : avant de quitter ce monde, il désirait pouvoir parcourir de nouveau les divers pays témoins de ses travaux militaires, de ses dangers, de ses misères et aussi de ses joies. « C'est la Suisse, dit-il dans un opuscule resté manuscrit, c'est l'Italie surtout que j'aurais voulu revoir ! Avec quelle satisfaction j'aurais sillonné le lac des Quatre-Cantons, cette vaste et délicieuse voie de communication entre les Cantons primitifs; puis remonté cette Reuss, aux nombreuses et bruyantes cascades; puis franchi ce phénoménal pont du Diable, au pied duquel je croyais rêver, en apercevant comme suspendu entre le ciel et la terre un groupe de montagnards conduisant une caravane de mulets pour lesquels je n'entrevoyais pas d'issue possible. Que ne m'a-t-il été donné de revoir se dérouler devant moi, au delà du Saint-Gothard, cette tortueuse vallée du Tessin, où le fleuve naissant, après s'être précipité et comme brisé à travers les plus affreux rochers, dirige enfin ses eaux limpides vers la Lombardie, cette ravissante contrée, de laquelle, comme de la haute Italie, j'ai conservé de si doux souvenirs!... ».

Mais l'exiguïté des ressources dont, en sa qualité de chanoine, pouvait disposer notre belliqueux vieillard, ne lui permit pas d'entreprendre un voyage aussi long et aussi dispendieux. Il se crut encore heureux, en 1845, alors qu'il était âgé de 74 ans, de pouvoir visiter les frontières du nord de la France et quelques villes et villages de la Belgique.

Un curé du diocèse, auquel il avait donné autrefois les premières leçons de latin, fut, dans cette excursion, son compagnon et son conducteur. Ils partirent de Guise, avec un modeste attelage, et visitèrent successivement les positions qui environnent le plateau de Landrecies, au diocèse de Cambrai ; Marouëlles et son cimetière ; Barlaymont, où le doyen, obéissant aux instructions formelles de l'évêché, lui refusa si opiniâtrément la permission de dire la messe : scène désagréable et mortifiante qui se renouvela encore à Maubeuge, et obligea le chanoine de Soissons à passer la frontière pour satisfaire sa dévotion ; mais scène qu'il se serait facilement épargnée, si, comme doit faire tout ecclésiastique en voyage, il avait eu soin de se munir, pour lui et son compagnon, de lettres testimoniales en bonne forme, portant la signature et le sceau de l'ordinaire, et s'il s'était tenu tout prêt à les exhiber, selon l'usage, à la première réquisition.

De Maubeuge, il alla visiter le pont de Jeumont, d'où les Autrichiens avaient, en 1794, précipité tant de Français dans la rivière ; revit de loin la Boussière, témoin de ses souffrances ; s'arrêta à Montigny, où la musique de son régiment avait, pour se chauffer, brûlé les boiseries de l'église. Il termina ses inspections stratégiques par la visite d'Avesnes, dont le gracieux carillon avait autrefois charmé les oreilles du conscrit républicain.

La relation (1) que M. Marprez a faite de ce petit voyage, est écrite avec facilité et présente beaucoup d'intérêt.

(1) *Une promenade sur les bords de la Sambre.*

# CHAPITRE XLII.

Quelque temps après cette excursion militaire du grand chantre de la cathédrale, Mgr de Simony qui, depuis vingt-deux ans, gouvernait avec tant de sagesse le diocèse de Soissons, sentant ses forces l'abandonner, déposa sa démission aux pieds du Souverain Pontife (13 mai 1847), et obtint du roi Louis-Philippe d'avoir pour successeur un de ses vicaires généraux, M. de Garsignies, qui, depuis déjà dix ans, avait partagé sa confiance. Il voulut donner lui-même au successeur de son choix la consécration épiscopale. Cette cérémonie, dont nous avons déjà parlé, à l'occasion du chant (pag. 283), eut lieu le 25 février 1848 (1).

(1) Mgr de Simony ne jouit pas longtemps du bonheur qu'il goûtait dans sa paisible retraite ; à peine un an s'était écoulé,

Le jour même qui avait été fixé pour le sacre du nouvel évêque, une révolution éclatait à Paris. Le prince qui avait, dix-huit ans auparavant, reconnu et récompensé les services militaires de M. Marprez, était lui-même précipité du trône; la République remplaçait le gouvernement monarchique.

On put craindre un instant le retour de la tyrannie et des violences de la première révolution française. Mais le Seigneur veillait sur notre pays. A partir de l'année 1849, l'Église de France entra même dans une ère nouvelle. Cette liberté de s'assembler, que les gouvernements précédents tenaient enchaînée depuis plus de deux cent cinquante ans, elle la recouvra subitement, sous le gouvernement républicain. Le digne métropolitain de la province de Reims, Mgr Gousset, fut le premier des archevêques de France qui songea à mettre à profit les heureuses dispositions du Pouvoir. Par sa lettre d'indiction du 25 juillet 1849, il convoqua un concile provincial à Soissons,

---

qu'il alla (le samedi 24 février 1849), dans la soixante-dix-neuvième année de son âge, recevoir au ciel la récompense de ses vertus.

pour le 1ᵉʳ octobre 1849. Un des décrets de ce concile prescrivit le retour à la liturgie romaine (1).

Le 20 février 1850, Mgr de Garsignies convoqua dans son palais l'abbé Marprez avec les autres chanoines titulaires, ses confrères (2); et, conformément au droit canonique, qui veut que, dans toutes les questions liturgiques, le Chapitre soit consulté par l'évêque, le Prélat fit connaître à la Compagnie que les bréviaires soissonnais étant entièrement épuisés, il y avait urgence à en procurer au clergé.

Monseigneur ajouta : deux moyens semblent se présenter pour pourvoir à ce besoin.

Le premier, ce serait de faire une réimpression pure et simple du Bréviaire donné par M. de Fitz-James. — Mais d'abord le diocèse est hors d'état d'en faire les avances et d'en supporter les frais. — De plus, dans ce Bré-

---

(1) Curabunt episcopi ut, ubi opportuna idoneaque fuerit occasio, Breviarii et Missalis Romani usus in omnibus nostræ provinciæ Ecclesiis salubri ordinatione reviviscat, nisi tamen aliqua sit Ecclesia, quæ exceptionis a Pio V determinatæ privilegio potiatur. (*Concile de Soissons en* 1849.)

(2) Les huit chanoines titulaires étaient alors MM. Marprez, Goujart, Congnet, Lefin, Labrusse, Lardon, Guyart et Knapp.

viaire, il y a tant de lacunes, tant de saints omis (1), qu'il y aurait nécessité de préparer une nouvelle rédaction, travail déjà commencé deux fois sous Mgr de Simony, et qui n'a jamais pu aboutir. — D'ailleurs, entreprendre, en 1850, de rédiger un nouveau Bréviaire, est chose impossible, vu le courant d'idées qui règne en France aujourd'hui, vu les lumières que de savants travaux ont apportées sur la question liturgique. Aucun évêque n'oserait, sur ce point, prendre une semblable initiative.

Il ne reste donc plus qu'un seul moyen praticable, c'est de reprendre le Bréviaire et le Missel romains : c'est l'unique moyen qui soit praticable.

Or il est bon de rappeler que la liturgie romaine est à peu près l'unique liturgie qui soit en ce moment en usage dans toute l'Église latine ; la France seule faisait exception pour quelques-uns de ses diocèses.

Et en France même, la liturgie romaine, à l'exclusion de tout autre, y a été en usage

---

(1) On n'y trouve, par exemple, ni sainte Thérèse, ni saint Ignace, ni saint François-Xavier, ni une foule d'autres qui sont honorés cependant dans l'Église universelle.

depuis l'empereur Charlemagne jusqu'au seizième siècle, c'est-à-dire pendant huit cents ans, sauf quelques rites religieusement conservés dans certaines Églises particulières.

Le Bréviaire soissonnais, publié en 1675 par l'évêque Charles de Bourlon, se rapprochait beaucoup du romain (1) dans sa forme, et justifiait parfaitement son titre : *Breviarium suessionense ad normam Breviarii romani reformatum.* Et, en effet, la distribution générale du Psautier est identique ; on a douze psaumes au premier Nocturne des Matines du dimanche ; le psaume 118 pour les Petites Heures de tous les jours, les psaumes du dimanche à toutes les vêpres des fêtes, etc., etc. Dans la composition des offices, l'emploi de la sainte Écriture n'exclut pas les antiennes pieuses et les répons transmis par la tradition (2).

(1) Néanmoins il est conforme à la vérité de dire que M. de Bourlon a publié son Bréviaire de sa propre autorité, sans aucune approbation ou intervention du Souverain Pontife. Au point de vue de la doctrine liturgique, cela est capital.

(2) On peut regretter que la commission capitulaire, chargée en 1850 de rédiger le Propre soissonnais, n'ait pas eu à sa disposition le Bréviaire de 1675, qui lui aurait sans doute inspiré la pensée de conserver, pour les saints patrons du diocèse, les répons et les antiennes traditionnels admis par Charles

Ce Bréviaire, presque tout romain, n'a duré que soixante-sept ans (1), ayant été aboli en 1742, époque où M. de Fitz-James publia sa liturgie nouvelle, dont s'est servi jusqu'aujourd'hui le diocèse, et dont aucun exemplaire n'existe actuellement dans le commerce.

D'ailleurs la bulle *Quod a nobis*, publiée en 1568 par S. Pie V, est toujours obligatoire. Nous n'avons point à Soissons de liturgie remontant, sans interruption, à deux cents ans avant le Concile de Trente.

Enfin N. S. P. le Pape Pie IX a hautement manifesté le désir que tous les diocèses de France reprissent la liturgie romaine, et il a lu avec satisfaction le décret du Concile de Soissons qui la rétablit en principe dans les cinq diocèses de la province.

---

de Bourlon. La sacrée Congrégation de rites n'eût pas fait difficulté de les approuver. *Colligite fragmenta ne pereant.*

(1) Matthieu de Longuejoue, évêque de Soissons, avait fait imprimer un Bréviaire en 1555; — Simon Le Gras édita le sien en 1630. M. de Fitz-James remplaça une partie des proses admises par Charles de Bourlon, et suivit un système entièrement différent pour la composition de son Bréviaire. Chaque évêque défaisait ou du moins modifiait l'œuvre de ses prédécesseurs. (*Quelques observations sur les livres liturgiques de Soissons*, par M. Jules LECLERCQ DE LA PRAIRIE, in-8°, 1852.)

Il y a donc à la fois convenance, utilité et nécessité à nous mettre au plus tôt en mesure d'exécuter le décret du Concile de Soissons, et de rétablir la liturgie romaine dans toutes les églises du diocèse.

Telle est à peu près l'analyse de l'allocution que Mgr de Garsignies adressa à l'assemblée capitulaire.

Le Chapitre, après avoir éclairci certaines difficultés sur quelques points particuliers, et avoir demandé la conservation, autant qu'il serait possible, de plusieurs rites soissonnais, entra pleinement dans les vues de son évêque : et il fut décidé que les chanoines titulaires s'occuperaient immédiatement à fixer le calendrier et à rédiger LE PROPRE DIOCÉSAIN. A partir donc du 22 février 1850, et pendant les six mois suivants, deux conférences par semaine eurent lieu chez l'abbé Marprez, et sous sa présidence, en sa qualité de chanoine le plus ancien, d'après la date de son installation (1).

---

(1) Canonici, quando omnes sunt Presbyteri, præcedunt inter se secundum suam receptionem. FERRARIS.—Præcedentia debetur canonico anteriori in possessione canonicatus. (*S. C. rit. decret.*)

Elles ne duraient pas moins de deux heures chacune ; ce qui donna lieu d'admirer le courage du vénérable vieillard qui les présidait.

Après avoir déterminé les saints qu'on admettrait dans le Propre soissonnais, les légendes (1) furent réparties entre tous les chanoines titulaires, lesquels devaient les travailler en leur particulier, et présenter leur rédaction au chapitre assemblé. L'abbé Marprez a été spécialement chargé de rédiger les légendes de sainte Macre, de saint Montain, de sainte Restitute et de saint Ferréol. Le travail de la commission capitulaire fut terminé au commencement de septembre.

L'abbé Marprez fit encore partie d'une autre commission (2), nommée le 13 novembre par Monseigneur, dans le but de réviser le projet du Propre présenté par le Chapitre. La révision faite par la seconde commission

---

(1) Il y eut peu à faire aux remarquables légendes tirées des Bréviaires de Soissons et de Noyon ; mais celles de l'ancien Bréviaire de Laon laissaient beaucoup à désirer.

(2) Cette commission était composée ainsi : MM. Hurillon, vicaire général, président ; Marprez, grand chantre ; Guyart, chanoine titulaire ; Gobaille, chanoine honoraire, professeur de morale ; Demiselle, professeur de dogme ; Legrand, prêtre du diocèse.

fut de nouveau soumise à la compagnie, toujours présidée par l'abbé Marprez; et Mgr de Garsignies fit droit aux observations les plus importantes du Chapitre, avant l'envoi du Propre à la sacrée Congrégation des rites, qui l'approuva, sauf de très-légères modifications.

## CHAPITRE XLIII.

Cependant Mgr de Garsignies, pour se conformer aux décrets du Concile de Soissons, désirait donner au Chapitre de son église cathédrale une organisation qui fût plus en rapport avec le droit canonique, et qui lui assurât la libre et entière jouissance d'une partie de ses droits, priviléges et attributions. Le prélat rendit en conséquence trois ordonnances, les 18 et 20 juin 1851. La première abrogeait les statuts et règlements capitulaires donnés par Mgr le Blanc de Beaulieu, et promulguait une nouvelle constitution qui était l'œuvre même du Chapitre (1), et dont tous les articles avaient été

(1) C. Bouix, *de Capitulis*, p. 408-443. — Il appartient au Chapitre de faire sa propre constitution ; mais elle n'a force de loi qu'après qu'elle a été approuvée par l'évêque.

longuement discutés dans une suite de conférences hebdomadaires présidées encore par l'abbé Marprez. La deuxième ordonnance rayait du nombre des chanoines, même honoraires, les deux vicaires généraux titulaires: leur titre, révocable *ad nutum*, n'étant pas de nature à les rendre aptes à entrer, *en cette seule qualité*, dans un Chapitre cathédral essentiellement composé de membres inamovibles. M. l'abbé Ruellan, premier vicaire général et doyen du Chapitre, en vertu des constitutions capitulaires de 1802, apporta lui-même à l'assemblée les pièces authentiques de la nouvelle organisation. C'était mettre de sa propre main le feu à l'holocauste, et déposer par là même le sceptre du décanat dont il était en possession depuis huit ans. Et en effet, la troisième ordonnance lui ôtait son titre de doyen et le conférait à l'abbé Marprez, âgé alors de soixante-dix-neuf ans.

Le 11 juillet suivant (1851) eut lieu la cérémonie de l'installation du nouveau dignitaire, en présence et sous la présidence de M. Hurillon, second vicaire général.

L'âge avancé de l'abbé Marprez n'avait

point affaibli ses facultés ; si son corps était devenu plus pesant et ses mouvements moins libres, son esprit avait conservé toute sa lucidité : sa volonté surtout était restée dans toute sa force et sa vigueur. Dès qu'il fut doyen, il mesura d'un coup d'œil toute l'étendue de ses obligations, et sut prévoir tous les obstacles qu'il aurait à surmonter. Les époques de transition ont cela de particulier, qu'elles voient surgir sans cesse toutes sortes de difficultés que suscite l'esprit de routine ou le respect exagéré d'un passé qui n'est plus. L'abbé Marprez dut toujours rester sur la brèche, pour ne pas laisser entamer la nouvelle constitution capitulaire et en faire respecter les dispositions, ainsi que leurs conséquences pratiques. Il poussait en avant les retardataires qui avaient l'air de ne pas comprendre les récentes prescriptions de l'autorité, et il arrêtait tout court dans leur marche ceux qui voulaient continuer à user d'anciens priviléges qui n'avaient plus leur raison d'être. Mais, dans ces circonstances délicates, tout en sauvegardant les droits du Chapitre, il ne manqua jamais aux convenances envers ses dignes confrères, qui se trouvaient subitement amoindris dans leurs attributions et préséances.

La charge de doyen venait de lui être confiée, il eut à cœur de n'en négliger aucune des obligations, soit à l'égard du corps capitulaire, soit à l'égard de tous les employés de l'église.

Il s'identifia tellement avec tout ce qui pouvait importer au Chapitre, qu'on peut dire que la gloire et les intérêts spirituels et temporels de la Compagnie étaient l'objet continuel de ses pensées et le mobile de ses démarches. Il éclaircit et fit arriver à une solution rationnelle, des questions (1) qu'un certain sentiment de délicatesse n'avait pas permis jusque-là d'approfondir.

Depuis trois ans que le vénérable Mgr de Simony était décédé, le Chapitre n'avait pu entrer en jouissance de ses pieuses libéralités. L'abbé Marprez, après avoir fait et fait faire maintes et maintes démarches auprès de M. le vicaire général Ruellan, exécuteur testamen-

---

(1) La répartition du legs Nusse entre les seuls chanoines titulaires. Décision épiscopale du 24 avril 1852.

taire, parvint enfin à triompher de ses inexplicables lenteurs (1).

Il avait singulièrement à cœur la bonne tenue des assemblées capitulaires qu'il était, par son titre, appelé à convoquer et à présider. Toujours il préparait avec soin les matières qu'on devait y traiter, marquait sur un papier l'ordre dans lequel elles devaient être examinées, selon leur importance relative, et faisait ensuite tous ses efforts pour qu'on ne sortît pas de l'ordre du jour (2). Dans les discussions, il veillait à ce que chacun parlât à son tour ; que personne ne se permît d'interrompre celui qui avait la parole, qu'on n'élevât pas trop haut la voix et qu'on ne se servît jamais de paroles piquantes et de nature à blesser un confrère ; il donnait lui-même l'exemple de la modération et de la politesse du langage (3), et

---

(1) Mgr de Simony était mort le 24 février 1849. Le Chapitre n'a touché les premiers arrérages que le 29 juin 1853, c'est-à-dire plus de quatre ans après le décès du pieux et saint donateur.

(2) Non de pluribus simul agi permittat, sed quod primo propositum fuerit, ante reliqua omnia definiantur et concludantur.

(3) Meminerint semper canonici hujus præcepti : honore invicem prævenientes, fraterna charitate diligentes. Ut autem integra servetur hæc fraterna charitas, unumquemque ordine

réprimait sur-le-champ ceux qui, par hasard, oubliaient ces règles, emportés par la conscience qu'ils avaient de la vérité de leur opinion.

Ce respectable doyen, qui aimait tant ce qui lui rappelait la guerre ou l'état militaire, voulait que la paix la plus parfaite (1) régnât autour de lui. S'il s'apercevait de quelque cause de dissension ou de refroidissement entre confrères, il n'était satisfait que lorsque, par une intervention adroite et quelquefois indirecte,

---

suo loquentem omnes attente audiant, nec quis eum perturbare aut interpellare præsumat. Et si quid respondendum habeat aut habere credat, paucis cum reverentia, petita et sibi obtenta venia respondeat. (*Stat. præmonstr.*)

Quum Capitulum habebunt, sine clamoribus aut contentionibus graviter et modeste omnia tractentur. (*Convent. Medolun.*, 1579.)

Pacis ubique sint amantes canonici; et si quæ lites inter se suboriri cœperint, utrique amice componant. (*Conc. de Reims*, 1583.)

(1) Pacem inter se canonici agitent, placide tranquilleque invicem agant. Quod si, quæ humana fragilitas est, imprudentibus lites oboriantur, eas illico inter se amice componere sedareque contendant. (*Conc. de Toulouse*, 1590.) — Ce n'est pas au Chapitre de Soissons, aussi soigneux d'entretenir l'union entre tous ses membres que de vivre en paix avec son évêque, que l'on peut appliquer ce méchant proverbe, qui a cours dans certains pays : *Canonici boni, capitulum mala bestia*. Allusion sans doute aux luttes trop vives que les corps se croient quelquefois obligés de soutenir, pour ne pas perdre leurs priviléges.

les rapports les plus bienveillants avaient été rétablis.

C'est l'abbé Marprez qui, dans les grands chapitres généraux semestriels (1), a recommencé à prononcer ce discours d'ouverture qui contribue tant à relever leur importance, et dont l'usage date du rétablissement même du corps capitulaire en 1802 (2). Interrom-

(1) A Soissons, il se tient par an *deux chapitres solennels*, où sont convoqués tous les ecclésiastiques et tous les employés de la cathédrale, y compris les trente ou quarante enfants de chœur. (*Capitulum generale cui præsentes sese sistere tenentur quotquot ejusdem insignis Ecclesiæ matriculæ sunt adscripti.*) Après l'appel nominal, chaque employé vient à son tour comparaître devant le bureau des chanoines pour y recevoir les éloges qu'il a mérités, ou les avis dont il a besoin. L'assemblée ne comprend guère moins de soixante personnes : enfants de chœur, servants de messes, gardiens de nuit, bedeaux, suisse, aide de sacristie, ténors, chantres, serpentiste, organiste, directeur et maîtres de la maîtrise ; vicaires de la paroisse, chanoines honoraires, chanoines titulaires, tous dûment convoqués, avec obligation d'assister à la séance, ou d'obtenir du doyen la permission de s'en absenter, s'ils ont une raison grave qui les empêche de s'y présenter.

L'époque de ces chapitres généraux est fixée irrévocablement au premier lundi d'après la Trinité, et au lendemain du premier dimanche de l'Avent. On ne peut que se féliciter de leurs utiles résultats.

Au premier jour libre, qui suit le chapitre général, on célèbre un service pour tous les ecclésiastiques du diocèse morts dans l'année ; et, après le deuxième chapitre général, a lieu un autre service pour tous les bienfaiteurs.

(2) Les procès-verbaux des séances capitulaires indiquent les sujets qui ont successivement été traités chaque semestre

pues longtemps par l'état habituel de souffrances de M. de Bully, ces allocutions paternelles avaient été complétement omises, sans motif, pendant tout le décanat de l'abbé Ruellan. L'abbé Marprez en comprenait trop

par M. Godard, doyen du chapitre (de 1802 à 1811). Ce discours de piété ne s'adressait qu'au clergé, et ne se faisait qu'après que les employés de l'église étaient sortis de la salle capitulaire. Voici les sujets traités par M. Godard, sur la dignité et les devoirs des prêtres : — les vertus ecclésiastiques ; — les dispositions avec lesquelles on doit assister aux saints offices et célébrer les mystères ; — les avantages de la prière publique ; — l'esprit de piété qui doit précéder, accompagner et suivre l'assistance à l'office divin ; — le renouvellement de l'esprit intérieur qui doit animer les prêtres dans les sublimes fonctions qu'ils exercent ; — la nécessité de la lecture et de la méditation de l'Écriture sainte, où tous les chrétiens, et particulièrement les prêtres, doivent puiser la règle de leur conduite et la nourriture de leurs âmes ; — les obligations d'un simple chanoine, comme médiateur entre Dieu et les hommes, et chargé de porter aux pieds des saints autels les vœux et les besoins du peuple chrétien ; — le bon exemple que les ecclésiastiques doivent donner dans le monde par la ferveur de la charité, par la pureté de la foi, par la chasteté et par l'ensemble de leur conduite extérieure ; — la charité qui doit régner entre les ecclésiastiques ; — l'esprit de foi qui doit animer toutes les actions des chanoines et des prêtres ; — la manière dont les chanoines et les prêtres doivent remplir le devoir de la prière publique ; — l'importance des fonctions de chanoines, chargés au nom de l'église de la prière publique ; — sur la paix et l'union entre les prêtres qui doivent répandre partout la bonne odeur de Jésus-Christ, et retracer dans toute leur conduite la vie de leur divin Maître.

On voit, par l'énumération des discours ci-dessus, que le doyen, *en sa qualité de curé du chapitre*, s'occupait sérieusement du salut et de la perfection des chanoines, ses confrères et ses ouailles tout à la fois.

bien l'utilité pour y manquer jamais ; et son digne successeur, M. l'abbé Guyart (1) montre chaque année combien il tient à ne pas laisser périr un usage aussi salutaire.

Dans toutes les circonstances solennelles, lorsqu'il s'agissait de se présenter à la tête du corps capitulaire, M. Marprez montrait qu'il était à la hauteur de sa dignité ; et, soit au

(1) M. Victor-Joseph Guyart est né à Laon en 1809. Après qu'il eut exercé avec un grand succès le ministère à Saint-Quentin, Mgr de Garsignies, en 1848, le nomma chanoine titulaire de sa cathédrale et vicaire général. L'abbé Goujart, qui avait succédé à M. Marprez, ayant donné sa démission, M. Guyart fut installé doyen le 31 décembre 1853. Quoique de dix ans moins âgé que le plus jeune des chanoines dont il était appelé à être le chef et le président, sa nomination a eu l'assentiment de tous ses confrères qui voyaient la science, le talent, la piété, la sagesse et la prudence réunis en sa personne à un degré éminent. M. le doyen Guyart continue, dans les chapitres généraux, de prononcer un discours préparé. Par une réserve que lui inspire sa modestie, il s'adresse particulièrement aux employés de l'église cathédrale, en laissant de côté, *pour le moment*, les sujets qui pourraient concerner les chanoines ses confrères. — Voici les pensées qu'il a développées jusqu'ici : — Importance des chapitres généraux ; — précieux avantages offerts à ceux qui sont attachés au service de l'église ; — nécessité où ils sont de se distinguer au milieu des fidèles par la fermeté de leurs convictions religieuses et par la fidélité à s'approcher des sacrements ; — exactitude dans leurs fonctions ; — le respect de la maison de Dieu ; — soin de leur réputation par une conduite irréprochable ; — entretenir l'esprit de prière ; — et entre eux la charité fraternelle, etc., etc.

Tout chapitre de cathédrale pourrait acquérir une véritable importance, en se livrant à certaines études ecclésiasti-

renouvellement de l'année, soit à l'occasion du séjour au palais épiscopal d'un prélat étranger, il prononçait toujours, de mémoire et avec beaucoup d'aplomb, une petite allocution rédigée avec une facilité remarquable.

Ses souffrances continuelles et souvent ai-

---

ques, dont on se rendrait mutuellement compte dans une suite de réunions mensuelles ou semi-mensuelles, et auxquelles se prêteraient tous les chanoines tant soit peu valides ou de bonne volonté. On pourrait successivement y traiter et y discuter les matières suivantes :

1º Les devoirs bien approfondis des chanoines et les moyens d'y être fidèles (Voir BOUIX, *de Capitulis*) ;

2º Les éléments constitutifs des chapitres et tout ce qui peut s'y rattacher naturellement ;

3º L'étude sérieuse du cérémonial romain, avec la discussion et la résolution de tous les cas douteux, de manière que le Chapitre fût, pour tout le diocèse, un fidèle écho et un interprète intelligent *et sûr* des rubriques et de toutes les décisions des Congrégations romaines ;

4º Un cours suivi et détaillé de droit canonique ;

5º Les points les plus importants et les plus pratiques de la théologie morale, etc., etc., etc.

Les résultats d'une semblable organisation tourneraient entièrement à l'avantage des chapitres, lesquels ne seraient plus seulement le premier corps de leur diocèse, par l'ordre hiérarchique ; ils conquerraient encore le premier rang dans le clergé diocésain par la science liturgique, canonique et théologique, aussi bien que pour l'accomplissement éclairé de tous les devoirs du prêtre et du chanoine. C'est alors surtout que se justifierait l'honorable et magnifique privilége que lui attribuent les canons : celui d'être le sénat et le conseil né de l'évêque, *senatus ecclesiæ et consilium episcopi ;* et d'être toujours en état de fournir de doctes députés aux conciles provinciaux.

guës ne lui paraissaient pas une raison suffisante pour s'exempter de quelqu'une de ses obligations. Vice-président du conseil de fabrique, il assistait régulièrement aux séances qui, se prolongeant jusqu'à dix et onze heures du soir, le dérangeaient dans ses habitudes, sans qu'il s'en soit affranchi pour se procurer un trop légitime repos.

Il est également étonnant que, malgré ses infirmités toujours croissantes, il n'ait jamais cherché à se faire exempter, même une seule fois, de faire sa semaine *in suo turno*.

Avec le décanat, M. Marprez cumula encore, pendant quelques mois, la charge de grand chantre (1); mais, à la fin, ses forces ne répondaient plus à son courage, et il dut, à son grand regret, descendre du banc cantoral sur lequel il avait siégé, avec tant d'éclat, plus de dix-sept ans. L'ancien doyen de Sissonne, M. l'abbé Étienne Lefèvre, récemment installé chanoine titulaire (2), fut appelé par

(1) Ces deux charges ne sont pas incompatibles. A Amiens, par exemple, en 1852, M. Clabaut était à la fois doyen, préchantre, official et théologal. — En 1847, nous avons trouvé au Mans, M. Dubois, qui était à la fois doyen, chantre et vicaire général.

(2) M. Étienne Lefèvre a donné sa démission de grand

Mgr de Garsignies à recueillir ce glorieux héritage (7 février 1852).

Nous avons déjà eu occasion d'indiquer que, d'après les constitutions capitulaires de Soissons, le doyen a la cure des âmes, d'abord des chanoines, ses confrères, ensuite des enfants de la maîtrise et de tous les officiers de l'église. Quel zèle l'abbé Marprez n'avait-il pas pour faire remplir à chacun les devoirs de sa charge ! Il avait pris connaissance de tous les règlements particuliers à chaque emploi, et il en surveillait l'exécution. Il ne perdait jamais de vue aucun des employés, depuis les enfants de chœur jusqu'aux chantres, au suisse et aux bedeaux; il savait leur demeure et connaissait leurs habitudes. Il prenait des informations auprès de personnes graves sur leur conduite au dehors, comme il la suivait lui-même dans l'intérieur du chœur de l'église. C'eût été, dans sa pensée, un véritable déshonneur pour le corps capitulaire que la conduite déréglée, ou même équivoque, de quelqu'un de ces subalternes.

chantre en septembre 1854, après deux ans et sept mois d'exercice. — En 1860, M. l'abbé Delaplace a été nommé grand chantre, par Mgr de Garsignies.

Il avait grand soin qu'ils ne fréquentassent ni le cabaret, ni les cafés, ni les guinguettes, ni les spectacles, ni les bals, à plus forte raison ni les bals masqués. Il aurait chassé du chœur celui qui aurait été convaincu d'y avoir assisté. — Il avait provoqué, contre les délinquants ou les moins exacts, certaines pénalités graduées, comme il avait fait décréter par la fabrique certaines gratifications destinées à encourager les chantres du bas-chœur. Un de ces employés éprouvait-il quelque gêne ou tombait-il malade? le bon cœur du doyen le portait à lui procurer des secours ou à le visiter de temps en temps, pendant tout le cours de la maladie. Il avait aussi une grande sollicitude pour le salut de tous, et faisait ce qui était en lui pour qu'ils prissent soin de remplir avec foi et piété leurs devoirs religieux, et pour qu'ils obtinssent une mort chrétienne, s'il plaisait au Seigneur de les appeler à lui. L'abbé Marprez n'était donc pas seulement le chef du personnel de la cathédrale, il était véritablement, comme on vient de le voir, un pasteur et un père pour tous ses administrés.

# CHAPITRE XLIV.

La mort subite, ou presque subite, est regardée par l'Église elle-même comme un événement fort grave dont on doit demander au Seigneur d'être préservé.

Or chacun a pu remarquer que les ministres du Seigneur, loin d'être exempts de ce genre de mort, en sont peut-être, toute proportion gardée, atteints plus fréquemment que le reste des fidèles.

Depuis un demi-siècle, le diocèse de Soissons, et sans doute d'autres diocèses aussi, en ont fourni de nombreux et quelquefois d'effrayants exemples (1).

(1) Un Supérieur de séminaire, l'abbé Duguet, et le doyen de Marle, l'abbé Leredde, sont morts au confessionnal; l'abbé Louis, ancien professeur de rhétorique, en prenant son repas; un ancien vicaire général de Soissons, puis évêque de Ver-

Il faut voir dans ces tristes accidents une disposition secrète mais adorable de la divine Providence. Elle veut que ceux qui, en raison de la consécration sacerdotale, sont appelés à être comblés de tant de sortes de grâces et à remplir de si augustes fonctions, aient toujours, dans leur pensée, par l'appréhension d'une mort inopinée, un motif puissant pour tenir leur cœur exempt de ces graves souillures qui compromettraient leur salut éternel. Elle veut que les prêtres plus que les autres se rappellent souvent la parole du divin Maître : *Estote parati* (Matth. XXIV) : *nescitis qua hora..... sero, an media nocte, an galli cantu, an mane.* (Marc, XIII.)

Mais puisque LE DIEU que les paroles sacramentelles font descendre sur l'autel, et que le prêtre reçoit chaque jour dans sa poitrine, est LE MÊME DIEU qui, près de la couche funèbre, devient, sans le moindre intervalle de temps, le juge, juste, mais inexorable de quiconque

---

dun, Mgr Le Tourneur, en lisant le journal ; le vicaire général de Bully dans le salon du préfet de l'Aisne, à qui il faisait visite ; d'autres sont morts en chaire ; au *Credo* de la messe ; en faisant le catéchisme ; en administrant un malade, etc., etc.

rend le dernier soupir ; le prêtre, ferme dans sa foi, et conséquent avec lui-même, pourra-t-il s'empêcher de conclure que la même pureté qu'il voudrait avoir le jour où il tomberait subitement dans les mains de la justice divine, il faut qu'il la possède et la porte à l'autel, au tribunal sacré et dans les diverses parties de ce ministère sacerdotal qu'il ne remplit qu'au nom et à la place de Dieu, et sous ses regards scrutateurs et vengeurs. Voilà le grave enseignement que donnent au prêtre les accidents, souvent répétés, de morts promptes et inattendues.

Les dispositions intérieures du vénérable abbé Marprez avaient, sur ce point important, toute la perfection désirable ; de sorte que, malgré la rapidité avec laquelle ce digne prêtre sera bientôt ravi à ses confrères, on ne pourra pas dire que lui-même aura été surpris par la mort.

Depuis longtemps, et surtout depuis l'année 1848, il se préparait encore plus sérieusement au redoutable passage : c'était l'objet presque continuel de ses pensées.... la mort devenait la conseillère dans toutes ses actions.

*Si modo moriturus esses, hoc faceres?* Comment te conduirais-tu, se demandait-il avec saint Bernard, si tu étais sur le point de mourir?

La mort et les fins dernières étaient aussi un de ses plus fréquents sujets de lecture ou de méditation. Tantôt il récitait avec onction les sublimes *Prières de l'Église pour les agonisants*; tantôt il lisait la *Préparation à la mort*, de Bossuet. Le livre des *Saints désirs de la mort*, du P. Lallemant, était également souvent entre ses mains. Dans les *Vies des Saints* il s'arrêtait plus volontiers sur les édifiantes circonstances de leur dernière maladie, retenait leurs dernières paroles, et se les répétait à lui-même.

L'emploi de tous ces moyens produisait sur le vénéré doyen de fortes impressions; et, de jour en jour, on voyait sensiblement s'accroître cet esprit de foi, de prière, de recueillement et de pénitence, déjà si remarquable en sa personne, dans des années plus reculées. Toutes ses actions, tous ses sentiments s'épuraient, se spiritualisaient, sous la puissante et féconde influence de la pensée de l'éternité.

Mais, malgré les efforts constants qu'il faisait

sur lui-même pour ne pas déplaire à Dieu, malgré sa droiture native et la pureté habituelle de ses intentions, malgré ses espérances de pardon fondées sur la parole et les mérites du Rédempteur, il ne pouvait s'empêcher de redouter la divine justice....; la *crainte de Dieu* et l'appréhension du dernier jugement étaient fortement empreintes dans son cœur, et il répétait avec un sentiment de componction ces mots de son Bréviaire : *Confige timore tuo carnes meas; a judiciis enim tuis timui* (Ps. cxviii).... Il allait bientôt compter cinquante années de sacerdoce!... pendant lesquelles il avait offert le saint sacrifice et tenu dans ses mains la divine victime près de dix-huit mille fois!.... Quel compte terrible à rendre au Seigneur !

Des milliers d'âmes avaient été confiées à sa sollicitude pastorale.... il avait dû les éclairer sur les vérités de la religion.... résoudre leurs doutes.... déraciner leurs vices.... toucher leurs cœurs.... les déterminer à remplir leurs devoirs de chrétiens.... L'abbé Marprez se demandait s'il n'était pas resté en dessous de sa mission.... s'il n'avait pas, par défaut de lumières suffisantes, induit en erreur les âmes qu'il devait conduire dans le chemin de la vérité.

Toutefois, au milieu de toutes ces perplexités, il finissait toujours par livrer son âme à la confiance ; il se persuadait que l'amour devait dominer la crainte, et il disait avec le Psalmiste : « Souvenez-vous de vos bontés, Seigneur, et de vos miséricordes que vous avez fait paraître dans tous les temps.... Ne vous souvenez plus des fautes de ma jeunesse ni de celles que j'ai pu commettre par ignorance. Mais souvenez-vous de moi, selon votre miséricorde, et à cause que vous êtes bon (1), Seigneur. »

Néanmoins, pour réparer, autant qu'il était en lui, les négligences qui avaient pu lui échapper dans un si long exercice du ministère pastoral, et attirer encore davantage sur son âme les divines miséricordes, il résolut de se livrer de plus en plus au saint exercice de la prière;

---

(1) Reminiscere miserationum tuarum, Domine, et misericordiarum tuarum, quæ a seculo sunt.—Delicta juventutis meæ, et ignorantias meas ne memineris. — Secundum misericordiam tuam memento mei tu : propter bonitatem tuam, Domine. (Ps. XXIV.)

de redoubler d'attention et de piété dans la récitation du saint office, et de joindre aux intentions générales de l'église et à celles des bienfaiteurs du Chapitre et de la cathédrale, quelques intentions particulières, soit en faveur de son âme, soit en faveur du prochain.

Pour lui-même, il sollicitait de Dieu trois grâces spéciales : le détachement de tout ce qui est corporel et terrestre ; un vif désir du ciel, et une bonne et sainte mort.—Afin d'obtenir plus facilement cette dernière grâce, il avait souvent recours à l'intercession de saint Joseph, qui a eu le bonheur de mourir en la compagnie de Jésus et de Marie.

En ce qui concerne le salut du prochain, auquel il ne pouvait plus travailler directement et personnellement, ses demandes prenaient une bien grande extension. Chacune des heures du Bréviaire, ou chaque jour de la semaine, étaient employés à solliciter des faveurs spirituelles pour les autres. Tantôt c'était pour son évêque qu'il offrait le divin office, et tantôt pour le diocèse tout entier. D'autres fois, dans sa prière liturgique, il avait en vue tour à tour un des cinq arrondissements du département, ou tel ou tel canton, ou tel et tel curé, ou bien les diverses paroisses dont il avait été successivement le pasteur.

Il en était de même pour les intentions secondaires qu'il avait en célébrant la sainte messe.

On comprend facilement combien devait être agréable au Seigneur le vénéré doyen du Chapitre de Soissons, et à quelle union avec Dieu il était arrivé par ce fréquent exercice de la prière que nous venons de faire connaître. Pouvait-il mieux se préparer à sa dernière heure? Dans l'effusion et la simplicité de son cœur, la nuit aussi bien que le jour, il s'écriait avec le roi prophète : Je suis prêt, Seigneur, à répondre à votre appel, *Paratum cor meum, Deus, paratum cor meum* (Ps. cxvii, 2). — *In manus tuas, Domine, commendo spiritum meum* (Ps. xxx, 3). — *Quemadmodum desiderat cervus ad fontes aquarum, ita desiderat anima mea ad te, Deus* (Ps. xli, 2).

# CHAPITRE XLV.

Il y avait près de deux ans que l'abbé Marprez présidait avec beaucoup de sagesse et de dignité le corps capitulaire, lorsque ses confrères s'aperçurent avec peine que leur vénérable doyen avait besoin de grands ménagements. On l'exhorta à se relâcher de son assiduité aux saints offices; mais son zèle l'emportait sur toute autre considération; et il voulait, pour ainsi dire, mourir les armes à la main. La nuit du samedi au dimanche, 3 avril 1853, avait été pour lui fort pénible; il avait éprouvé des malaises et des souffrances inaccoutumées. Néanmoins, le matin, il se traîna jusqu'à l'église, afin d'avoir la consolation d'offrir le saint sacrifice ; il eut ensuite beaucoup de peine à regagner sa demeure. Le doyen comprit alors qu'il fallait forcément s'arrêter. Il regretta vivement de ne pouvoir, ce même dimanche, présenter lui-même le chapitre à un saint prélat, exilé de son diocèse depuis cinq ans, Mgr Marilley, évêque de Lausanne et de Genève. Le lundi, 4 avril, l'abbé Marprez admettait encore à sa table hospitalière un de ses confrères, M. l'abbé Poquet, que, dans le début de son ministère à Nogentel près de Château-Thierry, il avait encouragé et comblé d'amitié !

Dans l'après-midi de ce même jour, Mgr de Garsignies et Mgr Marilley daignèrent venir faire visite au vénérable doyen qu'ils trouvèrent levé, et qui fut heureux de recevoir leur bénédiction.

A huit heures du soir, M. Marprez acheva une lettre que l'on mit à la poste.... Ce devait être la dernière !... il ne se sentait pas malade ; il se plaignait seulement d'une excessive fatigue. On le veilla jusqu'à minuit ; et, comme il paraissait fort calme et disposé à s'assoupir, on le quitta pour le laisser reposer. Le lendemain mardi, 5 avril, lorsque, vers six heures du matin, on approcha de son lit, ses yeux étaient fermés, son visage avait déjà la pâleur de la mort ; seulement sa poitrine, qui se soulevait avec régularité, annonçait un reste de vie. M. l'abbé Guyart, ayant été averti de la gravité de la situation, put encore prononcer sur le malade les paroles de l'absolution ; mais on n'eut pas le temps de lui administrer le sacrement des infirmes. Vers sept heures du matin, le malade s'était endormi dans le Seigneur, *obdormivit in Domino,* et avait rendu sa belle âme à Dieu, son Créateur, à l'âge de quatre-vingts ans, quatre mois et dix-huit jours.

A la suite de la mort imprévue d'un ecclésiastique, il arrive assez souvent que l'on trouve ses affaires temporelles en désordre, et qu'il n'existe pas chez lui de testament qui puisse aider à les régler.

L'abbé Marprez qui, en sa qualité de doyen rural, avait souvent été témoin des embarras inextricables de certaines successions de ses confrères, n'avait pas attendu qu'il fût menacé d'une maladie mortelle pour se mettre lui-même en règle.

Son dernier testament olographe, celui qui a dirigé de point en point son exécuteur testamentaire dans le règlement de sa succession, est daté du 19 mars 1849. Cette pièce, sans être particulièrement remarquable, renferme de sages dispositions et des documents utiles. Nous la regardons comme un modèle de l'ordre qu'un prêtre doit mettre dans ses affaires. Tout y est prévu, tout y est réglé. Nous croyons donc devoir transcrire ici cet acte presque en entier.

*Dernières volontés de l'abbé Marprez.*

Ceci est mon testament.

*Signé :* Marprez, chanoine, grand chantre.

Au nom du Père, et du Fils, et du Saint-Esprit. Ainsi soit-il.

Après avoir invoqué les lumières du Saint-Esprit et recommandé mon sort éternel à la miséricordieuse bonté de Dieu, *j'établis* ainsi mes dernières volontés.

1. Je déclare vouloir vivre et mourir dans

la foi et communion de l'Église catholique, apostolique et romaine.

2. J'institue pour mon exécuteur testamentaire, M. Delabarre, aujourd'hui curé archidiacre de Soissons.

Ma succession ne devant rien à qui que ce soit, à l'exception des honoraires de M. le docteur Cuffer, mon médecin, du semestre courant de ma location, commençant les 1$^{er}$ août et février de chaque année; des abonnements à payer fin d'année, pour remontage de pendules et services du perruquier; plus, des dépenses journalières à rembourser à ma domestique, d'après les colonnes hebdomadaires de son registre : il trouvera, je l'espère, toute facilité pour l'accomplissement du mandat dont je le prie de vouloir bien se charger.

3. Je prie mon exécuteur testamentaire de faire pour mes funérailles le moins de frais possible. — Il voudra bien, à l'occasion de mes obsèques, distribuer lui-même à quelques pauvres, de ceux qu'il sait que je connais plus particulièrement, la valeur de 200 kilogr. de pain.

— Il fera, de plus, tenir à M. l'archidiacre de

Château-Thierry la somme nécessaire pour une égale distribution aux pauvres de mon ancienne paroisse.

4. Je le prie de répartir entre mes chers confrères et les autres ecclésiastiques du clergé de la ville de Soissons, deux cents intentions de messes pour le repos de mon âme. Il en remettra les honoraires, le plus tôt possible, soit sur mes deniers comptants, s'il s'en trouve chez moi, soit sur les premiers fonds libres de ma succession. Il voudra bien aussi réserver, sur les moyens de ma succession, une somme de cinquante francs, pour autant de messes à dire pour moi, à l'époque anniversaire de mon décès.

5. Il remettra au séminaire de Soissons une somme de 200 francs sans condition.

6. Je lui recommande de donner tous ses soins à la réunion de mes papiers et écrits dont il détruira la plus grande partie, après avoir mis à part, pour être remis à mon frère, mes lettres et livres de campagnes militaires, et toute ma correspondance de famille.

7. Il offrira comme souvenirs de reconnaissance et d'amitié :

A mon charitable directeur, M. Lequeux, — mon reliquaire;

A M. le doyen du chapitre, — mon aube;

A M. le grand-archidiacre, — mon grand chapelet, bénit à Paris par Sa Sainteté le Pape Pie VII, d'heureuse mémoire. . . . . . .
. . . . . . . . . . . . . .

A divers ecclésiastiques, particulièrement à ceux qui ont été mes vicaires ou avec lesquels j'ai conservé des relations plus intimes, — ceux de mes crucifix dont je n'aurais pas disposé dans les autres articles de mon testament, mes pales, chapelets, images, etc., etc.

8. Il remettra à mon frère — mon grand Christ à reliquaire, le *Novum Testamentum* que j'ai porté sur moi, et qui a servi à mes lectures pendant mes campagnes d'Italie, tous les tableaux dont je n'aurais pas disposé dans divers articles de mon testament, tous mes papiers de famille, y compris mes titres ecclésiastiques.... (*Ici des détails qui ne regardent que la famille.*)

12. Mon exécuteur testamentaire, après s'être entendu avec mon frère sur le choix des

livres qu'il leur serait agréable de conserver pour eux, cédera, pour des messes à mon intention, les autres ouvrages composant ma bibliothèque, en priant ceux qui les prendront d'acquitter ou de faire acquitter le nombre des messes convenues, dans le plus bref délai possible.

13. Rien de mon linge de corps ne sera vendu ; ce qui n'aura pas été remis à mon frère et à mon neveu sera donné aux pauvres. On détruira par le feu celles de mes hardes qui seraient en mauvais état de propreté.

14. Mes habits ecclésiastiques et d'église, soutanes, ceintures, manteau, mozettes, rochets, etc., seront cédés de la main à la main, au profit de ma succession.

15. Mon exécuteur testamentaire remettra à ma fidèle domestique, Madeleine Gire, que mes moyens ne me permettent pas de récompenser comme elle l'a mérité par ses longs et loyaux services, un deuil convenable ; puis une somme de 500 francs, non compris ses gages, qui échoient à la fin de chaque trimestre, et dont il lui sera tenu compte jusqu'à

l'échéance trimestrielle qui suivra sa sortie de ma maison ; plus sa chambre complète, telle qu'elle se compose ou doit se composer.... (*ici le détail*).... tous les meubles et ustensiles de cuisine.

Il mettra aussi à sa disposition toutes les provisions.... après toutefois qu'elle aura fourni, ou plutôt qu'on aura usé de toutes ces provisions pour la juste et convenable consommation de la maison, autant de temps que la présence de mes légataires-parents aura été jugée nécessaire.

Mon exécuteur testamentaire, à cet effet, de concert avec mon frère, pourvoira à ce que chacun de mes légataires-parents, après avoir pris connaissance de ce qui le concerne dans ma succession, se retire jusqu'à ce qu'il soit rappelé pour en recevoir la délivrance.

16. Les diverses sommes destinées à faire face aux dépenses et frais indiqués aux articles 2 et 3 ; puis celles énoncées aux articles 4, 5, 10, 11 et 15, ne pouvant être remises à qui de droit sur mon argent comptant qui, en raison des charges qui ont toujours plus ou moins pesé sur moi, n'a jamais existé qu'en très-pe-

tite quantité, elles seront prises sur les fonds provenant de la vente de mon mobilier.

17. Mon argenterie ne sera pas comprise en la vente publique de mon mobilier, mon exécuteur testamentaire en fera réserve.

18. Si la vente mobilière, moins l'argenterie, suffit pour remplir les legs et couvrir tous frais et dépenses, mon exécuteur testamentaire remettra la totalité de mon argenterie à ma nièce Sophie Marprez, plus ce qui pourra rester du produit de la vente.

19. Si ce produit ne suffit pas pour remplir les charges, de concert avec ma susdite nièce, il détachera une partie d'argenterie équivalente au déficit; laquelle il cédera à la main et de gré à gré, à des ecclésiastiques ou autres personnes respectables; et lui remettra le surplus, de telle sorte que ma nièce Sophie Marprez, indépendamment de ce qui lui est assigné par l'article 9, aura de ma succession tout ce qui restera libre, espèces et argenterie, après que toutes les charges de ce testament auront été remplies et que tous frais d'exécution et accessoires auront été bien et dûment acquittés.

20. Je prie mon exécuteur testamentaire,

au titre plus spécial encore de ma toute paternelle affection, d'accepter, en souvenir de son vieil ami, ma chapelle, c'est-à-dire la boîte renfermant mon calice en vermeil (1), avec tous ses accessoires; puis la petite custode que M. l'abbé Legris-Duval m'a donnée en témoignage de sa bienveillante amitié, lorsque j'étais curé de Vendières.

Fait à Soissons, de ma propre main, le 29 mars 1849. *Signé* Marprez, chanoine grand chantre.

Un des vifs désirs de notre vénérable doyen eût été de laisser en mourant au chapitre dont il était le chef, un témoignage perpétuel de sa bienveillance et de son amitié, et par là de s'assurer aussi, pour lui et pour les siens, par manière de suffrages, une participation au mérite du saint sacrifice et des prières conventuelles de chaque jour (2). — « N'est-ce pas

---

(1) Cette chapelle avait primitivement appartenu à Mgr de Beaulieu, qui, en mourant, l'avait laissée à M. de Bully. Par testament, M. de Bully l'avait donnée à M. Marprez, son exécuteur testamentaire; M. Delabarre l'a léguée en mourant au curé de Soissons et à ses successeurs.

(2) *L'intention de la messe canoniale sera, chaque jour, appliquée aux fondateurs et bienfaiteurs du chapitre.* (Sta-

une chose étonnante, nous disait-il un jour dans une conversation intime, que depuis cinquante ans que le chapitre a été reconstitué, aucun de ses membres n'a songé à y faire, pour soi et sa famille, quelque fondation pieuse ? Et cependant tels et tels, ajoutait-il, avaient par devers eux une belle fortune en biens-fonds ou de beaux et bons deniers comptants, que leurs neveux ou leurs autres parents ne se sont pas fait faute de dissiper en peu de temps. »

D'après tout ce que nous avons dit précédemment sur la charité et la générosité de l'abbé Marprez, on n'a pas de peine à deviner pourquoi il n'a pas pu accomplir, en faveur des chanoines ses confrères, le vœu bien sincère de son cœur. N'ayant jamais rien épargné pendant sa longue carrière sacerdotale, il n'a-

---

tuts capitulaires du chapitre de la cathédrale de Soissons, § II, art. 3.)

Per bullam *Cum semper*, Benedictus XIX, apostolica auctoritate approbavit et confirmavit varias Congregationis concilii resolutiones quibus *excusationes ad declinandam applicationem quotidianam missæ conventualis pro benefactoribus in genere, provide e medio sublatæ fuerunt*; non attenta etiam immemoriali in contrarium consuetudine. (Bouix, *de Capitulis*, p. 355.)

vait, comme les saints, comme Fénelon lui-même, absolument rien au moment de sa mort.

Les funérailles, qui avaient été différées jusqu'au vendredi 8 avril, c'est-à-dire jusqu'au quatrième jour après sa mort, se firent avec le plus grand ordre, et avec la pompe (1) qui accompagne toujours à Soissons le convoi des membres du corps capitulaire. Un grand nombre d'ecclésiastiques étaient accourus avec empressement pour rendre les derniers devoirs à ce vétéran du sacerdoce du diocèse de Soissons.

L'abbé Marprez avait rédigé, à l'avance, l'épitaphe qui devait être gravée sur son tombeau. Un des articles de son testament por-

---

(1) M. Marprez, en sa qualité de légionnaire, avait droit à certains honneurs militaires. On a dû se conformer au dernier décret organique de la Légion d'honneur, en date du 16 mars 1852, Louis-Napoléon étant président de la République. L'article 37, titre v, est ainsi conçu : Dans l'ordre civil, les honneurs funèbres et militaires seront rendus *par la garde nationale* aux commandeurs, officiers et chevaliers. » — M. Marprez, ayant demandé et obtenu son congé définitif, n'était plus militaire ; il était rentré dans l'ordre civil. — M. le commandant Possoz a envoyé aux funérailles un piquet de gardes nationaux, ayant à leur tête le lieutenant de la compagnie.

tait : « Si mon exécuteur testamentaire juge à propos de faire recouvrir ma tombe d'un modeste monument, il y fera graver, sur une petite table de marbre :

HIC JACET

EDMUNDUS TIMOTHÆUS MONTANUS MARPREZ

INSIGNIS ECCLESIÆ SUESSIONENSIS CANONICUS

PRÆCENTOR

NEC NON HONORIFICÆ LEGIONIS EQUES.

OBIIT (jour et mois) M.DCCC...... ANNOS NATUS.

PER MISERICORDIAM DEI,

REQUIESCAT IN PACE.

Nous aurions désiré qu'on y ajoutât :

VIR INTER OMNES FORTIS

ET BONUS

ET RECTUS

AC TIMENS DEUM.

Ces derniers mots paraîtront peut-être résumer assez bien le caractère et les vertus de notre vénérable doyen.

Vivons de sa vie, pour mériter de mourir comme lui et recevoir dans le ciel les mêmes récompenses.

Écolier studieux, militaire plein de courage, précepteur habile, séminariste sans prétention, vicaire plein de modestie, de déférence et de docilité, pénitent sincère, excellent curé, secrétaire actif et poli, bon administrateur, chanoine, modèle de foi vive et de ponctualité, grand chantre qui ne sera jamais surpassé, zélé et intelligent directeur-diocésain de l'OEuvre de la Propagation de la Foi, doyen du chapitre ferme et vigilant, homme privé remarquable par sa loyauté et son bon cœur, l'abbé Timothée Marprez avait reçu de la divine Providence toutes les qualités nécessaires pour qu'il pût s'acquitter dignement des fonctions auxquelles elle le destinait.

Le souvenir de ce vénérable vieillard sera toujours doux et agréable à tous ceux qui l'ont connu. Les détails de sa vie, que nous avons retracés fidèlement, pourront être profitables à tout ecclésiastique qui voudra en mourant se rendre le témoignage qu'il a, sur la terre, rempli son devoir comme homme, comme chrétien et comme prêtre.

FIN.

# APPENDICES

## NOTES ET ÉCLAIRCISSEMENTS.

---

### NOTE DE LA PAGE 3.

§ 1er. — DES QUATRE OU CINQ SERMENTS EXIGÉS DU CLERGÉ DE 1790 A 1797.

La plupart des historiens laïques, qui ont fait mention de la *Constitution civile du clergé* et des *serments* exigés des ecclésiastiques, sont tombés dans de si graves erreurs, que nous avons cru fort utile, tant pour l'intelligence de la vie de l'abbé Marprez que pour celle de l'époque révolutionnaire au point de vue religieux, de retracer ici succinctement et chronologiquement les diverses phases de ces importantes questions.

*Serment civique dans l'enceinte de l'Assemblée nationale constituante (4 février 1790).*

Le *serment civique* ou de fidélité à la *constitution non encore achevée*, était conçu en ces termes :

« Je jure d'être fidèle à la nation, au roi, et de maintenir de tout mon pouvoir la constitution décrétée par l'Assemblée nationale et acceptée par le roi. »

Ce serment, dans lequel on n'aperçut rien qui fût en

opposition avec les principes de la religion, fut prêté par les évêques et le clergé de l'Assemblée nationale constituante, puis par la commune de Paris. Un *Te Deum* fut chanté à cette occasion dans la métropole, le 7 février suivant.

*Événements qui suivirent ce serment, et qui préparèrent au serment exigé de tous les ecclésiastiques.*

12 *juillet* 1790. — L'Assemblée nationale constituante décrète l'ensemble de la *Constitution civile du clergé* où, sans la participation du Saint-Siége, on supprimait des évêchés et on en créait d'autres; on assignait d'autres limites aux évêchés conservés. L'élection des évêques et des curés était faite par les mêmes électeurs qui nommaient les députés, fussent-ils protestants, juifs, athées, etc. Un seul évêque était établi par département. Le titre d'archevêque était supprimé.—L'évêque élu, disait la Constitution, ne pourra pas s'adresser au Pape pour obtenir confirmation de son élection. Mais il lui écrira comme au chef visible de l'Église universelle, en témoignage de l'unité de foi et de la communion qu'il doit entretenir avec lui. — C'est le métropolitain qui donnera l'institution canonique, et, sur son refus, un autre évêque désigné par le directoire du département.—Le casuel est supprimé. Les biens ecclésiastiques ayant été décrétés biens nationaux, la constitution, par compensation, inscrirait comme *dette de l'État* les traitements des évêques et des curés. Le traitement des évêques serait d'après la population de 20,000 à 12,000 francs (celui de l'archevêque de

Paris, 50,000). — Celui des curés : à Paris, 6,000 francs ; dans les villes, de 4,000 à 2,400 francs ; dans les bourgs et villages, de 2,000 1,200 francs.

*17 août* 1790. — Pie VI, qui avait déjà conseillé à Louis XVI d'être en défiance à l'égard de la constitution, lui écrit, le 17 août, pour lui annoncer qu'il a nommé une congrégation chargée d'examiner cette affaire.

24 *août* 1790. — Louis XVI donne une première sanction à la constitution civile du clergé. Il négocie en même temps pour obtenir de Pie VI des concessions.

30 *octobre* 1790. — Les trente évêques ou archevêques, députés à l'Assemblée nationale, font paraître une *Exposition des principes sur la constitution civile du clergé*. (Voir dans Champeaux, Le *droit civil ecclésiastique*, t. I<sup>er</sup>, p. 301-342.) Les évêques terminent en disant qu'il faut attendre la réponse du Saint-Père. — La plus grande partie des évêques de France adhérèrent à l'*Exposition des principes*.

N'ont signé ni adhéré : Talleyrand, évêque d'Autun ; Lafont de Savines, évêque de Viviers ; — (Gobel, évêque de Lydda) ; — Loménie de Brienne, cardinal archevêque de Sens ; — de Jarente, évêque d'Orléans.

*Premier serment prescrit dans toute la France.*

27 *novembre* 1790. — L'Assemblée décrète que les ecclésiastiques en fonctions, évêques ou curés, qui ne prêteraient pas le serment à la constitution, seraient remplacés.

Ce serment fut d'abord perfidement rédigé dans des termes vagues :

« Je jure de veiller avec soin sur les fidèles du diocèse.... ou de la paroisse.... qui m'est confié; d'être fidèle à la nation, à la loi et au roi, et de maintenir de tout mon pouvoir la constitution décrétée par l'Assemblée nationale et acceptée par le roi. »

On voit que c'était à peu près la même formule que celle du serment civique du 4 février.

Néanmoins, il y avait entre les deux une différence profonde, quant à l'étendue de la signification.

La constitution était, au 27 novembre, complétement achevée. On y voyait clairement ses tendances schismatiques et hérétiques. Le livre de l'*Exposition des principes* acheva d'éclairer les esprits, et tous les évêques (moins quatre) s'accordèrent pour repousser la *constitution civile du clergé*. Ils ne se laissèrent pas ébranler par l'acceptation qui fut arrachée à la faiblesse du roi, le 26 décembre 1790.

Le lendemain, 27 décembre 1790, Grégoire, curé d'Emberménil (près Lunéville, *Meurthe*), termine ainsi son serment : « Je jure de maintenir de tout mon pouvoir la constitution française et *notamment les décrets relatifs à la constitution civile du clergé*. » — Il affirmait en même temps, ainsi que Mirabeau, que les démarcations diocésaines étaient un fait purement temporel, et que l'Assemblée *n'avait pas entendu toucher à ce qui était purement spirituel*. Ce qui était évidemment faux.

De plus, l'Assemblée, voyant que le serment serait éludé si elle admettait qu'on l'accompagnât d'explications, décréta qu'elle ne souffrirait aucune clause restrictive, ou explicative.

4 *janvier* 1791. — Les membres ecclésiastiques de

l'Assemblée, évêques et curés, appelés à la tribune, refusent, à une grande majorité, de prêter le serment.

C'est que, à partir de ce jour, l'illusion n'était plus possible, le serment ne pouvant être justifié. Aussi plusieurs de ceux qui l'avaient prêté vinrent le rétracter à la tribune.

7 *janvier* 1791. — On propose de donner une pension aux ecclésiastiques qui refuseront le serment.

Les ecclésiastiques du côté droit s'écrient unanimement : « Non, non, nous ne voulons rien. »

Alors Montlosier : « Les évêques chassés de leurs palais seront accueillis dans les chaumières ; les pauvres qu'ils ont nourris les nourriront ; si on leur ôte la croix d'or, ils en prendront une de bois ; c'est une croix de bois qui a sauvé le monde. »

7 *février* 1791. — L'Assemblée vote un secours illusoire de 500 francs aux curés et de 10,000 francs aux évêques qui n'auraient pas prêté le serment.

Sur cent trente-trois évêques en France, il n'y en eut que trois qui furent infidèles à leur devoir. Ce sont les mêmes dont on a parlé à la page 000, le cardinal Loménie de Brienne, évêque de Viviers ; l'évêque d'Orléans. — Talleyrand avait déjà abdiqué la dignité épiscopale.

Parmi les curés, les trois quarts restèrent fidèles. — Partout on remplaça les évêques ou les curés qui n'avaient pas fait le serment.

23 *février* 1791. — Bref de Pie VI au cardinal Loménie de Brienne pour lui reprocher sa conduite.

24 *février* 1791. — Marolle, évêque de l'Aisne, est sacré par Talleyrand, accompagné de Gobel et Miroudot, évêque de Babylone.

10 *mars* 1791. — Bref *Quod aliquantum* adressé par

Pie VI aux évêques députés à l'Assemblée nationale. Il déclare *hérétique* le principe qui servait de base à tous ces décrets de l'Assemblée nationale, savoir que la puissance ecclésiastique dépend de l'autorité des princes.

— Et bref à Louis XVI... On ne pouvait prêter le serment sans encourir la note d'*hérésie*, car c'était promettre d'observer une loi *où se trouvait un assemblage d'hérésies*.

13 *avril* 1791. — Bref *Caritas* adressé par Pie VI à tous les évêques et aux fidèles de France ; c'est une des décisions les plus solennelles de l'Église.... Pie VI y dit que la constitution civile est *hérétique* dans plusieurs articles, et dans d'autres *sacrilége, schismatique, renversant les droits du Saint-Siége, aussi opposée à l'ancienne discipline qu'à la nouvelle*. Il ordonne que tous ceux qui ont prêté serment soient *suspens* de l'exercice de *tout ordre*, à moins qu'ils ne l'aient rétracté dans les quarante jours, et *irréguliers*, s'ils exercent le ministère ; déclare *sacriléges et nulles* les élections des évêques constitutionnels, déclare qu'ils n'ont aucune juridiction et sont suspens de tout exercice de l'ordre épiscopal.

14 *septembre* 1791. — Le roi accepte la constitution du royaume.

*Deuxième serment civique.*

Le 29 novembre 1791, la nouvelle *Assemblée législative* décrète que tous les ecclésiastiques, même non fonctionnaires, qui n'ont pas fait le serment prescrit le 27 novembre 1790, prêteront, dans la huitaine, le serment civique qui suit :

« Je jure d'être fidèle à la nation, à la loi et au roi, et de maintenir, de tout mon pouvoir, la constitution du royaume, décrétée par l'Assemblée nationale constituante, aux années 1789, 1790 et 1791. »

Il est à remarquer qu'à cette époque, la loi, appelée *constitution civile du clergé*, n'était plus regardée comme faisant partie de la constitution du royaume revisée définitivement. Toutefois, la constitution générale du royaume contenait encore plusieurs articles réprouvés par le Souverain Pontife.

Ce deuxième serment civique fut généralement repoussé par la majorité du clergé. Néanmoins, un certain nombre de prêtres crut pouvoir le prêter sans blesser la conscience.

19 *mars* 1792. Bref *Novæ hæ litteræ*... Pie VI félicite les évêques de leur courageuse résistance.... répond à l'objection que les brefs étaient faux : Ils ont été imprimés à Rome sous les yeux de Pie VI et envoyés à tous les évêques. — Ces brefs ne pouvaient être revêtus des formes accoutumées, c'est-à-dire de la *forme civile* ou sanction de l'autorité royale, à cause de la situation de la France. — Pie VI recommande d'éviter toute communication, *in divinis*, avec les *intrus* (c'est-à-dire ceux qui avaient accepté des cures) et les *réfractaires* (c'est-à-dire ceux qui avaient prêté serment). — Il permet aux évêques d'absoudre les réfractaires.

*Troisième serment : celui de liberté et d'égalité.*

Le 15 août 1792, l'Assemblée législative prescrit le serment de *liberté et d'égalité* à tous ceux qui étaient engagés dans les ordres sacrés, sous peine d'être déportés à la Guyane. — Il était aussi exigé de ceux qui, n'étant pas dans les ordres, seraient une occasion de trouble, ou dont la déportation aurait été demandée par six citoyens du département.

Dans toute la France, les autorités constituées, dit le décret, prêteront et feront prêter, par tous les citoyens, le serment de maintenir de tout leur pouvoir la liberté, l'égalité, la sûreté des personnes et des propriétés, et de mourir, s'il le faut, à leur poste pour l'exécution de la loi.

Les opinions se partagèrent dans le clergé sur ce serment. Les uns trouvaient qu'on pouvait le prêter, parce qu'il ne contenait rien contre la religion, et beaucoup d'hommes recommandables s'y soumirent. M. de Bausset, évêque d'Alais, depuis cardinal, écrivit pour le légitimer. M. Émery, supérieur général de la communauté de Saint-Sulpice, et le célèbre abbé Legris-Duval ne firent pas difficulté de le prêter. — Au point de vue théologique, la question de savoir si ce serment était permis est restée indécise ; et généralement on n'exigea point de rétractation de ceux qui, après avoir consulté leur conscience, n'avaient pas aperçu de motif sérieux de ne pas se soumettre à l'exigence de la loi.

Le Pape consulté répondit : « Qu'il n'y avait point lieu aux peines canoniques, le Saint-Siége n'ayant point encore porté de jugement sur ce serment ; mais qu'il fallait avertir les laïques et les ecclésiastiques qui avaient fait le serment, de *pourvoir à leur conscience*, n'étant pas permis de jurer dans le doute. »

*Quatrième serment : celui de haine à la royauté.*

Le quatrième serment (1) est celui de *haine à la royauté*; il fut prêté par tous les membres du corps législatif, le 21 janvier 1796. — Plus tard, c'est-à-dire le lendemain de la journée du 18 fructidor (4 septembre 1797), on voulut imposer aux prêtres le serment de *haine à la royauté et à l'anarchie*. D'après les explications données dans le rapport, le sens de ce serment n'était pas de jurer haine à tous les rois; mais seulement de repousser tous les efforts qui tendraient à rétablir en France la royauté. — C'est en ce dernier sens seulement que beaucoup d'ecclésiastiques prêtèrent ce serment, et M. Émery, qui ne l'avait pas prêté, n'osait condamner les prêtres qui avaient cru pouvoir s'y soumettre. Le pape Pie VI, considérant le sens naturel de la formule prescrite, déclara *tout à fait illicite le serment de haine à la royauté*. — Ceux qui l'avaient prêté furent obligés de le rétracter et de réparer le scandale le mieux qu'il fut possible, suivant les circonstances des temps et des lieux. Mais aucune censure ne fut portée contre eux.

Le 16 et le 30 janvier 1799, bref de Pie VI déclarant qu'il est illicite de faire ce serment *purement et dans ses propres termes*. Il n'admet que la formule suivante :

« *Je jure que je ne prendrai part à aucune conjuration, complot ou sédition ayant pour objet de rétablir la monar-*

___

(1) Un nouveau gouvernement, sous le nom de Directoire, avait été installé le 4 novembre 1795. Les cinq directeurs furent Rewbel, président, Barras, La Réveillère-Lépeaux, Letourneur de la Manche et Carnot. (Ce dernier remplaça Sieyès, qui n'avait pas accepté.)

*chie et de détruire la république qui gouverne actuellement. Je jure haine à l'anarchie, fidélité et attachement à la république et à la constitution, sauf toutefois les droits de la religion catholique.* »

Après l'avénement de Bonaparte au consulat, la constitution de l'an VIII prescrivit seulement ce serment : *Je promets fidélité à la constitution.*

On trouvera de plus amples détails dans les ouvrages suivants que nous avons eus sous les yeux en rédigeant cette note : 1° *Histoire du clergé pendant la révolution*, par M. l'abbé Jager. 3 vol. in-8°. — 2° *Mémoires pour servir à l'histoire ecclésiastique pendant le dix-huitième siècle*, par M. Picot, troisième édition fort augmentée par M. l'abbé Lequeux, chanoine de Paris, vicaire général de Troyes. 7 vol. in-8°. Chez Adrien Le Clere. — 3° *Le droit civil Ecclésiastique français*, par M. de Champeaux. 2 vol. in-8°.

### § II. — Monseigneur de Bourdeilles.

Mgr Henri-Joseph-Claude de Bourdeilles, qui avait succédé à Mgr de Fitz-James en 1766, fut un des premiers qui s'éleva contre la constitution civile du clergé.

Le directoire du département de l'Aisne l'ayant mis en demeure de prêter le serment à cette constitution, il répondit entre autres choses, le 30 octobre 1790 :

« Vous me demandez, Messieurs : 1° si je veux continuer mes fonctions épiscopales ; —2° vous m'invitez à prêter le serment civique.

» Voici ma réponse : 1° je déclare qu'un évêque se

rendrait coupable d'hérésie et que tous les actes de la puissance spirituelle qu'il exercerait seraient, hors le cas d'absolue nécessité, frappés de nullité radicale, s'il venait à étendre sa juridiction sur un diocèse ou partie de tout autre diocèse, qui excéderait les limites du territoire qui lui est assigné pour son institution canonique. Je déclare que les principes sur lesquels est appuyée cette déclaration tiennent essentiellement à la foi catholique et que toute doctrine contraire serait une doctrine hérétique schismatique.

» Quant au serment civique, je déclare que tout serment civique étant, par sa nature, restreint à ce qui est du ressort de la puissance temporelle, celui que j'entends prêter, comme citoyen, ne peut s'étendre aux objets concernant essentiellement la religion et l'autorité spéciale.... Je déclare aussi que toute forme de gouvernement et toute organisation de pouvoir ecclésiastique émanée de la seule puissance temporelle ne peuvent faire partie intégrante d'une constitution politique. La constitution d'une Église fondée par un Dieu ne peut et ne doit avoir qu'un Dieu pour auteur. Jésus-Christ a donné à son Église le droit de se gouverner elle-même ; ainsi changer la constitution de l'Église et la forme essentielle de son gouvernement, c'est changer la religion et devenir apostat.

» En tout cela, je proteste ne suivre que ma conscience et les règles de la foi et me soumettre toujours au jugement du Saint-Siége. Signé H. J. C. évêque de Soissons. »

## § III. Protestation du chapitre de la cathédrale de Soissons.

3 novembre 1790.

Les Prévôt, Doyen, Chanoines et Chapitre de l'Église catholique de Soissons adressent la déclaration suivante aux administrateurs du directoire du district de Soissons, en réponse à leur notification du 3 novembre 1790, portant intimation d'exécuter l'article 1$^{er}$ de la proclamation du directoire du département de l'Aisne, séance du 28 octobre.

« Messieurs,

« C'est dans les grandes épreuves que la foi du chrétien doit se soutenir et se montrer supérieure à tous les revers. Les ordres rigoureux que vous venez de nous intimer pourraient abattre des cœurs qui ne puiseraient pas dans la religion les consolations qu'elle donne et la force qu'elle communique. Mais pour des ministres dont la vie appartient à la religion, dont ils doivent être les défenseurs, toute faiblesse qu'ils montreraient serait un scandale, et toute pusillanimité, qui serait au détriment de la foi, leur paraîtrait un crime. Revêtus du caractère auguste de ministres du Dieu de paix, nous ne devons opposer aucune résistance active, lors même que le pouvoir absolu nous fait ressentir toutes ses rigueurs ; mais si nous devons l'exemple de la soumission, il ne nous est pas permis de nous taire, lorsque la religion peut faire des pertes et recevoir quelque atteinte.

» L'Église, Messieurs, nous a confié les augustes et

nécessaires fonctions du culte divin; c'est nous et nous seuls qu'elle a revêtus de ses pouvoirs pour exercer la juridiction épiscopale pendant la vacance du siège. Quiconque par conséquent n'aurait pas reçu sa mission de l'Église, seule dépositaire de la puissance de Jésus-Christ, ne pourrait, en matière de juridiction, exercer validement aucun pouvoir spirituel qu'on pût croire émané de son divin auteur; et, par là même qu'une tradition apostolique ne transmettrait plus les pouvoirs primitifs, toute organisation nouvelle, qui ne serait pas avouée et consacrée par l'Église, ne pourrait qu'apporter le trouble et la désolation dans les consciences.

» Chargés pareillement du précieux dépôt de la tradition de cette Église, nous sommes préposés par les lois canoniques pour être les conseillers, les gardiens et les défenseurs de la juridiction de ses pontifes. Cette juridiction, nous l'avons toujours respectée, et nous ne cesserons de lui être soumis; la plénitude du sacerdoce, qui réside dans les pontifes seuls, leur donne pour gouverner une prééminence de juridiction qu'aucune puissance terrestre ne peut leur ravir sans attenter à la puissance de Jésus-Christ même. Tout effort, par conséquent, qui tendrait à l'affaiblir ou à la faire méconnaître, introduirait nécessairement le schisme, et avec lui tous les désastres qui l'accompagnent.

» Par là même que les titres dont nous sommes revêtus nous donnent des pouvoirs spirituels, et nous obligent à des fonctions sacrées, il est évident qu'aucune autre puissance ne peut les éteindre et les supprimer, que celle qui les avait établis. C'est ce qu'ont toujours consacré les lois civiles et canoniques, qu'on ne peut méconnaître, et moins encore abroger dans une nation qui veut se conserver le titre glorieux de nation catholique. Le peut-on, surtout dans un royaume qui avait fondé le privilége de ses libertés sur son attachement inviolable aux anciens canons de l'Église?

» Parmi les fonctions que nous exerçons, il en est une que nous ne pouvons omettre sans violer tous les principes de la justice la plus étroite, c'est celle qui a pour objet que les pieuses intentions des fondateurs ne soient pas frustrées. Manquer aux conditions qu'ils ont imposées, ce serait trahir la piété et détruire la foi des contrats les plus solennels.

» Personne n'ignore en effet que la mémoire et la volonté des morts ont toujours été respectées parmi les peuples les moins religieux et les plus sauvages. Quel exemple donnerait donc une nation, qui, contre ce sentiment unanime, priverait des suffrages de l'Église une multitude de fondateurs pieux, qui, propriétaires de leurs biens, avaient pu les consacrer à l'Église, et les lui ont donnés en effet sous l'autorité des lois, à la condition expresse qu'elle offrirait toujours pour eux des sacrifices et des prières? Nous déclarons donc, à la face de l'univers, et nous prenons l'Église à témoin, que l'omission d'un devoir aussi sacré ne pourra, dans aucun cas, nous être imputée. Nous ajoutons même que toute justice civile, religieuse et canonique serait violée, si l'on pouvait omettre ou même interrompre les sacrifices et les prières stipulés dans les actes de donation des biens dont on nous dépouille.

» Maintenant, Messieurs, il ne nous reste qu'à vous exprimer notre douleur, non sur la perte de notre état civil et des honneurs qui y étaient attachés, mais sur l'interruption d'un ministère qui faisait notre consolation et notre gloire. C'est cet attachement à nos fonctions qui nous autorise à vous manifester le désir ardent que nous avons de les continuer. Quel que soit le sort pécuniaire que la nation nous destine, nous n'en serons pas moins fidèles aux engagements que nous avons contractés ; ou si la loi, dont l'exécution vous est confiée, ne vous permet pas de céder à nos prières et à nos larmes, nous nous flattons au moins que vous voudrez tempérer notre douleur, en consignant l'expression de nos sentiments dans votre registre des délibérations. Cette grâce que nous sollicitons n'a d'autre objet que de laisser à ce diocèse un monument de notre profonde affliction, de notre attachement à nos devoirs et de notre entière soumission aux lois de l'Église. La douleur que nous vous exprimons, Messieurs, nous accompagnera jusqu'au tombeau ; et si quelque chose peut l'adoucir, ce ne sera que lorsque le temps nous aura appris que les pauvres, nos copropriétaires, ne sont pas dans le cas de nous regretter.

» Cette classe de citoyens, si intéressante pour l'humanité et si précieuse aux yeux de la foi, a toujours été le premier objet de notre amour et de notre sollicitude. Dans ce moment, où l'ordre des choses doit nous priver du plaisir le plus doux, celui de les soulager, nous devons leur laisser au moins un dernier gage de notre tendresse, en les recommandant à la générosité de la nation et à votre vigilance particulière. Pour les rendre heureux, les secours les plus abondants seraient insuffisants, si la charité ne présidait pas à leur emploi et à leur distribution. Lorsque leurs biens et les nôtres étaient en notre disposition, les pauvres s'adressaient à nous avec confiance, parce qu'ils savaient qu'ils avaient droit à nos bienfaits. Il faut donc que les nouveaux économes que la loi leur donne n'oublient jamais que l'intention des donateurs ne serait pas remplie, et que les pauvres seraient doublement malheureux si, dans les secours qu'on pourra leur destiner, on leur faisait éprouver qu'on les leur accorde avec trop de parcimonie, ou qu'on les distribue à titre de grâce. Vrais propriétaires des biens, dont la nation s'adjuge la gestion, ils ont un droit rigoureux à leur usufruit; que cet usufruit soit donc entièrement et à toujours versé dans leur sein; et, dans cette partie, nous n'aurons qu'à bénir la Providence.

» Quant aux pouvoirs spirituels qui nous sont confiés par l'Église, surtout pendant la vacance du siége épiscopal, nous ne pourrons nous en croire dessaisis, qu'au moment où l'Église nous manifestera ses intentions et révoquera les pouvoirs qu'elle nous a accordés. Nous vous en prévenons, Messieurs, pour que si, dans la suite, il s'élève des doutes et des embarras de conscience sur la validité des actes et des pouvoirs qui seraient exercés dans toute nouvelle constitution, qui ne serait pas approuvée par l'Église, la nation, ni les fidèles ne puissent pas nous reprocher de ne les avoir pas instruits en retenant la vérité captive. La perspective des maux qui peuvent affliger cet empire nous saisit d'effroi. Fasse le ciel que nous n'ayons qu'à les craindre, et que nos concitoyens, éclairés par la foi de nos pères, rendent enfin hommage aux vrais principes! Sans ces principes, Messieurs, il ne peut y avoir, et pour vous et pour nous, aucun espoir de salut, parce qu'ils sont essentiels à la perpétuité de la foi catholique. Cette foi, l'un des plus précieux dons de la grâce, nous ne pouvons la conserver qu'autant que l'Église gallicane continuera à être gouvernée par des pasteurs élus et institués, suivant les formes et les règles canoniques. Sans cette institution canonique, les pouvoirs ne dérivant plus de leur source, la branche séparée du tronc se dessécherait au même instant, et l'Église gallicane, cette portion antique et la plus illustre du troupeau de Jésus-Christ, n'étant plus bâtie sur le fondement des apôtres, cesserait d'avoir pour chef le Pontife par excellence, qui est la pierre angulaire et fondamentale de l'édifice.

» Ce ne sont pas ici, Messieurs, des principes exagérés que nous venons d'exposer; mais ils sont tels, que, quiconque les objecterait, abjurerait par là même l'Église. Pour lui appartenir, il faut croire qu'elle a reçu de Jésus-Christ le pouvoir d'enseigner, d'instruire et de diriger les fidèles dans les voies du salut.

» Il faut croire que sa juridiction et son autorité, elle ne les a reçues que de Jésus-Christ seul, et qu'elle est par conséquent indépendante de tout autre pouvoir, dans l'ordre du salut et de la sanctification des fidèles.

» Il faut croire que sa constitution est l'ouvrage de Jésus-Christ même, et que toute organisation qui serait différente, ou affaiblirait celle qui existe, serait un plan destructif de l'unité catholique.

» Il faut croire que l'Église seule est dépositaire de la puissance de Jésus-Christ, comme elle l'est de ses mérites, et qu'elle seule par conséquent est compétente pour donner, restreindre ou révoquer les pouvoirs nécessaires pour le gouvernement et la direction des fidèles.

» Il faut croire que les lois portées dans les conciles généraux ou dans les conciles particuliers, reçues et approuvées par l'Église universelle, ne peuvent être révoquées que par elle; et que si c'est un devoir pour la puissance temporelle de veiller à leur exécution, ce serait un attentat de sa part de s'y soustraire ou d'y porter quelque atteinte.

» Il faut croire que les ministres seuls approuvés par l'Église sont les dispensateurs des mystères de Dieu, et que les sacrements seraient nuls ou illégitimement administrés, dès lors qu'ils le seraient sans la mission et l'approbation des premiers pasteurs de l'Église.

Il faut croire enfin que, pour tous les fidèles, il existe un centre d'unité, qui est l'Église romaine; et que, pour ne pas rompre les liens précieux qui nous unissent à elle, il ne suffit pas d'observer quelques formalités prescrites par les hommes; mais il faut encore reconnaître dans le successeur de saint Pierre un chef visible, exerçant sa juridiction dans l'Église universelle, conformément aux saints canons adoptés par elle.

» Telles sont, Messieurs, les grandes et essentielles vérités que tous les membres du chapitre de l'Église cathédrale de Soissons ont toujours professées, et qu'ils professeront, avec la grâce du Seigneur, jusqu'au dernier soupir de leur vie. Vous-mêmes, Messieurs, vous n'avez pas une croyance différente, puisque vous avez le bonheur d'être les enfants de la même Église. Jugez donc si un chrétien ne ferait pas naufrage dans la foi, s'il concourait à la combattre ou à la faire méconnaître.

» Vous connaissez, Messieurs, la déclaration de notre prélat, adressée à MM. les administrateurs du directoire de ce département, en date du 15 octobre dernier. Cette déclaration touchante, que vous ne pouvez trop méditer, est l'expression fidèle de nos sentiments; nous y adhérons d'ésprit et de cœur, et, dans toutes les occasions, nous les prendrons pour règle de notre foi, aux termes néanmoins de ladite déclaration que le Saint-Siége, uni à l'épiscopat, sera toujours la règle suprême qui nous dirigera en matière de dogme et de discipline générale.

» Fait, délibéré et signé à Soissons, le 27 octobre dernier, par tous les membres composant le chapitre de l'Église cathédrale, convoqué extraordinairement ledit jour, après sexte, confirmé dans les chapitres des 1ᵉʳ et 3 novembre présent mois; *signé* de REVILLIASC, président. — *Pour copie conforme*, *signé* HOULLIER, chanoine et secrétaire du chapitre. »

Voici les signatures relevées aux archives de Laon, où est conservée la pièce originale:

*De Revilliasc*, prévôt; *François Mayaudon*, doyen; *Capitain*; *Champion*, archidiacre de Brie; *Guillaume François*; *Gosset*, écolâtre; *Godard*; *Racine* (Jubilæus); *Maizière*; *Guezet*; *Lalliat du Tertre*, chantre (cantor); *Chadabec*; *Fromentin*; *Desprez* (succentor); *Champion* (*Charles-Guillaume*); *Prousel*; *Lebrasseur*; *Nicque*, théologal; *Hubert*, grand archidiacre; *Carrier*; *Hourdé de Chavigny*, chantre et trésorier; *de Saluces de la Mante*; *Maër*; *de Liége*; *Fromage*; *Mayaudon* (*Jacques*); *Couchot*; *Dubois*; *Geoffroy* (pénitencier); *Savart*; *Chabailles d'Auvigny de Morinval*; *Cousin de la Ferrière*; *de Beaurepaire de Pontfol*; *Laurent-Desnoës*; *d'Alsfeldt*; *Houllier*, chanoine et secrétaire du chapitre.

## NOTE DE LA PAGE 11.

§ IV. — Lettres de recommandation données par m. Jean-Baptiste Billaudel a mm. Lefin et Trouvelot, quittant la France pour aller recevoir les ordres sacrés en Allemagne.

Charitati vestræ catholicæ commendamus nostros juvenes in Xto fratres, quos ad confessionem fidei, mysteriorum dispensationem, et martyrii tyrocinium in vinculis nostris genuimus ; illos excipite et deducite in vinculo pacis ; viscera eorum, quasi sanctorum per vos requiescant, pedes eorum lavate et eos reficite in Christi nomine, et a vicinis catholicis reficiendos curate, simul et tuendos, ut a periculis ex impiis aut falsis fratribus salventur ; in quo fine et cujus fide, hanc attestationem subsignamus nos in hac diœcesi Laudunensi, Missionarii, sub sigillo episcopali hujusce diœcesis, vigesima die septembris 1801.

Signatures : *Joannes Baptista Lainé*, unus ex præpositis missionis ; *Carolus Antonius Grenier*, missionarius ; *Joannes Nicolaus Carré*, missionarius ; *Josephus Duguet*, præfectus generalis missionis.

Place du sceau épiscopal.

*Sur le verso :*

Nous soussignés, missionnaires dans le diocèse de Laon, recommandons à la générosité chrétienne de tout prêtre et fidèle catholique, nos frères porteurs de cette attestation : nous les avons engendrés en Jésus-Christ au milieu des chaînes que nous portons par sa grâce pour la gloire de Dieu : nous les destinons au saint ministère; c'est pour cette cause qu'ils courent les risques d'un voyage pénible, en exposant leur santé, leur liberté, leur vie même; par cela seul, ils sont les confesseurs de la foi de Jésus-Christ; et nous les présentons avec confiance à votre hospitalité, à votre vigilance, dans leur route, afin de les préserver de toute rencontre dangereuse; et nous vous prions de les recommander aux catholicités voisines, sur la direction de leur voyage. Pour cette fin nous leur avons délivré le présent acte, sous le siège épiscopal de notre diocèse de Laon. Ce 20 septembre 1801.

---

### NOTE DE LA PAGE 297.

§ VIII. — MÉTHODE POUR LIRE L'ÉCRITURE SAINTE DANS LE COURS D'UNE ANNÉE, EN COMMENÇANT A LA 1$^{re}$ SEMAINE DE L'AVENT. (D'APRÈS LE P. LAMY ET L'ABBÉ CARRON).

#### PREMIÈRE SEMAINE.

|      | Isaïe.          | Psaum. | St. Matth. |
|------|-----------------|--------|------------|
| Dim. | c. 1, 2, 3      |        |            |
| Lun. | c. 4, 5, 6      |        |            |
| Mar. | c. 8, 9, 10     | le 76$^e$ | le c. 1$^{er}$ |
| Mer. | c. 11, 13, 14   | le 83$^e$ | le c. 2$^e$ |
| Jeu. | c. 15, 16, 17, 18 | le 87$^e$ |         |
| Ven. | c. 19, 20, 21   |        |            |
| Sam. | c. 22, 23, 24   |        |            |

#### DEUXIÈME SEMAINE.

|      | Isaïe.          | Psaum. | St. Matth. |
|------|-----------------|--------|------------|
| Dim. | c. 25, 26, 27   |        |            |
| Lun. | c. 28, 29       |        |            |
| Mar. | c. 30, 31, 32   | le 101$^e$ | le c. 3$^e$ |
| Mer. | c. 33, 34, 35   | le 43$^e$ | le c. 4$^e$ |
| Jeu. | c. 36, 37, 38   | le 106$^e$ |         |
| Ven. | c. 39, 40, 41   |        |            |
| Sam. | c. 42, 43, 44   |        |            |

## TROISIÈME SEMAINE.

|      | Isaïe.          |  | Psaum.  | St. Matth. |
|------|-----------------|--|---------|------------|
| Dim. | c. 45, 46, 47   |  |         |            |
| Lun. | c. 48, 49, 50   |  |         |            |
| Mar. | c. 51, 52, 53, 54 |  | le 20e | le c. 5e  |
| Mer. | c. 55, 56, 57   |  | le 35e  | le c. 6e   |
| Jeu. | c. 58, 59, 60   |  | le 48e  |            |
| Ven. | c. 61, 62, 63   |  |         |            |
| Sam. | c. 64, 65, 66   |  |         |            |

## QUATRIÈME SEMAINE.

|      | St. Paul aux Romains. | Lévitique. | Psaum. | St. Matth. |
|------|-----------------------|------------|--------|------------|
| Dim. | c. 1, 2               | c. 1       |        |            |
| Lun. | c. 3, 4               | c. 2       |        |            |
| Mar. | c. 5, 6               | c. 3       | le 49e | le c. 7e   |
| Mer. | c. 7, 8               | c. 4       | le 57e | le c. 8e   |
| Jeu. | c. 9, 10              | c. 5       | le 75e |            |
| Ven. | c. 11                 | c. 6       |        |            |
| Sam. | c. 12                 |            |        |            |

## CINQUIÈME SEMAINE.

|      | St. Paul aux Romains. | Lévitique. | Psaum.  | St. Matth. |
|------|-----------------------|------------|---------|------------|
| Dim. | c. 13, 14             | c. 7       |         |            |
| Lun. | c. 15, 16             | c. 8       |         |            |
|      | 1 Corinth.            |            |         |            |
| Mar. | c. 1, 2               | c. 9, 10   | le 81e  | le c. 9e   |
| Mer. | c. 3, 4               | c. 11      | le 98e  | le c. 10e  |
| Jeu. | c. 5, 6               | c. 12      | le 108e |            |
| Ven. | c. 7, 8               | c. 13      |         |            |
| Sam. | c. 9, 10              |            |         |            |

## SIXIÈME SEMAINE.

|      | St. Paul aux Corinthiens. | Lévitique. | Psaum. | St. Matth. |
|------|---------------------------|------------|--------|------------|
| Dim. | c. 11, 12                 | c. 14      |        |            |
| Lun. | c. 13, 14                 | c. 15      |        |            |
| Mar. | c. 15, 16                 | c. 16      | le 58e | le c. 11e  |
|      | 2 Corinth.                |            |        |            |
| Mer. | c. 1, 2                   | c. 17      | le 68e | le c. 12e  |
| Jeu. | c. 3, 4                   | c. 18      | le 69e |            |
| Ven. | c. 5, 6, 7                | c. 19      |        |            |
| Sam. | c. 8, 9                   | c. 20      |        |            |

## POUR LIRE L'ÉCRITURE SAINTE.

### SEPTIÈME SEMAINE.

|       | 2 Corinth. | Lévitique. | Psaum. | St. Matth. |
|-------|------------|------------|--------|------------|
| Dim.  | c. 10, 11  | c. 21      |        |            |
| Lun.  | c. 12, 13  | c. 22      |        |            |
|       | *Galates.* |            |        |            |
| Mar.  | c. 1, 2, 3 | c. 23      | le 11e | le c. 13e  |
| Mer.  | c. 4, 5, 6 | c. 24      | le 27e | le c. 14e  |
|       | *Ephésiens.* |          |        |            |
| Jeu.  | c. 1, 2    | c. 25      | le 55e |            |
| Ven.  | c. 3, 4    | c. 26      |        |            |
| Sam.  | c. 5, 6    | c. 27      |        |            |

### HUITIÈME SEMAINE.

|       | Philippiens. | Tobie. | Psaum. | St. Matth. |
|-------|--------------|--------|--------|------------|
| Dim.  | c. 1         | c. 1, 2 |       |            |
| Lun.  | c. 2         | c. 3, 4 |       |            |
| Mar.  | c. 3         | c. 5, 6 | le 13e | le c. 15e |
| Mer.  | c. 4         | c. 7, 8 | le 52e | le c. 16e |
|       | *Colossiens.* |       |        |            |
| Jeu.  | c. 1         | c. 9, 10 | le 8e |            |
| Ven.  | c. 2, 4      | c. 11, 12 |      |            |
| Sam.  | c. 3         | c. 13  |        |            |

### NEUVIÈME SEMAINE.

|       | 1 Thessal. | Judith. | Psaum. | St. Matth. |
|-------|------------|---------|--------|------------|
| Dim.  | c. 1, 2    | c. 1, 2 |        |            |
| Lun.  | c. 3       | c. 3, 4 |        |            |
| Mar.  | c. 4       | c. 5, 6 | le 65e | le c. 17e  |
| Mer.  | c. 5       | c. 7, 8 | le 74e | le c. 18e  |
|       | *2 Thessal.* |       |        |            |
| Jeu.  | c. 1       | c. 9, 10, 11 | le 91e |       |
| Ven.  | c. 2       | c. 12, 13 |      |            |
| Sam.  | c. 3       | c. 14, 15, 16 |  |            |

### DIXIÈME SEMAINE.

|       | Timoth. | Esther. | Psaum. | St. Matth. |
|-------|---------|---------|--------|------------|
| Dim.  | c. 1    | c. 1, 2 |        |            |
| Lun.  |         | c. 3, 4, 5 |     |            |
| Mar.  | c. 2    | c. 6, 7 | le 102e | le c. 19e |
| Mer.  | c. 3    | c. 8, 9 | le 144e | le c. 20e |
| Jeu.  | c. 4    | c. 20, 21, 22 | le 93e |      |
| Ven.  | c. 5    | c. 13, 14 |     |            |
| Sam.  | c. 6    | c. 25, 26 |     |            |

## ONZIÈME SEMAINE.

|      | 2 Timoth.        | Osée.     | Psaum.  | St. Matth. |
|------|------------------|-----------|---------|------------|
| Dim. | c. 1             | c. 1, 2   |         |            |
| Lun. | c. 2             | c. 3, 4   |         |            |
| Mar. | c. 3             | c. 5, 6   | le 9e   | le c. 21e  |
| Mer. | c. 4             | c. 7, 8   | le 17e  | le c. 22e  |
|      | *Tite*           |           |         |            |
| Jeu. | c. 1             | c. 9, 10  | le 29e  |            |
| Ven. | c. 2, 3          | c. 11, 12 |         |            |
| Sam. | Ep. à Philémon.  | c. 13, 14 |         |            |

## DOUZIÈME SEMAINE.

|      | Hébreux.  | Joel.      | Psaum.  | St. Math. |
|------|-----------|------------|---------|-----------|
| Dim. | c. 1, 2   | c. 1       |         |           |
| Lun. | c. 3, 4   | c. 2       |         |           |
| Mar. | c. 5, 6   | c. 3       | le 88e  | le c. 23e |
|      |           | *Malachie.*|         |           |
| Mer. | c. 7, 8   | c. 1       | le 115e | le c. 24e |
| Jeu. | c. 9, 10  | c. 2       | le 117e |           |
| Ven. | c. 11     | c. 3       |         |           |
| Sam. | c. 12, 13 | c. 4       |         |           |

## TREIZIÈME SEMAINE.

|      | Genèse.              | Psaum.  | St. Matth. |
|------|----------------------|---------|------------|
| Dim. | c. 1, 2, 3           |         |            |
| Lun. | c. 4, 5, 6, 7        |         |            |
| Mar. | c. 8, 9, 10, 11 2, 23| le 128e | le c. 25e  |
| Mer. | c. 12, 13 14, 15     | le 40e  | le c. 26e  |
| Jeu. | c. 16, 17, 18        | le 105e |            |
| Ven. | c. 19, 20, 21, 22    |         |            |
| Sam. | c. 13, 24, 25, 2, 5  |         |            |

## QUATORZIÈME SEMAINE.

|      | Genèse.           | Psaum.  | St. Matth. |
|------|-------------------|---------|------------|
| Dim. | c. 26, 27, 28     |         |            |
| Lun. | c. 29, 30, 31     |         |            |
| Mar. | c. 32, 33, 34, 35 | le 18e  | le c. 27e  |
| Mer. | c. 36, 37, 38, 39 | le 23e  | le c. 28e  |
| Jeu. | c. 40, 41, 42     | le 32e  |            |
| Ven. | c. 43, 44, 45, 46 |         |            |
| Sam. | c. 47, 48, 49, 50 |         |            |

POUR LIRE L'ÉCRITURE SAINTE. 407

### QUINZIÈME SEMAINE.

|  | Exode. | Psaum. | St. Marc. |
|---|---|---|---|
| Dim. | c. 1, 2, 3, | | |
| Lun. | c. 4, 5, 6, 7 | | |
| Mar. | c. 8, 9, 10, 11 | le 71e | le c. 1er |
| Mer. | c. 12, 13, 14 | le 95e | le c. 2e |
| Jeu. | c. 15, 16, 17, 18 | le 97e | |
| Ven. | c. 19, 20, 21, 22 | | |
| Sam. | c. 23, 24, 25 | | |

### SEIZIÈME SEMAINE.

|  | Exode. | Psaum. | St. Marc. |
|---|---|---|---|
| Dim. | c. 26, 27, 28 | | |
| Lun. | c. 29, 30, 31 | | |
| Mar. | c. 32, 33, 34 | le 99e | le c. 3e |
| Mer. | c. 35, 36, 37 | le 109e | le c. 4e |
| Jeu. | c. 38, 39, 40 | le 110e | |
|  | Nombres. | | |
| Ven. | c. 1, 2, 3, 4 | | |
| Sam. | c. 5, 6, 7, 8 | | |

### DIX-SEPTIÈME SEMAINE.

|  | Nombres. | Psaum. | St. Marc. |
|---|---|---|---|
| Dim. | c. 9, 10, 11, 12 | | |
| Lun. | c. 13, 14, 15, 16 | | |
| Mar. | c. 17, 18, 19, 20 | le 111e | le c. 5e |
| Mer. | c. 21, 22, 23, 24 | le 104e | le c. 6e |
| Jeu. | c. 25, 26, 27, 28 | le 125e | |
| Ven. | c. 29, 30, 31, 32 | | |
| Sam. | c. 33, 34, 35, 36 | | |

### DIX-HUITIÈME SEMAINE.

|  | Deutéronome. | Psaum. | St. Marc. |
|---|---|---|---|
| Dim. | c. 1, 2, 3 | | |
| Lun. | c. 4, 5, 6 | | |
| Mar. | c. 7, 8, 9 | le 126e | le c. 7e |
| Mer. | c. 10, 11, 12 | le 40e | le c. 8e |
| Jeu. | c. 13, 14, 15 | le 26e | |
| Ven. | c. 16, 17, 18 | | |
| Sam. | c. 19, 20, 21 | | |

## DIX-NEUVIÈME SEMAINE.

|      | Deutéronome.         | Psaum. | St. Marc. |
|------|----------------------|--------|-----------|
| Dim. | c. 22, 23, 24        |        |           |
| Lun. | c. 25, 26, 27        |        |           |
| Mar. | c. 28, 29, 30        | le 22e | le c. 9e  |
| Mer. | c. 31, 32, 33, 34    | le 46e | le c. 10e |
|      | *Jérémie.*           |        |           |
| Jeu. | c. 1, 2, 3, 4        | le 63e |           |
| Ven. | c. 5, 6, 7, 8        |        |           |
| Sam. | c. 9, 10, 11, 12     |        |           |

## VINGTIÈME SEMAINE.

|      | Jérémie.             | Psaum.  | St. Marc. |
|------|----------------------|---------|-----------|
| Dim. | c. 13, 14, 15, 16    |         |           |
| Lun. | c. 17, 18, 19, 20, 21|         |           |
| Mar. | c. 22, 23, 24, 25    | le 70e  | le c. 11e |
| Mer. | c. 26, 27, 28, 29    | le 42e  | le c. 12e |
| Jeu. | c. 30, 31, 32, 33    | le 103e |           |
| Ven. | c. 34, 35, 36, 37    |         |           |
| Sam. | c. 38, 39, 40, 41, 42|         |           |

## VINGT—UNIÈME SEMAINE.

|      | Jérémie.           | Psaum.  | St. Marc. |
|------|--------------------|---------|-----------|
| Dim. | c. 43, 44, 45      |         |           |
| Lun. | c. 46, 47, 48, 49  |         |           |
| Mar. | c. 50, 51, 52      | le 138e | le c. 13e |
|      | *Lamentations.*    |         |           |
| Mer. | c. 1, 2, 3         | le 4e   |           |
| Jeu. | c. 4, 5,           | le 45e  | le c. 14e |
|      | *Baruch.*          |         |           |
| Ven. | c. 1, 2, 3         |         |           |
| Sam. | c. 4, 5, 6         |         |           |

## VINGT-DEUXIÈME SEMAINE.

|      | Apocalypse. | Josué. | Psaum.  | St. Marc. |
|------|-------------|--------|---------|-----------|
| Dim. | c. 1        | c. 1   |         |           |
| Lun. |             | c. 2   |         |           |
| Mar. | c. 2        | c. 3   | le 59e  | le c. 15e |
| Mer. | c. 3        | c. 4   | le 60e  | le c. 16e |
| Jeu. | c. 4, 5     | c. 5   | le 123e |           |
| Ven. | c. 6        | c. 6   |         |           |
| Sam. | c. 7        |        |         |           |

### VINGT-TROISIÈME SEMAINE.

|      | Apocalypse. | Josué. | Psaum. | St. Luc. |
|------|-------------|--------|--------|----------|
| Dim. | c. 8        | c. 7   |        |          |
| Lun. | c. 9        | c. 8   |        |          |
| Mar. | c. 10       | c. 9   | le 124e | le c. 1er |
| Mer. | c. 12       | c. 10  | le 21e  | le c. 2e  |
| Jeu. | c. 13       | c. 11  | le 133e |          |
| Ven. | c. 14       | c. 12  |        |          |
| Sam. | c. 15       | c. 13  |        |          |

### VINGT-QUATRIÈME SEMAINE.

|      | Apocalypse. | Josué. | Psaum. | St. Luc. |
|------|-------------|--------|--------|----------|
| Dim. | c. 16       | c. 14  |        |          |
| Lun. | c. 17       | c. 15, 16 |     |          |
| Mar. | c. 18       | c. 17, 18 | le 147e | le c. 3e |
| Mer. | c. 19       | c. 19, 20 | le 1er  | le c. 4e |
| Jeu. | c. 20       | c. 21  | le 2e  |          |
| Ven. | c. 21       | c. 22  |        |          |
| Sam. | c. 22       |        |        |          |

### VINGT-CINQUIÈME SEMAINE.

|      | Josué. | Psaumes. | St. Luc. | Actes. |
|------|--------|----------|----------|--------|
| Dim. | c. 23  |          |          | le c. 1er |
| Lun. | c. 24  |          |          | le c. 2e |
|      | Juges. |          |          |          |
| Mar. | c. 1   | le 5e    | le 5e    | le c. 3e |
| Mer. | c. 2   | le 14e   | le 6e    | le c. 4e |
| Jeu. | c. 3   | le 39e   |          | le c. 5e |
| Ven. | c. 4   |          |          | le c. 6e |
| Sam. | c. 5   |          |          | le c. 7e |

### VINGT-SIXIÈME SEMAINE.

|      | Juges. | Psaumes. | St. Luc. | Actes. |
|------|--------|----------|----------|--------|
| Dim. | c. 6   |          |          | le c. 8e |
| Lun. | c. 7   |          |          | le c. 9e |
| Mar. | c. 8   | le 72e   | le c. 7e | le c. 10e |
| Mer. | c. 9   | le 77e   | le c. 8e | le c. 11e |
| Jeu. | c. 10  | le 100e  |          | le c. 12e |
| Ven. | c. 11  |          |          | le c. 13e |
| Sam. | c. 12  |          |          | le c. 14e |

## VINGT-SEPTIÈME SEMAINE.

|   | Juges. | Psaumes. | St. Luc. | Actes. |
|---|---|---|---|---|
| Dim. | c. 13 | | | le c. 15e |
| Lun. | c. 14 | | | le c. 16e |
| Mar. | c. 15 | le 78e | le c. 9e | le c. 17e |
| Mer. | c. 16 | le 79e | le c. 10e | le c. 18e |
| Jeu. | | le 28e | | le c. 19e |
| Ven. | c. 17 | | | le c. 20e |
| Sam. | c. 18 | | | le c. 21e |

## VINGT-HUITIÈME SEMAINE.

|   | Juges. | Psaumes. | St. Luc. | Actes. |
|---|---|---|---|---|
| Dim. | c. 19 | | | le c. 22e |
| Lun. | c. 20 | | | le c. 23e |
| Mar. | c. 21 | le 92e | le c. 11e | le c. 24e |
|   | Ruth. | | | |
| Mer. | c. 1 | le 94e | le c. 12e | le c. 25e |
| Jeu. | c. 2 | le 96e | | le c. 26e |
| Ven. | c. 3 | | | le c. 27e |
| Sam. | c. 4 | | | le c. 28e |

## VINGT-NEUVIÈME SEMAINE.

|   | Psaumes. | St. Luc. | Epître de St. Jacques. |
|---|---|---|---|
| Dim. | | | le c. 1er |
| Lun. | | | le c. 2e |
| Mar. | le 113e | le c. 13e | le c. 3e |
| Mer. | le 134e | le c. 14e | les c. 4e, 5e |
|   | | | 1 Ep. de St. Pierre. |
| Jeu. | le 135e | | le c. 1er |
| Ven. | | | les c. 2e, 3e |
| Sam. | | | les c. 4e, 5e |

## TRENTIÈME SEMAINE.

|   | 1 des Rois. | Psaumes. | St. Luc. | 1 Ep. de St. Pierre. |
|---|---|---|---|---|
| Dim. | c. 1, 2 | | | 1 Epît. de St. Jean. |
| Lun. | c. 3, 4, 5 | le 146e | le c. 15e | les c. 1er 2e 3e |
| Mar. | c. 6, 7, 8 | le 148e | le c. 16e | les c. 4e, 5e |
| Mer. | c. 9, 10 | le 149e | | 2 Epît. de St. Jean. |
| Jeu. | c. 11 12, 13 | | | 3 Epît. de St. Jean. |
| Ven. | c. 14. | | | Epître de St. Jude. |
| Sam. | c. 15 | | | |

## POUR LIRE L'ÉCRITURE SAINTE.

### TRENTE-UNIÈME SEMAINE.

|        | 1 des Rois.            | Psaumes.  | Prov.  | St. Luc.    |
|--------|------------------------|-----------|--------|-------------|
| Dim.   | c. 16                  |           | c. 1   |             |
| Lun.   | c. 17, 18              |           | c. 2   |             |
| Mar.   | c. 19, 20              | le 42ᵉ    | c. 3   | le c. 17ᵉ   |
| Mer.   | c. 21, 22              | le 85ᵉ    | c. 4   | le c. 18ᵉ   |
| Jeu.   | c. 23, 24              | le 89ᵉ    |        |             |
| Ven.   | c. 25, 26              |           | c. 5   |             |
| Sam.   | c. 27, 28, 29, 30, 31  |           | c. 7   |             |

### TRENTE-DEUXIÈME SEMAINE.

|        | 2 des Rois. | Psaumes. | Prov.  | St. Luc.    |
|--------|-------------|----------|--------|-------------|
| Dim.   | c. 1, 2     |          | c. 8   |             |
| Lun.   | c. 3, 4     |          | c. 9   |             |
| Mar.   | c. 5, 6     | le 122ᵉ  | c. 10  | le c. 19ᵉ   |
| Mer.   | c. 7        | le 19ᵉ   | c. 11  | le c. 20ᵉ   |
| Jeu.   | c. 8, 9     | le 44ᵉ   | c. 12  |             |
| Ven.   | c. 10, 11   |          |        |             |
| Sam.   | c. 12, 13   |          | c. 13  |             |

### TRENTE-TROISIÈME SEMAINE.

|        | 2 des Rois.        | Psaumes. | Prov.  | St. Luc.    |
|--------|--------------------|----------|--------|-------------|
| Dim.   | c. 14, 15          |          | c. 14  |             |
| Lun.   | c. 16, 17          |          | c. 15  |             |
| Mar.   | c. 18, 19          | le 47ᵉ   | c. 16  | le c. 21ᵉ   |
| Mer.   | c. 20, 21          | le 64ᵉ   | c. 17  | le c. 22ᵉ   |
| Jeu.   | c. 22, 23          | le 66ᵉ   | c. 18  |             |
| Ven.   | c. 24              |          | c. 19  |             |
|        | 3 des Rois.        |          |        |             |
| Sam.   | c. 1, 2, 3, 4, 5   |          | c. 20  |             |

### TRENTE-QUATRIÈME SEMAINE.

|        | 3 des Rois. | Psaumes. | Prov.  | St. Luc.    |
|--------|-------------|----------|--------|-------------|
| Dim.   | c. 6, 7     |          | c. 21  |             |
| Lun.   | c. 8        |          | c. 22  |             |
| Mar.   | c. 9, 10    | le 67ᵉ   | c. 23  | le c. 21ᵉ   |
| Mer.   | c. 11, 12   | le 131ᵉ  | c. 24  | le c. 23ᵉ   |
| Jeu.   | c. 13, 14   | le 132ᵉ  | c. 25  |             |
| Ven.   | c. 15, 16   |          | c. 26  |             |
| Sam.   | c. 17, 18   |          | c. 27  |             |

### TRENTE-CINQUIÈME SEMAINE.

|  | 3 des Rois. | Psaumes. | Prov. |  |
|---|---|---|---|---|
| Dim. | c. 19, 20 |  | c. 28 |  |
| Lun. | c. 21, 22 |  | c. 29 |  |
|  | 4 des Rois. |  |  | St. Jean. |
| Mar. | c. 1, 2 | le 31ᵉ | c. 30 | le c. 1ᵉʳ |
| Mer. | c. 3, 4 | le 33ᵉ | c. 31 | le c. 2ᵉ |
|  |  |  | Ecclés. |  |
| Jeu. | c. 5, 6 | le 80ᵉ | c. 1 |  |
| Ven. | c. 7, 8 |  | c. 2 |  |
| Sam. | c. 9, 10 |  | c. 3 |  |

### TRENTE-SIXIÈME SEMAINE.

|  | 4 des Rois. | Psaumes. | Ecclés. | St. Jean. |
|---|---|---|---|---|
| Dim. | c. 11, 12, 13 |  | c. 4 |  |
| Lun. | c. 14, 15 |  | c. 5 |  |
| Mar. | c. 16, 17 | le 84ᵉ | c. 6 | le c. 3ᵉ |
| Mer. | c. 18, 19 | le 24ᵉ | c. 7 | le c. 4ᵉ |
| Jeu. | c. 20, 21 | le 30ᵉ | c. 8 |  |
| Ven. | c. 22, 23 |  | c. 9 |  |
| Sam. | c. 24, 25 |  | c. 10 |  |

### TRENTE-SEPTIÈME SEMAINE.

|  | 1 des Paralipomènes | Ecclésiastiq. | Psaum. | St. Jean. |
|---|---|---|---|---|
| Dim. | c. 10, 11, 12 | c. 11 |  |  |
| Lun. | c. 13, 14, 15 | c. 12 |  |  |
|  |  | Sagesse. |  |  |
| Mar. | c. 16, 17, 18, 19 | c. 1 | le 34ᵉ | le c. 5ᵉ |
| Mer. | c. 20, 21, 22, 23 | c. 2 | le 5ᵉ | le c. 6ᵉ |
| Jeu. | c. 24, 28, 39 | c. 3 | le 82ᵉ |  |
|  | 2 des Paralipom. |  |  |  |
| Ven. | c. 1, 2 | c. 4 |  |  |
| Sam. | c. 3, 4, 6 |  |  |  |

### TRENTE-HUITIÈME SEMAINE.

|  | 2 des Paralipom. | Sagesse. | Psaum. | St. Jean. |
|---|---|---|---|---|
| Dim. | c. 6, 7 | c. 5 |  |  |
| Lun. | c. 8, 9, 10 | c. 6 |  |  |
| Mar. | c. 11, 12, 13 | c. 7 | le 3ᵉ | le c. 7ᵉ |
| Mer. | c. 14, 15, 16 | c. 8 | le 7ᵉ | le c. 8ᵉ |
| Jeu. | c. 17, 18 | c. 9 | le 16ᵉ |  |
| Ven. | c. 19, 20 | c. 10, 11 |  |  |
| Sam. | c. 21 | c. 12 |  |  |

POUR LIRE L'ÉCRITURE SAINTE. 413

### TRENTE-NEUVIÈME SEMAINE.

|      | 2 des Paralipom. | Sagesse. | Psaum. | St. Jean. |
|------|------------------|----------|--------|-----------|
| Dim. | c. 22, 23        | c. 13    |        |           |
| Lun. | c. 24, 25        | c. 14    |        |           |
| Mar. | c. 26, 27, 28    | c. 15    | le 33e | le c. 9e  |
| Mer. | c. 29, 30        | c. 16    | le 36e | le c. 10e |
| Jeu. | c. 31, 32        | c. 17    | le 139e |          |
| Ven. | c. 33, 34        | c. 18    |        |           |
| Sam. | c. 35, 36        | c. 19    |        |           |

### QUARANTIÈME SEMAINE.

|      | Daniel.       |  | Psaum.  | St. Jean.  |
|------|---------------|--|---------|------------|
| Dim. | c. 1. 13      |  |         |            |
| Lun. | c. 2          |  |         |            |
|      | *Ezéchiel.*   |  |         |            |
| Mar. | c. 1, 2, 3    |  | le 140e | le c. 11e  |
| Mer. | c. 4, 5, 6    |  | le 141e | le c. 12e  |
| Jeu. | c. 7, 8, 9    |  | le 61e  |            |
| Ven. | c. 10, 11, 12 |  |         |            |
| Sam. | c. 13, 14, 15 |  |         |            |

### QUARANTE-UNIÈME SEMAINE.

|      | Ezéchiel.            | Psaum. | St. Jean. |
|------|----------------------|--------|-----------|
| Dim. | c. 16, 17, 18        |        |           |
| Lun. | c. 19, 20, 21, 22, 23, 24 |    |           |
| Mar. | c. 25, 26, 27        | le 12e | le c. 13e |
| Mer. | c. 28, 29, 30        | le 38e | le c. 14e |
| Jeu. | c. 31, 32, 33        | le 86e |           |
| Ven. | c. 34, 35            |        |           |
| Sam. | c. 36, 37            |        |           |

### QUARANTE-DEUXIÈME SEMAINE.

|      | Daniel.    | Psaum.  | St. Jean. |
|------|------------|---------|-----------|
| Dim. | c. 3       |         |           |
| Lun. | c. 4, 14   |         |           |
| Mar. | c. 7       | le 90e  | le c. 15e |
| Mer. | c. 8       | le 114e | le c. 16e |
| Jeu. | c. 5, 9    | le 118e |           |
| Ven. | c. 6, 10   |         |           |
| Sam. | c. 11, 12  |         |           |

## QUARANTE-TROISIÈME SEMAINE.

|  | Ezéchiel. | Ecclésiastiq. | Psaum. | St. Jean. |
|---|---|---|---|---|
| Dim. | c. 38, 39 | c. 1, 2 | | |
| Lun. | c. 40, 41 | c. 3 | | |
| Mar. | c. 42, 43 | c. 4, 5 | le 119e | le c. 17e |
| Mer. | c. 44, 45 | c. 6, 7 | le 120e | le c. 18e |
| Jeu. | c. 46, 47, 48 | c. 8 | le 121e | |
|  | *Esdras.* | | | |
| Ven. | c. 1, 2, 3, 4 | c. 9 | | |
| Sam. | c. 5, 6, 7, 8, 9, 10 | c. 10, 11, 12 | | |

## QUARANTE-QUATRIÈME SEMAINE.

|  | Néhémie. | Ecclésiastiq. | Psaum. | St. Jean. |
|---|---|---|---|---|
| Dim. | c. 1, 2 | c. 13, 14 | | |
| Lun. | c. 3, 4 | c. 15, 16 | | |
| Mar. | c. 5, 6 | c. 17, 18 | le 145e | le c. 19e |
| Mer. | c. 7, 8 | c. 19 | le 54e | le c. 20e |
| Jeu. | c. 9, 10, 11 | | le 142e | |
| Ven. | c. 13 | c. 20 | | |
| Sam. | | c. 21 | | |

## QUARANTE-CINQUIÈME SEMAINE.

|  | Job. | | Psaum. | St. Jean. |
|---|---|---|---|---|
| Dim. | c. 1, 2, 3 | | | |
| Lun. | c. 4, 5, 6 | | | |
| Mar. | c. 7 | | le 15e | le c. 21e |
| Mer. | c. 8, 9 | | le 107e | |
| Jeu. | c. 10, 11, 12 | | le 24e | |
| Ven. | c. 13, 14, 15, 16 | | | |
| Sam. | c. 17, 18, 19, 20, 21 | | | |

## QUARANTE-SIXIÈME SEMAINE.

|  | Job. | | Psaum. |
|---|---|---|---|
| Dim. | c. 22, 23, 24 | | |
| Lun. | c. 25, 26, 27 | | |
| Mar. | c. 28, 29, 30 | | le 24e |
| Mer. | c. 31, 32, 33 | | le 6e |
| Jeu. | c. 34, 35, 36 | | le 37e |
| Ven. | c. 37, 38, 39 | | |
| Sam. | c. 40, 41, 42 | | |

## QUARANTE-SEPTIÈME SEMAINE.

|       | 1 Machab.     | Ecclésiastiq. | Psaum.   |
|-------|---------------|---------------|----------|
| Dim.  | c. 1          | c. 22         |          |
| Lun.  | c. 2          | c. 23         |          |
| Mar.  | c. 3          | c. 24         | le 73e   |
| Mer.  | c. 4          | c. 25         | le 41e   |
| Jeu.  | c. 5          | c. 26, 27     | le 136e  |
| Ven.  | c. 6          | c. 28, 29     |          |
| Sam.  | c. 7          | c. 30         |          |

## QUARANTE-HUITIÈME SEMAINE.

|       | Machab.       | Ecclésiastiq. | Psaum.   |
|-------|---------------|---------------|----------|
| Dim.  | c. 9          | c. 31         |          |
| Lun.  | c. 10         | c. 32         |          |
| Mar.  |               |               | le 50e   |
| Mer.  | c. 11         | c. 33         | le 129e  |
| Jeu.  | c. 12         | c. 34         | le 130e  |
| Ven.  | c. 13         | c. 35         |          |
| Sam.  | c. 14, 15, 16 | c. 36, 37     |          |

## QUARANTE-NEUVIÈME SEMAINE.

|       | 2 Machab.     | Ecclésiastiq. | Psaum.   |
|-------|---------------|---------------|----------|
| Dim.  | c. 1          | c. 38         |          |
| Lun.  | c. 2          | c. 39         |          |
| Mar.  | c. 3          | c. 40         | le 112e  |
| Mer.  | c. 4          | c. 41         | le 116e  |
| Jeu.  | c. 5          | c. 42         | le 137e  |
| Ven.  | c. 6          | c. 43         |          |
| Sam.  | c. 7          | c. 44         |          |

## CINQUANTIÈME SEMAINE.

|       | 2 Machab.     | Ecclésiastiq. | Psaum.   |
|-------|---------------|---------------|----------|
| Dim.  | c. 8          | c. 45         |          |
| Lun.  | c. 9, 10      | c. 46         |          |
| Mar.  | c. 11         | c. 47         | le 143e  |
| Mer.  | c. 12         | c. 48         | le 150e  |
| Jeu.  | c. 13         | c. 49         | le 127e  |
| Ven.  | c. 14         | c. 50         |          |
| Sam.  | c. 15         | c. 51         |          |

### CINQUANTE-UNIÈME SEMAINE.

|       | Amos.            | Abdias.    |
|-------|------------------|------------|
| Dim.  | c. 1, 2. 3       |            |
| Lun.  | c. 4, 5, 6, 7, 8, 9 | c. 1    |
|       | Jonas.           | Michée.    |
| Mar.  | c. 1, 2, 3, 4    | c. 1, 2, 3 |
| Mer.  |                  | c. 4, 5    |
| Jeu.  |                  | c. 6, 7    |
|       |                  | Nahum.     |
| Ven.  |                  | c. 1       |
| Sam.  |                  | c. 2, 3    |

### CINQUANTE-DEUXIÈME SEMAINE.

|       | Habacuc. | Sophonias.      |
|-------|----------|-----------------|
| Dim.  | c. 1, 2  |                 |
| Lun.  |          | c. 1, 2, 3      |
|       | Aggée.   | Zacharie.       |
| Mar.  | c. 1, 2  | c. 1            |
| Mer.  |          | c. 2, 3, 4, 5   |
| Jeu.  |          | c. 6, 7, 8      |
| Ven.  |          | c. 9, 10, 11    |
| Sam.  |          | c. 12, 13, 14   |

### CINQUANTE-TROISIÈME SEMAINE.

|       | 2ᵉ Ép. de St. Pierre. | 1ʳᵉ Ep. de St. Jean. | Apocalypse. |
|-------|-----------------------|----------------------|-------------|
| Dim.  | c. 1                  |                      | c. 4, 5     |
| Lun.  | c. 2                  |                      | c. 6, 7     |
| Mar.  | c. 3                  |                      | c. 8, 9     |
| Mer.  |                       | c. 1, 2              | c. 10, 11   |
| Jeu.  |                       | c. 3                 | c. 12, 13   |
| Ven.  |                       | c. 4                 | c. 14, 20   |
| Sam.  |                       | c. 5                 | c. 21, 22   |

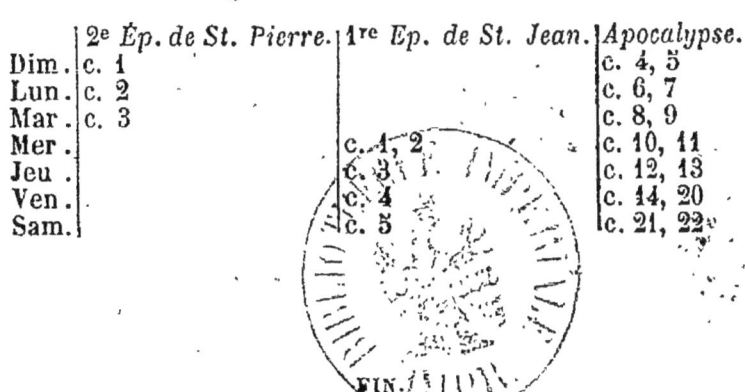

FIN.

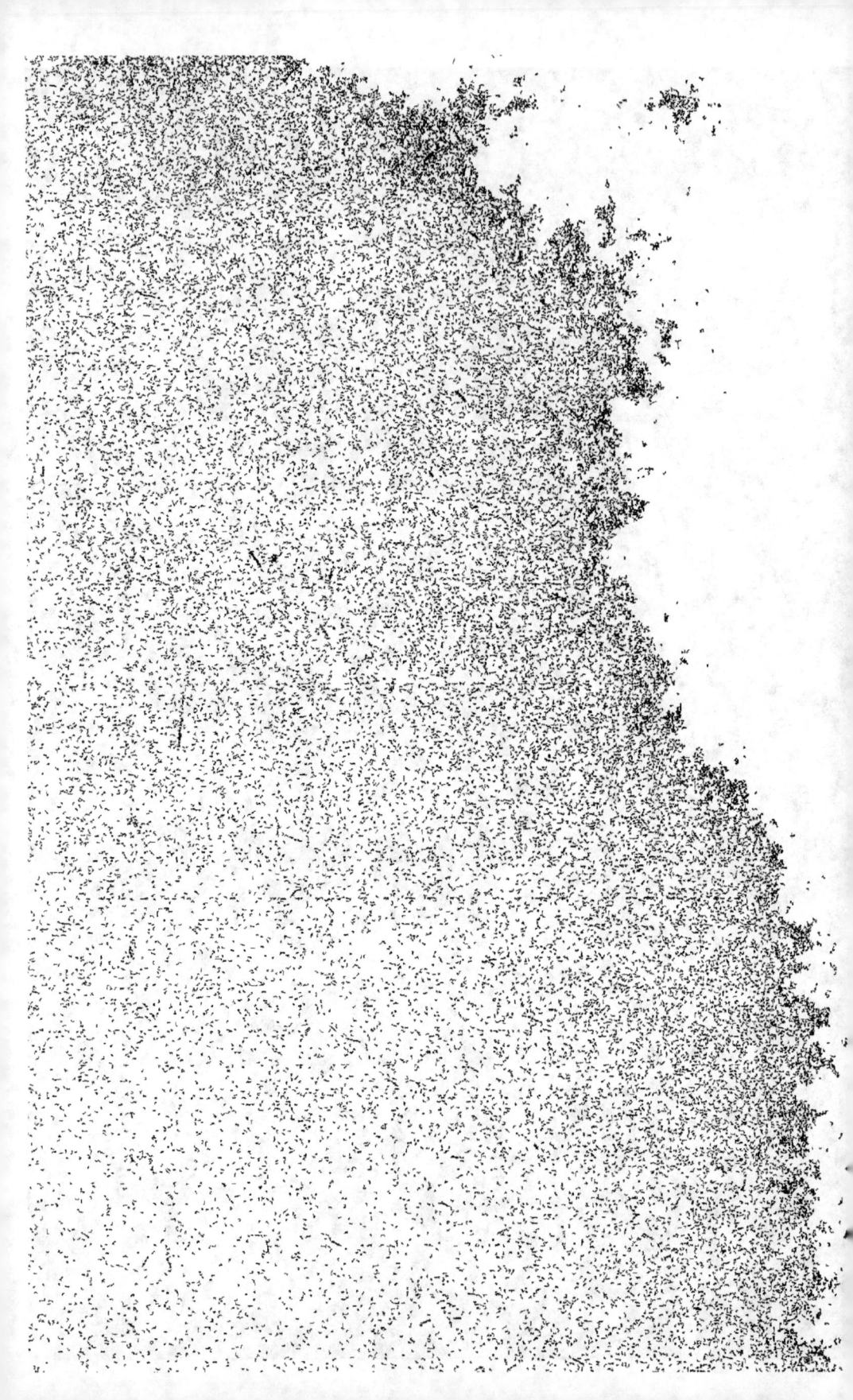

www.ingramcontent.com/pod-product-compliance
Lightning Source LLC
Chambersburg PA
CBHW050903230426
43666CB00010B/2000